소소하게, 독서중독

소소하게, 독서중독

초판 1쇄 발행 2016년 11월 25일

지은이 김우태
발행인 송현옥
편집인 옥기종
펴낸곳 도서출판 더블:엔
출판등록 2011년 3월 16일 제2011-000014호

주소 서울시 강서구 마곡서1로 132, 301-901
전화 070_4306_9802
팩스 0505_137_7474
이메일 double_en@naver.com

ISBN 978-89-98294-28-1 (03320)

도서출판 더블:엔은 독자 여러분의 원고 투고를 환영합니다. '열정과 즐거움이 넘치는 책'으로 엮고자 하는
아이디어 또는 원고가 있으신 분은 이메일 double_en@naver.com으로 출간의도와 원고 일부, 연락처 등을
보내주세요. 즐거운 마음으로 기다리고 있겠습니다.

소소하게, 독서중독

김우태 지음

더블:엔

··· 머리말 ···

　서점에 가보면 독서에 관한 책들이 즐비하다. 인터넷 도서검색에 '독서'라는 단어를 쳐보면 엄청난 수의 책들이 보인다. 참, 이상하지 않은가? 독서인구는 점점 줄고 있는데, 독서에 관한 책은 참 많으니 말이다. 이 지경인데 내가 여기에 한 권을 더 보탰다.

　"아니, 이젠 양계장에서 일하는 놈까지 독서에 관한 책을 내는구나!" 싶을 거다. 양계장에서 일하는 놈이 닭에 대한 이야기나 좋은 닭고기 고르는 방법, 닭 손질 요령, 튀기는 요령 뭐 이런 거나 쓰면 되지, 웬 독서에 관한 이야기인가 싶을 거다.

　사실 나도 놀랍다. 지난 30년 동안 책 한 자 보지 않았던 꼴통이 독서에 대한 책을 내리라고는 상상도 하지 못했다. 이건 마른 하늘에 날벼락이요, 지구가 둘로 쪼개질 일이다. 말도 안 된다.

　그런데 이렇게 책이 나왔다. 환장할 노릇이다. 어떻게 된 일인가? 어떤 일이 있었기에 이런 일이 벌어질 수 있단 말인가. 그 이야기를 이 책에 담아냈다.

　나는 이런 사람들을 이 책의 예상 독자로 삼았다. 책을 좋아하는 사람, 좋아하지만 시간이 없어 잘 못읽는 사람, 책과 친해지고 싶은 사람, 여러 권의 독서법 책을 읽었으나 이 책도 재밌겠다 싶어 눈길을 주는 사람이다. 즉, 책 안 읽는 사람들은 목표로 잡지 않았다. 책 읽는 우리끼리만 보고 말자. 지금 이 머리말을 읽고 있는 당신을 예상 독자로 삼은 것이다. 책을 읽지 않는 사람은 절대로 이 글을 보지 않는다. 여기에 그들 욕을 해놔도 모를 것이다. 내가 안 읽어봐서 잘 안다. 갖다 떠밀어줘도 읽지 않는다. 그러니 책 읽는 우리끼리만 읽고 말자.

이 책은 크게 세 부분으로 구성했다.

1. **지극히 개인적인 양계장 김씨의 독서활동** : 내 이야기가 많이 포함된 글이다.
2. **지극히 개인적인 양계장 김씨의 독서방법** : 독서법에 대한 글만 따로 모아봤다.
3. **지극히 개인적인 양계장 김씨의 독서에 대한 잡생각** : 독서에 관한 나의 주장이 많이 있는 글이다.

양계장 김씨가 쓴 글이 궁금하다면 다음 페이지로 넘어가면 좋겠다. 안 궁금하면 바로 던져버리자. 옆에 놓인 더 좋은 책을 읽으면 된다. 거창하게 쓰고 싶었는데, 여기서 말을 줄이겠다.

2016년 가을
김우태

머리말

001

지극히 개인적인 양계장 김씨의
독서활동

**지극히 개인적인 양계장 김씨의
독서방법**

----

003 --
지극히 개인적인 양계장 김씨의
독서에 대한 잡생각

맺음말

지극히 개인적인
양계장 김씨의
독서활동

최고의 유산

책을 읽는 삶이 시작되기 전에는 퇴근 후에 아내와 같이 텔레비전을 봤다. 기억을 더듬어보니, 아내가 좋아하던 ON-Style이라는 채널이었다. 패션디자이너들이 나와서 경합하는 프로였는데, 가장 기억에 남는 것은 '드자이너스~'라는 단어였다. 한 출연진이 디자이너를 '드'자이너라고 말하는 것이 재미있었다.

아내와 같이 보면서 즐기는 시간이 좋았다. 내가 좋아하던 프로그램인 드라마 〈태왕사신기〉도 꼬박꼬박 챙겨봤다. 군대에서 같이 생활하던 고참이 출연한다기에 아내와 같이 첫 회부터 마지막 회까지 시청했다. 그때 우리에겐 두 살배기 아이가 있었다.

퇴근 후 우리가 텔레비전을 보니까 자연스럽게 아이도 텔레비전을 보게 되었다. 아이가 부모를 무작정 따라한다는 걸 그때 알았다. 한번은, 우리가 텔레비전을 틀지도 않았는데 아이가 텔레비전을 켜달라고 졸랐다. 퇴근 후 집에 들어왔을 때 아이가 텔레비전에 빠져 있는 모습을 보기도 했다. 그 모습이 왜 그렇게 싫었는지 나는 당장 텔레비전을 없애자고 아내에게 말했다.

결혼 선물로 아내의 친구들이 해준 텔레비전을 과감히 없애버렸다. 아내는 기꺼이 나의 뜻을 따라주었다. 고마웠다. 그리고 우리는 책을 잡았다. 전에는 텔레비전 앞에서 이야기했다면, 이제는 책을 보면서 이야기하게 되었다. 그랬더니 아이가 변하기 시작했다. 아이도 자연스럽게 책을 만지작거렸고, 계속해서 읽어달라고 졸랐다. 아이는 부모를 무조건 따라한다는 것을 또 한번 경험하게 되었다.

그렇게 텔레비전을 없앤 지 9년이 되어간다. 보고 싶은 프로그램은 컴퓨터로 다운받아서 본다. 이제는 퇴근하고 집에 오면 아이가 책을 읽고 있다. 흐뭇하다. 나 또한 퇴근 후 거실에서 아내가 저녁 밥상을 차릴 동안 아이와 함께 책을 읽는다. 어느덧 아이의 독서력이 높아져서 이제는 아이가 나와 같은 책을 읽을 정도가 되었다. 나도 읽지 않은 책을 아이가 읽는 경우도 왕왕 있다.

어릴 때 아이는 아내가 책 읽어주는 걸 들으며 한글을 자연스럽게 깨쳤고, 나이가 들자 본인 스스로 책을 읽기 시작했다. 아이는 유아책부터 시작해서 공룡책, 각종 전집, 위인전, 동화책, 소설책, 어린이 자기계발서 등으로 점점 영역을 넓혔다. 그러나 아이에게 책을 무작정 대주지는 않았다. 약간의 갈증이 있어야 더 효과적이기 때문이다. 그 대신 보고 싶어 하는 책은 도서관을 이용하거나 도서관에 없으면 사 주었다.

책을 읽어서 거둔 수확 중 가장 큰 것은 '나를 알게 되었다'는 것이고, 둘째는 '아이에게 독서습관을 들여준' 것이다. 아이에게 책 읽으라고 강권한 적은 없다. 아빠가 책 읽는 모습을 보고 자란 아이는 시키지 않아도 자연스럽게 책을 읽었다. 나는 책 읽는 재미를 32세에 알았는데, 녀석은 벌써 알게 된 것이다. 아이에게 남겨준 최고의 유산이 아닐까 싶다. 32세부터 시작한 독서 덕분에 내가 변해가는 것을 체험하는데, 뇌가 말랑말랑할 때부터 책을 읽기 시작한 아이는 과연 어떻게 될까 사뭇 궁금해진다.

유시민은 아버지를 회상할 때 늘 책을 읽고 계시는 모습이 떠오른다고 했다. 녀석도 커서 날 그렇게 회상해주었으면 좋겠다.

세상이 어떻게 변할지 모른다. 지금 내가 사는 세상도 어찌 변할지 모르는데 자식대의 세상까지 예견할 수 있겠는가. 많은 돈을 남겨주면 안심이 될까? 나는 책 읽는 습관을 남겨주는 것에 만족한다. 분명 가치있는 유산이다. 책을 읽는 습관만 갖고 있으면 아무리 험난한 세상이 오더라도 이겨낼 수 있는 꿈과 희망, 용기와 배짱이 생기기 때문이다. 독서습관을 후대손손 남겨주는 집안은 반드시 흥하게 되어 있다. 독서습관을 대대손손 남겨주는 나라도 반드시 흥하게 되어 있다.

무협지는 콜라다

●   어렸을 때 나는 책과 전혀 친하지 않았다. 그저 뛰어노는 게 좋았다. 가만히 앉아 있으면 내 몸의 세포 하나하나가 용솟음쳐 올라서 미칠 것만 같았다. 움직여야 내 몸을 진정시킬 수 있었다. 가만히 책 보는 아이들이 신기할 따름이었다.

내 동생 또한 만만치 않았다. 나와 동생은 미친 듯이 뛰어놀았다. 심지어 무릎뼈에 금이 갈 정도로 놀았다. 당시 의사 선생님은 어머니께 이렇게 말씀하셨다.

"운동시키세요? 운동하는 애들이 종종 이럽니다."

어머니는 "아닌데요"라고 말씀하셨고, 의사 선생님은 약간 놀란 듯 말을 이었다. "허어, 어지간해서는 이렇게 금이 가질 않는데…"

나와 동생은 자라면서 책을 한 자도 안 읽었다. 어머니도 그런 우리를 이해해주셨는지 독서를 크게 권하지는 않으셨다. 학창시절에도 그랬고, 군대를 갔다 와서도 그랬다.

그러던 어느 날, 나는 굉장히 놀랍고도 신기한 광경을 보게 되었다. 동생이 책을 보고 있는 것. 이. 었. 다! 나보다 더하면 더했지 못하지 않은 놈이 책을 보다니!!! 난 놀라 까무러치는 줄 알았다.

"너, 너, 지금 책을 보는 거냐?"

"어, 형."

"무슨 책인데?"

"묵향이라고 재밌어. 형도 읽어봐."

"무슨 내용인데?"

"무협지야."

그랬다. 녀석은 무협지를 탐독하고 있었다. 나도 그날 동생을 따라《묵향》을 읽기 시작했다. 엄청나게 재미있었다. 무협지가 이런 거구나, 처음으로 느꼈다. "야, 이거 되게 재밌다!" 나는 소리를 질렀다. 동생은 군대에 있을 때《묵향》을 접했다고 했다. 그리고 제대 후에 그때 생각이 나서 빌려본 것이었다. 나는 바로 도서대여점으로 향해서 1권부터 빌려보기 시작했다. 몇날 며칠을《묵향》과 함께했다. 그때 무협지를 알게 되었다. 정말 재미있었다. 요즘도 가끔 책 읽다가 피곤해지면 무협지를 꺼내든다. 무협지를 통해 교훈을 얻거나 감동을 얻기 보다는 재미를 취한다. 이는 영양가를 생각하지 않고 마시는 콜라와 같다. 무더운 여름날 시원한 콜라 한 잔의 맛은 얼마나 청량한가 말이다. 나에게 무협지는 그런 느낌이었다. 시원하게 뻥 뚫어주는 책콜라. 머리가 아프거나 몸이 찌뿌둥하거나 그냥 즐기고 싶으면 무협지를 꺼내든다.

무거운 책으로 머리가 지끈거릴 때 알싸한 무협지콜라를 한 잔 하는 것은 어떨까?

　얼마 전, 동생집에 갔더니 현재까지 나온 《묵향》 전권이 책장에 진열되어 있었다. 놀라운 일이었다. 지금도 책과는 담을 쌓고 사는 녀석이 《묵향》 전집을 사서 모으다니.

　"너, 너, 이거 다 산거냐?"

　"어."

　"요즘은 책값 비싸잖아. 돈 다 주고 산거야?"

　"어."

　"와, 대단하다. 엄마가 이 모습을 보면 기절초풍하시겠다. 나 집에 갈 때 빌려줘."

　《묵향》은 나와 동생에게는 특별한 만남이었다. 책과 담을 쌓고 사는 동생에게 책을 읽는 재미와 사서 모으는 재미를 알려주었고, 나에게 책읽기의 재미를 알려준 책이다. 나와 동생은 《묵향》이 어서 완결되었으면 하는 바람이다. 10년 이상 전동조 님께서 집필하시는데, 어서 완결을 지어주셨으면 한다.

　지금도 어머니께서는 당시 동생이 책을 읽던 모습을 떠올리시며 굉장히 대견해하신다. 저 꼴통이 그래도 책 읽는 것을 보니까 안심이 된다나 뭐라나. 어머니에게도 우리의 책 읽는 모습은 굉장한 충격이었나 보다.

　솔직히 무협지를 사서 보는 사람이 몇이나 될까? 거의 대부분은 도서대여점에서 빌리거나 도서관을 이용할 것이다. 진정한 마니아가 아닌 이상 빌려볼 것이다. 그래서 한 동네에 취향이 비슷한 사람이 있으면 참 곤혹스럽다. 《묵향》을 빌리러 도서대여점에 갔는데 마침 내가 빌릴 부분이 없다면 짜증이 솟는다. '헉, (내가 32권 읽을 차례인데) 어떤 놈이야. 어떤 놈이 채간 거야? 가게주인에게 묻는다.

"저기요, 32권 누가 빌려갔어요? 언제 빌려갔어요? 언제 와요?"

도서관으로 향하지만 도서관은 도서대여점보다 책을 일찍 들여놓는 법이 없다. 당연히 없다. 이럴 때가 제일 짜증난다. 사야 되나? 정말 갈등하게 된다. 아! 알았다. 꼴통(동생)이 왜 책을 사서 집에 모셔뒀는지 알겠다. 이제야 알았다.

얼마 전, 우리동네에 유일하게 남아있던 도서대여점이 문을 닫았다. 책들을 싼 값에 내놓는다고 전단지가 붙었다. 아... 이제 나는 어디서 《묵향》을 공수받는단 말인가. 동생네를 자주 찾아가야 할 듯싶다.

남는 장사

●   게임을 좋아했다. 게임을 하고 있으면 현실을 잊을 수 있었다. 국민학교(지금의 초등학교) 때는 동네 오락실에서 갤러그, 방구차, 더블드래곤, WWF, 보글보글, 피터팬, 스트리트파이터 등 전자오락에 몰입했다. 고2때는 삼국지2 게임에 빠져 시험공부도 하지 않을 정도였다. 대륙의 땅을 하나씩 접수하면서 통일의 야망을 품었다. 유비가 되어보기도 하고, 조조가 되어보기도 하였다. 군대를 제대하고서는 정신 못 차리고 스타크래프트에 심취했다. 단축키를 사용하며 스피드 있게 마우스를 움직여 적들을 섬멸시켰다. 길드를 조직하여 다른 사람과 온라인에서 교류하며 즐겼다. 결혼 전후에는 프리스타일이라는 농구게임에 환장했다. 내 옷을 사 입지 않아도 캐릭터 옷은 사 입혔다.

근 30년 인생이 오락으로 관통되어 있었다. 그 어떤 어려움이 있어도 오락(게임)만큼은 포기하지 않고 끝까지 지켜냈다. 마치 게임을 위해 사는 것 같았다. 게임의, 게임을 위한, 게임에 의한 삶이었다. 내가 태어난 이유는 게임을 하기 위해서였다. 그렇게 30년의 세월이 흘렀다. 남는 게 아무것도 없었다. 그게 분했다.

정말 열심히 했는데 나에게 남는 게 없었다. 갤러그를 그렇게 잘해서 돈 50원 넣고 하루 종일 할 정도였는데, 이 기술을 어디다 써먹는단 말인가. 4인용 피터팬은 혼자서 왕을 깨고도 몇 바퀴 돌 정도라 오락실에서 뒤에 애들을 달고 다닐 정도였는데, 어쩌다가 오락실 주인이 내가 잘하는 걸 발견하고서 왕을 한 번 깨고 나면 게임이 그냥 끝나는 것으로 바꾸는 상황까지 연출했던 나인데, 이런 사실이 나에게 전혀 도움이 되지 않았다. 삼국지2를 하면서는 중국대륙을 수백 번 천하통일하고, 스타크래프트 길드를 만들어 길드를 운영하는 운영진이 되어 수많은 길드원들을 포섭하고 같이 게임을 했음에도 불구하고, 이러한 사실은 자랑할 게 못 된다는 걸 알아버렸다. 농구를 실제로 할 수 없는 여건이라 농구게임으로 대리만족하며 캐릭터 옷을 사 입히고 레벨을 올렸지만 그것이 내게 전혀 이득이 되지 않는다는 사실이 나를 미치도록 분노하게 만들었다.

게임 하나만큼은 그렇게 열정적으로 해왔건만, 그렇게도 열심히 꾸준히 해왔건만, 나에게 전혀 도움이 되지 않았다. 어떤 이력사항도 될 수 없었고, 어디 가서 자랑할 기술도 아니었다. 요즘이야 프로게이머라는 직업이 있으니 다행이지만, 그때는 그런 것은 생각할수도 없었다. 나는 30년을 헛살았다.

"나, 갤러그 내가 지쳐서 그만할 때까지 하는 사람이요!"

"나, 스타크래프트 전적이 1만승이 넘는 사람이요!"

"나, 삼국지로 중국 천하통일 100번도 더 한 사람이요!"

이걸 어디 가서 자랑한단 말인가. 게임중독자라고 욕먹기 딱 좋다. 그러나 책은 달랐다. 읽는 족족 나에게 도움이 될지언정 해가 되지는 않았다. 점점 쌓이는 독서량은 나에게 자부심과 자신감을 심어주었고, 남들에게 자랑할 만한 일도 되었다.

"나, 취미가 독서요! 나, 책 읽고 개과천선한 사람이요!"

같은 중독자라도 독서중독자가 더 낫지 않겠는가.

독서의 가장 큰 효용은 뭐니 뭐니 해도 '자신을 알게 된다'는 점이다. 게임중독에 빠졌을 때 나는 꿈이 없었다. 뭐, 되고 싶은 것도 없었다. 그런데 책을 읽으니까 꿈이 생겼다. 나를 보다 잘 알게 되었고, 나에 대해서 진지하게 생각하게 되었다. 게임에 빠졌던 30년 동안 나 자신에 대해서 깊이 생각해본 적이 단 하루도 없었는데, 책을 읽으니까 항상 나에 대해서 생각하게 되었다. 책을 읽으면 훌륭한 사람이 된다는 말이 맞았다. 자신을 그렇게 돌아보면서 성찰하는데 어찌 잘 안 될 수가 있겠는가.

인생을 어떻게 살아야 하는지 아는 자와 모르는 자의 차이는 엄청나다. 게임에 빠졌던 시기에 나는 '모르는 자'였다. 사는 게 재미없었다. 책에 빠지니까 '아는 자'가 되었다. 사는 재미를 알게 되었다. 내가 누구인지, 내가 뭘 했을 때 기쁜지, 왜 사는지, 어떻게 살아야 되는지에 대한 답을 책을 통해 얻을 수 있었다. 이런 질문은 책을 읽으면 자동적으로 생긴다. 그리고 책을 통해 답을 알게 된다.

누구나 행복하게 살길 원한다. 행복은 어디에 숨어 있을까? 로또 1등에 당첨되면 행복해지려나? 부모가 유산을 많이 물려주면? 일류대학을 졸업하고 좋은 회사에 들어가서 승승장구하면 행복하려나? 이런 물질적인 것에는 일시적인 행복이 있을 수는 있다. 잠시 잠깐 행복해진다. 그러나 시간이 지나면 급격하게 행복감이 떨어진다. 외부에서 행복을 찾았기 때문이다. 하지만 내부에서 행복을 찾게 되면 궁극의 행복을 느낄 수 있다. 지속적인 행복감이다. 도망가지도 않고, 누가 훔쳐갈 수도 없다. 내재되어 있기 때문에 나만 몰래 꺼내볼 수 있다. '나를 아는 것' 이게 바로 궁극의 행복을 누릴 수 있는 유일무이한 조건이다. 나를 알게 되면 노상 행복할 수 있다.

나를 알기 위해서는 나와 일치되는 책을 만나면 된다. 운이 좋으면 한 권만에 나를 만날 수 있다. 운이 없으면 1,000권을 읽어야 겨우 만날 수 있다. 쏘옥 빠지는 책이 있다. 본인이 안다. 내 이야기 같은 책, 꿈 꾼 적은 없지만 왠지 내 길일 것 같은 느낌이 드는 책, 너무 황홀해서 두고두고 아껴 보는 책, 인생의 비밀을 안 것처럼 느껴지는 책, 내 사고를 확 변화시켜준 책, 망치로 한 대 땡~! 맞은 것 같은 책을 만나면 곧바로 알 수 있다. 내가 누구구나! 내가 찾던 것이로구나! 나는 이런 사람이었구나! 엄청난 오르가즘을 느끼게 된다. 너무도 강렬한 느낌이라 부정할 수 없다. 확신이 든다. '이거구나! 이거로구나! 내가 이런 거였구나!' 큰 소리로 목이 터져라 외치면서 방방 뛰게 된다. 이거 해본 사람은 현실이 비루해도 행복할 수 있다.

책을 본격적으로 읽기 시작하던 어느 날이었다. 여름이었는지 겨울이었는지 기억이 없다. 내가 어떤 책을 읽었는지도 통 기억이 나지 않는다. 그날 나는 책을 읽다 말고 온 집안을 껑충껑충 뛰면서 미친놈처럼 와와 소리치며 눈물을 흘렸다.

"이거로구나! 이거였어! 이게 나였어!"

발광이었다. 희열이었다. 그날, 작가가 되기로 결심했다. 태어난 지 30여 년이 흐르고 나서야 꿈이 생겼다. 나를 알게 된 날이었다.

누구나 가능하다. 읽기만 하면 된다. 나는 책을 읽으면서 작가의 꿈이 생겼다. 어떤 이는 책을 읽으며 야구매니저의 꿈이 생길 수도 있다. 책을 많이 읽는다고 해서 꼭 작가가 꿈이 되는 것은 아니다. 그건 모른다. 책 읽고 철학자가 꿈이 될 수도 있고, 책 읽고 학교선생님이 꿈이 될 수도 있다. 책을 읽으면 꽂히는 뭔가가 오는데 그게 어떻게 올지, 언제 올지는 아무도 모른다.

내가 책에 빠진 계기

● 나는 책을 읽을 필요가 없다고 생각하고 살아온 사람이다. 중고등학교 때 읽은 책은 교과서가 전부다. 다른 책 볼 시간에 교과서를 한 번 더 보는 게 낫다고 생각하여 다른 책은 일절 보지 않았다. 시간낭비일 뿐이라고 생각했다. (그렇다고 교과서를 열심히 본 것도 아니었다. ㅠㅠ)

그래서 식견이 얕아지고 정보수집력이 떨어졌다. 그냥 코앞만 보고 살아가는 단세포 동물이 되었다. 대학에 가서도 마찬가지였다. 내 주변에도 책을 읽는 이가 많이 없었다. 몇몇 선배들만 책을 끼고 살았다. 책은 그냥 재미삼아 읽거나 시간 때우는 도구로 치부했다. 책 읽는 거 말고 할 게 얼마든지 널려 있지 않은가.

졸업 후 취직을 했고, 결혼을 했다. 퇴근 후 아내와 같이 텔레비전을 봤다. 책은 거들떠도 보지 않았다. 책값이 비싸다고 생각했다. 그 돈으로 영화를 보든지 딴 걸 할 생각을 했다. 술? 위에 구멍날 정도로 마셨다. 담배? 이빨 누래지도록 폈다. 텔레비전? 태어나서 내 두 눈으로 가장 많이 본 게 텔레비전이었다. 게임? 눈깔 빠질 정도로 밤새서 했다. 결혼 후에도 나의 생활 패턴은 변하지 않았다. 그러나 아내를 그런 나를 좌시하지 않았다.

나로서도 이런 삶의 패턴이 싫었다. 그렇지만 몸에 배서 쉽게 떨치지 못했다. 도저히 내 힘으로는 끊을 수 없었다. 아내에게 SOS를 쳤다. 담배 끊게 도와줘라! 게임 끊게 도와줘라! 술 끊게 도와줘라! 내가 먼저 나서서 도움을 요청했다. 그렇게 하지 않아도 알아서 아내가 컨트롤을 해주었을 텐데 내가 선불렀다. 아내는 이미 생각하고 있던 거라면서 좋아했다. 나를 잘근잘근 요리해주었다. 담배를 끊을 수 있게 나에게 담배를 주던 직장동료의 멱살을 잡아주었고, 술 마시고 제정신이 아닌 상태에서 집에 돌아와 게임하려고 마우스를 잡은 채로 잠든 나를 보며 이를 바득바득 갈았다. 아내와의 수많은 싸움 끝에 나는 두손 두발을 들었고, 게임을 끊고 담배를 끊겠다고 각서도 참 많이 썼다. 지난한 전투가 시작되었다.

아내와 싸우는 게 싫었다. 당시 사택 생활을 해서 우리집에서 싸우는 소리가 옆집까지 다 들렸다. 다음날 출근하면 참 민망했다. 이래서는 팀장으로서의 존립이 불가능할 듯했다. 창피했다. 내가 아내에게 져줄 수밖에 없었다. 안 그러면 아내는 또 고래고래 소리지르며 울고불고 난리칠 것이 뻔하기 때문이다. 그래 내가 져주자. 담배 끊고, 게임 끊자. 에잇 빌어먹을!

그렇게 나는 아내에게 백기를 들었다. 게임을 끊자 정말 할 게 없어졌다. 이참에 자격증이나 따 보자는 생각이 들었고, 축산기사 자격증 시험에 도전했다. 몇 달간 열공했고 합격했다. 다른 사람들은 학교 다닐 때 따놓는 자격증인데 나는 이제야 땄다.

그렇게 공부했던 자료파일을 우연히 네이버에 올렸다. 지금은 없어졌지만 당시 네이버에서는 자료를 판매할 수 있었다. 자료파일을 올리고 금액을 1만원으로 정했다. 그러고 몇 달 후 우연히 봤는데 27,000원(기억이 가물가물하여 정확한 금액은 아니다)이라는 돈이 생겼다. 내 자료가 3건 팔린 것이었다. 네이버가 수수료를 가져가고 무려 27,000원이란 돈이 나에게 들어오다니, 정말 놀라웠다.

나는 뭐 다른 자료 올릴 게 없나 고민하기 시작했다. 뭐 올리지? 뭘 올릴까? 고민하다가 책을 읽고서 독후감 쓴 걸 올리자는 생각이 들었다. 책을 읽기 시작했고, 독후감을 쓰고, 자료를 올렸다.

먼저, 회사에서 나눠준 책을 읽기 시작했다. 그동안 안 읽고 버려두었던 책들이 하나둘씩 나오기 시작했다. 읽고 쓰고 팔았다. 돈이 점점 불었다. 어? 진짜 돈이 들어오네? 신기했다. 또 읽고 쓰고 팔았다. 돈은 계속 입금되었다. 야호~! 최고의 부업거리를 찾았구나. 쾌재를 불렀다. 책 읽는 것은 이뻐 보였는지 아내도 큰 반대는 하지 않았다. 게임하는 것보다야 낫지 않았겠는가. 책 읽는 남편. 왠지 든든하지 않은가.

나는 미친 듯이 읽었다. 그리고 미친 듯이 썼다. 그리고 미친 듯이 팔았다. 그렇게 얼마 정도 했더니 통장에 돈이 꽤 많이 모였다. 많이들 내 자료를 사준 것이다. 마구마구 읽고 써서 팔았다. 그 당시 1일 1권이라는 목표로 책을 읽었다. 집에 오면 책부터 꺼냈다. 책 살 돈이 부족하여 도서관을 이용했다.

근데 큰일이 일어났다. 네이버에서 자료판매를 더 이상 하지 않겠다는 거였다. 낭패였다. 그럼 내 자료를 어디에 판단 말인가. 이제야 돈 버는 재미를 좀 알았는데 굉장히 섭섭했다. 하지만 웬걸! 내가 몰랐던 게 있었다. 해피캠퍼스 등 문서나 시험족보를 파는 사이트가 엄청나게 많이 있었던 것이다. 하긴 대학 다닐 때도 공부를 통 안 했으니 그런 사이트가 있다는 걸 알 턱이 없었다. (이 부분에 대해서는 아내가 아직도 학을 뗀다)

문서판매 사이트에 내 자료를 올려 팔기 시작했다. 자료랄 거야 독후감이 전부였다. 책 읽고 느낌 쓴 별것 아닌 내용을 사 주는 사람들이 신기했다. 나는 더욱 박차를 가해 읽고 쓰고 팔았다. 책 읽고 돈 버는 재미를 알게 되자 텔레비전 보는 시간이 당연히 줄어들었고, 결국 집에서 없애버렸다. 텔레비전 보면 돈이 안 생겼는데, 책을 보면 돈이 생겼다.

돈 버는 재미가 쏠쏠했다. 1년쯤 그렇게 팔다 보니 아내에게 명품 가방도 선물해줄 수 있었다. 책 읽는 것보다 돈 버는 재미가 더 좋았다. 그렇게 푼돈을 벌기 위해 매일 책을 읽었다. 책 읽는 게 버릇이 되었고 책 읽는 재미를 알게 되었다. 돈 버는 것보다 책 읽는 재미가 더 좋았다. 신기한 경험이었다. 독후감을 팔기 시작하고 몇 년 후 나는 문서판매 사이트에 올린 모든 자료를 과감히 다 삭제했다. 그냥 놔두어도 돈이 계속 쌓이는데, 큰 결심을 했다.

돈보다 책이 좋아진 것이었다. 읽는 재미에 푹 빠진 것이었다. 돈을 버는 재미로 책을 읽었는데, 주객이 전도되어 책 읽는 것이 더 좋아졌다. 더불어 글쓰기 실력도 향상되었다. 작년에 쓴 글이 재작년에 쓴 글보다 낫고, 올해 쓴 글이 작년에 쓴 글보다 나았다. 그렇게 돈을 벌기 위해 읽었던 책, 그리고 썼던 글로 인해 지금의 내가 만들어졌다. 이제는 읽고 쓰는 것이 전부가 되어버렸다.

책 한 자 안 보던 놈이 이렇게 변했다. 결국 책 읽고 8년 만에 이름 석 자가 박힌《오늘도 조금씩》이 출간되는 사고까지 쳤다. 마른 하늘에 날벼락도 유분수지...

책 읽는 부모 책 읽는 아이

● 　　　얼마 전, 아는 형님의 집에 초대를 받았다. 집들이였다. 온 집안 벽이 책장으로 둘러싸인 집이었다. 마음에 들었다. 거실 한복판을 커다란 TV가 떡 하니 차지하고 있는 집보다 이런 집이 훨씬 좋다. 거실에는 커다란 책상과 의자 여섯 개가 놓여 있었다. 도서관으로 집들이를 온 느낌이었다. 형수의 열정이었을까, 아이들도 모두 책을 좋아하는 듯 보였다. 아이에게 물었다.

"너, 여기 있는 책 다 읽었니?"

녀석은 고개를 끄덕였다. 그냥 폼으로 놓은 책들이 아니었다. 부모가 TV를 안 보고 책을 보니 아이들도 덩달아 책을 보게 된다.

이 형님의 집 풍경은 안 봐도 비디오다. 형님은 퇴근 후에 집에 와서 씻고는 널따란 책상에서 어제 읽던 책을 꺼내 읽을 것이다. 아이들도 학원 갔다와서는 먼저 책을 보고 있는 아빠 옆에 앉아 책을 볼 것이다. 그렇게 도란도란 책을 읽다가 엄마가 차려준 맛있는 저녁 밥을 먹겠지. 그리고 식사 후엔 새로 이사 온 곳에 공원이 잘 되어 있으니 가족 모두 산책을 할지도 모르겠다. 다녀와선 아이들은 각자의 방으로 들어가 숙제를 할 것이고, 형수는 아이들 숙제를 도와주겠지. 형님도 아까 보던 책 들고 또 책 삼매경에 빠져들 것이다.

그로부터 며칠 후, 성당 미사가 끝나고 도서관에 갔다가 이 형님을 만났다. 홀로 책을 읽고 있었다. "형수는? 애들은?" 각자 인간관계를 하러 갔다고 했다. "형은?" 여기서 책 읽는구나.

과거 우리 집에는 거실 한가운데 TV가 놓여 있었다. 아내와 나는 같이 TV를 보는 것을 낙으로 삼았다. 드라마도 같이 보고, 패션 프로그램도 같이 보고, 쇼오락 프로그램도 보면서 같이 웃었다. 같이 한다는 느낌이 좋았다. 아이가 태어났고, 아이도 동참했다. 우리 셋은 같이 TV를 봤고, 같이 웃었다. 그러나 뭔가 공허했다. 허전했다. 뭔가 빠진 느낌이었다. 그렇다. 대화가 사라진 것이다. 같은 곳을 바라보는 것이야 바람직한 현상이지만, 대화가 없어진 가족은 뭔가 이상해도 너무 이상하다는 느낌이 강했다.

책을 읽기 시작하면서 제일 먼저 치워버린 것이 TV였다. 우리 가족의 대화를 방해하는 놈을 없애버렸다. 일어나자마자 TV 켜 달라는 아이의 모습이 싫었다. 밥 먹으면서도 서로의 얼굴은 보지 않고 TV에만 꽂혀있는 우리의 모습이 싫었다. 집안에 가족들의 목소리는 사라지고, TV에서 나오는 음성만 가득한 것이 싫었다.

TV를 없애고 나와 아내는 책을 펴들었다. TV를 볼 때는 같은 곳을 바라봤는데, 책을 볼 때는 다른 곳을 바라보게 되었다. 그렇지만 싫지 않았다. 서로 읽은 책에 대해서 이야기하는 시간이 늘어났기 때문이다. 같은 것을 보지는 않지만, 같은 것을 얘기하게 되었다. 뭔가 제대로 돌아가는 느낌이 들었다. 아이도 우리를 따라 책을 봤다. 그렇게 TV만 보던 아이가 변하기 시작했다. 우리는 아이에게 책 보라는 소리를 하지 않았다. 아이는 부모를 보고 그대로 따라한다. 아이에게 공부하라고 소리칠 필요가 없다. 부모가 공부하면 된다. 아이에게 책 읽으라고 잔소리할 필요가 없다. 부모가 책을 읽으면 된다. 말이 아닌 행동으로 보여주면 그게 가장 큰 교육이다.

물론 TV를 전혀 보지 않는 것은 아니다. 그래서도 안 된다. 보고 싶은 프로그램은 컴퓨터로 다운받아서 본다. 우리 가족은 야구를 좋아하는데, 가끔 야구 중계는 같이 본다. 하지만 1회부터 9회까지 보지는 않는다. 보통 4시간 정도 걸리기 때문이다. 야구는 9회부터라는 말이 있다. 우리는 8회나 9회부터 본다. 그래도 재밌다.

책 읽는 데 제일 방해가 되는 것은 아마 TV가 아닐까 싶다. 책을 읽고 싶으면 방해되는 물건을 먼저 버려야 한다. 그래야 책이라도 볼 수 있다. 부모는 TV 보면서 아이에게 책 보라고 하면 아이가 과연 책을 볼 수 있을까. 결코 그럴 수 없다.

요즘 들어 부쩍 TV를 없애는 집이 많아지고 있다. 현명한 어머니들 덕분이다. 아버지들은 보통 이러한 사태를 거부한다. 퇴근하고 와서 집에서 편하게 누워 TV 보는 게 낙인데, 그걸 없애는 아내가 밉기만 하다. 아버지들이 도와줘야 한다. 현명한 아내의 선택을 지지해주어야 한다. 같이 책 읽는 분위기에 동참하자. 같이 쇼프로 보면서 낄낄거려봤자 남는 게 없다. 공허한 웃음만 흘릴 뿐이다. 이 분위기에 동참만 잘 해줘도 100점 만점에 99점 아빠가 될 수 있다.

내가 TV를 없애고 다짐했던 게 하나 있었다. '나중에 텔레비전에 나오는 연예인 이름을 모르고 싶다' 는 거였다. 쟤는 누구고, 누구랑 사귀고, 연기력은 탁월한데 얼굴이 못 생겼고, 이혼을 했고, 요즘 잘 안 나오는데 뭐하고 사는지 등등 연예인 걱정을 하고 싶지 않았다. 세상에 제일 쓸데없는 걱정이 연예인 걱정이라고.

집에 TV가 없으니까 우리집 아이도 연예인들을 잘 모른다. 물론 많이 유명한 사람들은 안다. 가끔 '런닝맨' 을 보는데 거기 출연진들은 안다. 그러나 가수나 탤런트, 영화배우는 거의 모른다. 내가 잘하고 있는 건지 모르겠지만, 못하고 있다는 생각도 들지 않는다.

"아들아, 너 수지 아냐? 미쓰에이 수지. 정우성 아냐? 설경구 아냐? 빅뱅? 지드래곤?"

나의 질문에 초등학교 4학년 아들은 모두 "NO" 라고 대답했다.

얼마 전, 아내가 잠시 잠깐 스마트폰으로 〈응답하라 1988〉을 보여줬다. 거기에 만화 〈태양소년 에스테반〉을 따라부르는 장면이 나왔다. 근30년 만이었지만 나는 노래를 따라부를 수 있었다. 정말 슬펐다. 당시에 불렀던 노래는 뇌리에 콱 박혀 잊히지 않는 거였다. 내 아들 나이 정도였을 때 나는 매일 만화를 챙겨보면서 노래를 따라 불렀었다. 전혀 자랑스럽지 않다.

도서관 여행

추운 겨울이 되면 갈 데가 없다. 자주 찾는 봉학골(동네의 한 계곡)도 한두 번이지 가서 볼 것도 없다. 추워서 찬바람 맞으며 걷는 것도 궁상맞다. 어디 가지? 딱히 갈 곳이 없다. 충주에 있는 이마트로 갈 것인가? 그것도 한두 번이지. 가면 족히 10만원은 그냥 쓴다. 서청주에 있는 쇼핑몰에 가서 영화나 보고 올까? 가는데 시간도 걸리고 고속도로에서 차 막히면 어떡하냐? 그냥 참기로 한다. 또 우리 세 식구가 같이 볼 영화도 별로 없다. 애 데리고 볼 만한 영화가 딱히. 그럼 어디를 갈까? 집에 있기는 싫고. 결국 도서관으로 향할 수밖에 없다. 온풍이 나오는 따뜻한 곳이다. 이용료? 없다. 좋다.

여름엔 어떨까? 어딜 가나 후텁지근하다. 쇼핑몰에 가도 크게 살게 없으면 시간 낭비, 돈 낭비만 할 뿐이다. 근처 대형서점이 있으면 좋겠지만, 내가 사는 음성에는 대형서점이 없다. 가려면 청주로 나가야 한다. 고속도로 타고. 그럴 바엔 가까운 도서관이 좋다.

한겨울엔 따뜻해서 좋고, 한여름엔 시원해서 좋은 곳. 도서관이다. 나는 아내와의 쇼핑보다 도서관 가는 게 더 좋다. 더 기쁘다. 도서관에 도착해서 제일 먼저 신간도서란을 찾는다. 운이 좋으면 그곳에서 행운을 잡을 수 있다. 아무도 보지 않은 새 책을 읽는 느낌은 아무도 밟지 않은 흰 눈을 밟는 느낌과도 같다. 책장이 빳빳하고, 새 책 냄새가 좋다. 어느 누구의 손때도 묻지 않은 순결함을 사랑한다. 일단 제목이 꽂히는 책을 잡아챈다. 한 권 두 권. 많게는 열 권. 곧장 열람실 책상으로 모셔간다. 그리고 탐닉한다. 휘릭휘릭 넘기다가 이거다 싶은 책은 빌려갈 준비를 한다. 아이는 아이대로 한 보따리 쌓아놓고 읽고 있다. 아내도 새초롬하게 독서한다. 우린 자신만의 세계에 곧 빠져든다. 서로 방해하지 않는다. 방해는 금물이다. 서로 실컷 읽을 수 있게 배려한다. 간혹 아내가 옆구리를 콕콕 찌르며 추천해주는 책도 있지만, 눈이 가지 않는다. 일단 내가 고른 책을 다 섭렵한 후에나 쳐다볼 심산이다.

신간도서가 없으면 도서관 책장 사이를 배회한다. 눈을 감고 손끝으로 책을 어루만지며 걷는다. 그러다가 손끝에 느낌이 전해지면 눈길을 준다. 그리고 꺼내들어 제목도 살피고, 저자도 살피고, 목차도 살피고, 머리말도 살핀다. 자체 검열을 한다. 검열에 통과되면 비로소 책은 내 겨드랑이에 끼워진다. 한 권도 건지지 못한 날도 있다. 그럴 때는 어린이도서 칸으로 간다. 우리집 아이가 무슨 책을 읽나 살펴보기도 하고, 남의집 아이들은 어떤 책을 읽나 훔쳐본다. 어린이도서 책장을 또 다시 배회한다. 눈으로 쓰윽 훑으면서 나를 기다리고 있는 책이 있는지 살핀다. 간혹 걸려드는데, 어른책 못지않게 꽤 괜찮다. 어린이책 내용은 참 알차다. 가장 좋은 건 삽화가 있다는 점이다. 그림까지 그려서 이해하기 쉽게 해준다. 친절하다. 어른책을 대할 때면 싸가지 없는 작가들도 많은데, 어린이책 작가들은 다 심성이 곱다.

그렇게 한두 시간 실컷 읽으면 이제 슬슬 배가 고파온다. 배가 고프면 읽기를 그만둔다. 배를 굶면서까지 독서를 하지는 않는다. 다 먹고 살려고 하는 것임을 우리 가족은 잘 알고 있다. 아무리 재미있는 책도 배가 고프면 그 자리에서 딱 멈춘다. 먹으러 가야 한다. 그전에 마지막 관문이 있다. 대출해야 한다. 세 명이니까 한 사람에 세 권씩 총 아홉 권을 빌릴 수 있다. 근데 서로 골라놓은 책이 아홉 권을 훨씬 넘는다. 싸워야 한다. 밀리면 안 된다. 적어도 네 권은 챙겨야 한다. 이때 마음 착한 아내가 늘 양보한다. 나는 그걸 노리고 있다. 아들 녀석도 언젠가부터 그걸 노리기 시작했다. 아내는 한 권을 빌린다. 그럼 여덟 권이 남는다. 나는 다섯 권을 빌릴 수 있고, 고 녀석은 세 권을 빌리면 된다. 그러나 그게 맘대로 안 된다. 다섯 권을 빌리고 싶은데, 이놈이 끝까지 버틴다. 네 권씩 타협을 본다.

책을 싸들고서 우린 근처 분식점으로 향한다. 떡볶이 파티다. 허기진 배를 순식간에 채워버린다. 말도 필요 없다. 먼저 먹어야 한다. 자식 먹는 모습만 봐도 배부르다는 옛 어른들의 말씀이 도저히 이해가 가지 않는다. 나는 내가 먹어야 배가 부르다. 녀석의 먹는 속도가 빠르다. 하나라도 더 먹으려면 집중해야 한다. 어느 정도 배가 차면 빌린 책을 꺼내 든다. 돈 주고 샀으면 적어도 5만원 이상 들었을텐데, 빌렸으니 5만원을 번 셈이다. 아! 뿌듯하다.

　가끔은 동네를 벗어나 옆동네 도서관을 여행한다. 인터넷으로 책을 검색해서 없으면 옆동네로 가는 거다. 우리동네 도서관은 국가 관할이다. 옆동네 도서관과 연계되어 있지 않다. 옆동네 도서관은 군 소속이다. 신간 들어오는 것도 다르고, 소장하고 있는 책도 다르다. 옆동네 도서관이 쬐끔 더 낫다. 책도 깨끗하고 어른책이 더 많다. 군에서 지원을 잘해주고 있나 보다.

　도서관 이용에 한 가지 아쉬운 점이 있다. 종합열람실 이용시간이 저녁 6시까지다. 나 같은 직장인은 평일에는 도서관 오지 말라는 소리와 같다. 얼마 전에는 이벤트를 했는지, 몇 달간 밤 10시까지 종합열람실 이용시간을 늘렸었다. 정말 좋았다. 퇴근 후에도 도서관에 갈 수 있었으니까. 그러던 것이 한 번의 이벤트로 끝나버렸다. 나는 계속 될 줄 알았는데 그게 아니었다. 책값이 비싸지는 요즘 같은 때에 도서관 이용시간을 좀 더 늘려주면 어디가 덧나나? 참 아쉽다. 왜 자유학습실만 10시까지 하는가. 도서관 이용객이 있다면 종합열람실도 10시까지 하는 게 마땅하다. 알바생이나 계약직 직원 더 뽑으면 될 것 아닌가. 고용도 늘어나고 국민들 책도 많이 읽히고 얼마나 바람직한 정책인가. 우리동네 군수가 선거공약으로 이러한 도서관 정책을 내건다면 나는 꽉꽉 그를 밀어줄 것이다. 앞장서서 선거운동을 공짜로 해줄 용의도 있다.

부러운 서점주인

● 　　　동네 서점에 한 번씩 간다. 주인 아저씨는 그 좋은 환경에서도 만날 천장에 걸려 있는 텔레비전만 보고 계신다. 나 같으면 보고 싶은 책 마음껏 보면서 시간 가는 줄 모르고 살고 싶구만.

서점뿐만 아니라 도서관에서 대출업무를 보는 사람들도 무지 부럽다. 대출이야 바코드 찍어주면 되고, 반납도서들 정리야 쉬엄쉬엄하면 되니 남는 시간에 책이나 읽으면 좋을 듯하다.

내가 만약 서점주인이라면? 내가 만약 도서관 대출업무를 담당하는 사람이라면? 상상해보자.

먼저 서점주인을 상상해보자. 아침 7시면 출근해서 가게문을 열겠지. 셔터를 올리고 바닥을 쓸고 닦고, 손님이 오기 전까지 어제 읽던 책을 꺼내서 읽겠지. 책을 팔려면 꾸깃해지면 안 되니까 살살 펴서 야금야금 읽는거야. 절대로 책장을 넘길 때 침을 발라서도 안 돼! 활짝 펴면 안 되고 각도 30도 정도만 펴서 읽어도 행복할 테지. 감쪽

같이 읽고는 다시 진열해 놓아야지. 손님이 찾아오면 보던 책을 덮고 계산해주겠지. 손님이 많으면 짜증도 날거야. 책 읽는데 자꾸 흐름이 끊기니까. 그렇게 나는 매일 책을 읽으며 행복해하겠지.

도서관에서 일한다면? 내가 나서서 먼저 좋은 책을 사달라고 사서에게 얘기하겠지. 사실 사서는 책을 많이 볼 수 없는 행정직이니까. 그 사람을 불쌍해하겠지. 그도 책 읽는 것이 좋아 사서가 되었겠지만, 실제로 하는 일은 책 읽는 일과는 동떨어져 있음을 알기에 마음속으로 그를 위로해야 할거야. 아침에 출근해서 대충 청소하고, 어제 읽던 책을 꺼내서 읽겠지. 대출하러 오는 사람들에게는 바코드를 찍어주고, 뭔가 문의 및 민원을 제기하는 사람이 오면 그냥 대충 하면 안 되냐는 듯 좀 귀찮은 표정으로 요구를 들어주겠지. 그래도 내 눈은 여전히 읽던 책 쪽으로 힐끔거리겠지. 제발 책 빌리러 오는 사람아 줄어라 줄어라, 하고 잠자리에 들면서 기도하겠지. 그래야 내가 좀 더 편히 책을 볼 수 있으니까.

내 책이 좀 팔리면 나는 지금 다니고 있는 회사를 그만두고 싶다. 좀 더 시간여유가 있는 직업으로 전환하고서 책 읽고 글 쓰는 시간을 더 확보하고 싶다. 지금 받는 월급의 절반 수준만이라도 매달 책이 팔린다면 지금 월급의 절반만 주는 회사를 다니고 싶은 거다. 책이 더 많이 팔리면 아예 전업작가로 갈아타고 싶은 게 내 꿈이기도 하다. 거기까지는 아직 먼 이야기고 책이 좀 팔리면 동네에 구멍가게 하나 차려놓고 담배나 팔면서 읽고 쓰고 싶다. 지금보다 읽고 쓰는 속도가 엄청 빨라지겠지.

로또를 하나 사볼까. 한 10억만 당첨돼도 괜찮다. 알아보니 읍내
에 나온 3층 건물이 7억이다. 1층에 커피숍 차리고 2,3층은 세주면
딱인데. 커피숍 한켠에 내 전용 책상을 만들어 상주하면서 글을 읽
고 책을 쓴다. 커피가 당기면 알바에게 한 잔 타 달라고 아양도 부려
보고. 좋다. 아내가 알아서 가게를 굴리겠지. 개꿈이다.

정말 부러운 사람을 보았다. 작가 한근태다. 그의 글을 보자.

요즘 동시에 몇 권의 책을 쓴다. 많은 글을 쓰려면 생활이 심플해야
한다. 저녁 약속이 있거나 늦게 자거나 술을 마시면 리듬이 깨진다.
완전 승려의 생활과 다름없다. 예전엔 술도 좋아하고 모임도 제법
많았다. 요즘은 저녁 약속을 거의 하지 않는다. 주로 점심으로 대체
한다. 새벽에 일어나 글을 쓴다. 글을 쓰다 지치면 헬스장에 가서
운동을 한다. 점심을 먹고 서점에 가거나 영화를 본다. 아니면 산책
을 한다. 책을 읽거나 읽은 책의 주요 대목을 입력하거나 신문을 본
다. 분위기를 바꾸기 위해 수시로 차를 마신다. 보이차, 우롱차, 녹
차, 연잎차, 메밀차, 커피 등등. 차를 마시며 음악을 듣는다. 낮잠도
즐긴다. 저녁을 먹고는 가족들과 논다. 9시쯤 잠자리에 든다. 완전
새나라의 어린이다. 따분해 보이지만 즐겁다. 성과도 제법 난다.

－《일생에 한번은 고수를 만나라》 중에서

100퍼센트 정확하게 내 꿈과 일치하는 글이다. 내가 원하는 삶이

다. 단촐한 삶이다. 새벽에 일어나 글을 쓰고, 책을 읽고, 그러다 지치면 헬스장에 가서 똥배를 넣는다. 차를 좋아하여 여러 가지 차를 집에서 우려 마시고, 산책하다가 고단하면 잠시 눈도 붙였다가 다시 책을 꺼내들어 읽고, 또 글을 쓴다.

글은 새벽에 써야겠다. 그래야 명료한 상태를 유지할 수 있을 것 같다. 저녁에는 가족들과 논다. 맛난 것도 먹고, 아이스크림 핥으면서 산책도 하는 거다. 생활비 걱정은 별로 없다. 어차피 씀씀이도 적기 때문이다. 아이도 다 커서 들어갈 돈도 별로 없다. 그저 아내와 내가 먹고 노는데 쓸 돈만 있으면 되겠다. 이때는 휴대폰도 필요 없다. 나에게 연락하려면 아내에게 전화 걸면 된다. 거의 항시 붙어 있기 때문이다. 하긴 나에게 걸려올 전화도 거의 없을 것이다. 가끔 친구들이나 만나 소주 한 잔 정도는 마셔줘야지. 이때는 책도 많이 사서 볼 것이다. 글감이 필요하기 때문이다. 아니면 도서관 가까운 곳에 살면서 도서관을 서재처럼 애용할지도 모르겠다.

땅을 밟고 살고 싶으면 땅을 사서 집을 짓고 살아야겠다. 도서관은 멀어지겠지만, 책을 살 돈은 넉넉하니 사 보면 될 것이고, 또한 여러 출판사 관계자들로부터 책이 무료 공급될 테니 책값 걱정은 안 해도 될 것 같다. 때로는 밭에서 소일거리를 할 것이다. 고추도 키워 먹고, 상추도 키워 먹겠지. 커다란 진돗개도 한두 마리 사서 키우고, 닭도 몇 마리 풀어놓고 키울 것이다. 가끔 집에 찾아오는 손님이 있으면 고기불판에 숯불로 구워서 대접해야지.

노후준비, 실직준비

●   얼마 전 신문에서 56세에 퇴직한 사람이 할 일이 없어서 일주일에 두세 번 산에 오르고, 해가 저물 때까지 산에 머물며 시간을 때운다는 기사를 읽었다. 나이 때문에 구직활동을 해도 써주는 곳이 없어 구직활동도 사실 포기상태다. 집에 있으면 눈치가 보이고, 그렇다고 노인정에 갈 수도 없는 노릇이다. 통계청에 따르면 2014년 기준 우리나라 근로자의 평균 퇴직 연령은 52.6세라고 한다.

앗싸, 이 통계가 정확하다면 난 앞으로 11년만 일하면 된다. 기대된다. 어서 그날이 오길 바란다. 같은 현상도 사람에 따라 달라 보인다. 내가 보기엔 그들은 정말 팔자 좋은 사람이다. 어차피 구직활동을 해도 직업을 구할 수 없는 상황 아닌가. 하려고 해도 안 되는데 뭘 걱정하는가. 가족들에게 직업을 구하려고 해도 안 된다고 말하고 동조를 얻으면 된다. 어쩔 것인가. 해도 안 되는데 어떡하란 말인가. 걱정할 필요도 없고 애꿎게 산에서 허송세월할 필요도 없다.

가까운 도서관에 가서 책 읽으면 된다. 이 얼마나 책 읽기 좋은 환경이란 말인가.

나는 사실 회사에서 날 잘라주길 바란다. 잘리고 싶다. 그러면 아내에게 가서 "나 회사 잘렸소. 참나, 열심히 다녔는데 잘렸단 말이오. 지금부터 다시 구직활동을 할 것이오. 닦달 말고 기다려주시오."라고 말하고 매일같이 도서관을 갈 것이다. 그동안 읽지 못했던 책들 실컷 보면서 그 시간을 만끽할 것이다. 돈이 걱정 안 되느냐고? 물론 걱정된다. 그치만 구직활동을 하고 있지 않은가. 해서 취직이 되면 다시 회사를 다니면 되고, 취직이 안 되면 책이나 실컷 읽으면 된다. 그래도 계속 취직이 안 되면? 아내가 식당에 나가면서 먹여 살리면 될 것 아닌가. (미안하다. 아내여.) 아니, 구직활동을 해도 취직이 안 되는데 뭐 어쩔 거냐고.

정년퇴직 후의 삶도 별반 다르지 않다. 뭐 하러 돈 들여 등산복 사고, 등산화 사서 힘들게 산을 오를 것인가. 괜히 실족이나 해서 다치기만 한다. 산 잘못 타다가 건강했던 몸을 망칠 수 있다. 그럴 바엔 차라리 돈 안 드는 취미를 가지면 된다. 바로 독서다. 책 살 돈이 없으면 도서관에 나가면 된다. '없어' 보이지 않는다. 불쌍해 보이지 않는다. 처량해 보이지 않는다. 오히려 '있어' 보인다.

도서관에서 자주 뵙는 할아버지가 있다. 할아버지는 의자에 앉아 항상 책이나 신문을 보신다. 처음 몇 번은 그러려니 했는데 내가 도서관에 갈 때마다 계셨다. 그분이 그렇게 멋져보일 수 없었다.

저 연세에 저렇게 열독하시다니, 정말 멋지다는 생각이 들었다. 그리고 부러웠다. 다른 노인들처럼 경로당에서 화투패를 만지는 것보다 나아보였다. 다른 노인들처럼 대낮부터 막걸리에 취해서 휘청거리는 것보다 나아보였다. 다른 노인네들처럼 시간이나 죽이면서 남일에 참견하는 것보다 나아보였다. 도서관에서 항상 책을 읽으시던 어르신은 구부정한 등에 배싹 마른 몸과 얼굴을 하고 계셨지만, 그렇게 좋아보일 수 없었다. 삶의 무게감이 느껴졌고, 함부로 노인장, 노인네라고 부르기 힘들었다. 그분에게는 안 보이는 힘이 느껴졌다. 일종의 아우라였다. 나도 퇴직하면 그런 모습이 되길 희망한다. 책 읽는 노인의 모습은 가장 아름답게 늙어가는 모습이 아닐까.

얼마 전 뉴스에서, 은퇴 후 한 달에 226만원이 필요하다는 통계자료를 보았다. 글쎄, 은퇴 후에 돈이 그렇게 필요할까? 자식들 다 키워내면 들어갈 돈이 없을진대. 노인들이 써봤자지 무슨 200만원 이상이나 필요할까. 애 키우는데 돈이 많이 들어가는 거지, 애 다 키우고 나면 무슨 돈이 들어갈까. 병원비나 들어갈까. 보험료 내는 것도 끝났을 테고 뭐에 그리 많이 들어갈까 싶다. 도시 생활이면 그리 들어갈까. 없으면 없는 대로 사는 거지. 돈 있으면 여행을 다니면 되고, 없으면 도서관 가서 책 읽으면 되지. 반찬 3개 못 올리면 2개만 먹고 살면 되는 거지. 226만원이라는 돈이 많다고 느껴졌다. 만약 그게 사실이라면 나 같은 사람들은 어쩌란 말인가. 국민연금, 퇴직연금을 받는다 해도 그 돈이 안 된다. 개인연금으로 보충해주어야 하는데, 집 대출 갚고 나면 남는 게 없는데 어쩌지?

어쩌긴 뭘 어째. 그냥 되는 대로 살면 되지. 나라에서 공짜로 대주는 책이나 읽으면서 죽을 날 기다리면 되는 거지. 뭘 벌써부터 걱정하고 있는가. 현재도 휘청거리는데 먼 미래의 일까지 걱정할 여력이 남아있질 않다.

나는 책을 팔아 실직이나 노후를 대비하고자 했다. 베스트셀러 작가가 되면 돈 걱정 없이 살 수 있을 거란 믿음이 있었다. 그래서 책도 한 권 써냈다. 죽을 때까지 매년 한 권씩 써서 잘 팔리는 책이 있으면 되는 거 아닌가.

그런데 그게 생각보다 어렵다. 내가 책을 내면 곧장 베스트셀러가 될 줄 알았는데 그게 그렇지 않았다. 독자들이 찾는 책들은 따로 있었다. 왜 내 책은 잘 팔리지 않는 것일까. 왜 내 책은 랭킹에서 빠져 있는 것일까. 베스트셀러로 노후준비를 하려고 했는데 대략난감해졌다. 책을 파는 것보다 예전에 했던 독후감 팔이가 더 쏠쏠했다. 이 글도 책으로 내려고 쓰는 요량인데 잘 팔릴지 걱정이다. 아무래도 노후준비나 실직준비로는 적당하지 않은 것 같다.

그렇다면 어쩐단 말인가. 뭘 어쩌겠는가. 그냥 책 읽고 살면 되는 거지. 그러다가 좋은 글이 나오면 책으로 써내는 거지. 없으면 없는 대로 사는 거지. 별 수 있나. 남들처럼 땅 투기를 하겠는가, 주식투자를 하겠는가, 그냥 생긴 대로 살자. 읽고 쓰는 거, 이게 바로 내 노후준비, 실직준비다.

책 안 보는 사회가 좋다

●   사이토 다카시가 쓴 책《독서는 절대 나를 배신하지 않는다》를 보면 이런 이야기가 나온다.

일본 전국 대학 생활협동조합 연합회가 30개 대학에서 대학생 8,930명을 대상으로 실시한 조사에 따르면, 하루 평균 독서 시간은 26.9분이며 "전혀 책을 읽지 않는다"고 말한 학생도 40.5퍼센트에 달한다고 한다. 이는 2004년 조사가 시작된 이래 최저 수준이다.

일본의 대학생들이 책을 많이 안 읽는가 보다. 이는 우리나라 대학생들도 마찬가지일 것이다. 나 또한 대학 다니면서 읽은 책이 10권도 안 되니까. 그나마 대학생이니까 하루에 26.9분이라도 읽는 것이 아니겠는가. 아마 일반인을 상대로 조사했다면 1분이나 될까? 물론 우리나라도 크게 다르지 않을 것이다.

그래서 나는 좋다. 이렇게 책 읽지 않는 사회가 좋다. 내가 쉽게 될 수 있어서 좋다. 책 많이 읽는 사회 같으면 얼마나 경쟁이 치열해지겠는가. 책 많이 읽지 않는 사회니까 책을 조금만 읽어도 이길 수 있다. 앞으로도 많은 사람들이 책을 보지 않았으면 좋겠다. 그러면 나는 적은 노력으로 더 많은 수확을 거둘 수 있다.

옛날에는 할 게 없었다. 텔레비전도 없이 라디오만 있던 시절도 있었다. 그보다 더 전 시대에는 아무것도 없었다. 어쩌다 책 한 권을 우연히 만나면 얼마나 기뻤을까. 옛날에는 책이 유일한 재미이자 여흥이었지만 이제는 다르다. 책 안 봐도 되는 시대가 왔다. 좋은 강연이 얼마나 많은가. 그냥 보기만 해도 된다. 책 말고도 할 게 무지하게 많다. 텔레비전, 영화, 연극, 인터넷, 게임이 깔려 있다. 그래서 나는 신난다. 다들 책 한 자 보지 않을 때 나는 책을 판다. 다들 멍청해질 때 나는 똑똑해질 수 있다.

업무 과중으로 정말 하루가 바쁘게 돌아갈 때가 있다. 일주일 정도 그렇게 보내면 완전 녹초가 된다. 책은 무슨 책이람? 피곤해서 집에 오면 바로 곯아떨어지기 바쁘지만, 이럴 때도 나는 시간을 확보하려고 노력했다. 책을 안 보고 살려니까 인생이 점점 피폐해지는 것 같았다. 짜증이 솟구쳤다. 아니 내가 뭘 위해서 사는 것인가! 회의가 몰려왔다. 나는 틈새시간을 찾기 시작했다. 아무리 바빠도 똥은 싸고 밥은 먹지 않는가. 아무리 바빠도 꼭 책은 읽겠다고 다짐했다. 그러자 틈새시간이 보이기 시작했다.

일단 똥 쌀 때 10분이 확보된다. 10분 독서는 삶에 활력을 불어넣어 준다. 출근 후 아무도 없을 때 10분 정도 시간을 확보할 수 있다. 잠자기 전 아무리 피곤해도 10분 정도는 읽을 수 있다. 이렇게 하니 하루에 30분이 확보되었다. 계속 시간을 찾다보니 더 많은 틈새시간을 확보할 수 있었다. 하려고 하면 다 할 수 있다.

나는 꿈을 꾼다. 하루 종일 책만 볼 수 있는 시간을 내게 허락해달라고. 그러나 한편으로는 그런 시간을 원하지 않는 아이러니한 마음도 있다. 하루 종일 책 보라고 툭 던져주면 하루 종일 책만 볼 수 있을 것 같은가? 절대 그렇지 않다. 반드시 헛짓거리를 하게 된다. 뭐든 바쁜 와중에 조금씩 찾아먹는 게 맛있다는 걸 이미 알고 있다. 그렇게도 시간이 넘쳐나던 대학시절 나는 왜 10권밖에 못 읽었던가. 시간이 무한히 주어진다고 해도 책 읽을 생각이 없으면 못 읽는거다. 읽을 생각이 있으면 아무리 바빠도 읽을 수 있는 거고.

자, 정리하자. 나는 앞으로도 우리 사회가 책 읽는 사회가 되지 않았으면 좋겠다. 적은 노력으로 그들을 다 이겨버리고 싶다. 내가 제일 무서워하는 놈들이 책 보는 녀석들이다. 이놈들이 제일 무섭다. 이런 놈들은 한 달 후에 만나면 일취월장해 있다. 그래서 책이 무서운 거다. 그러나 책 안 보는 놈들은 만만하다. 3년 후에 봐도 수준이 고만고만하다.

오늘 말이 많았다. 천기누설한 느낌이다. 죽을 때까지 밝히지 말았어야 할 내 속마음이었는데...

독서광 되는 방법

● 　　　독서에 미치고 싶으면 어떻게 해야 할까? 간단하다. 주위 환경을 책을 볼 수밖에 없는 조건으로 만들면 된다.

먼저 집 한가운데 떡하니 차지하고 있는 텔레비전부터 제거한다. 값이 비싸더라도 당장 베란다문을 열고서 밖으로 던져버린다. 지나가는 사람이 맞든지 말든지 모르겠다. 누굴 줄까 고민도 하지 마라. 그냥 던져버려라. 내친김에 확 버려야 한다. 아깝다는 생각에 중고로 팔아버릴까 생각해서도 안 된다. 그러다 보면 언제 그랬었냐는 듯이 다시금 텔레비전이 집 한가운데를 떡하니 차지하고 그 위용을 자랑하게 될 것이다. 그러니 지금 당장 문을 열고 던져라.

다음으로 컴퓨터를 던진다. 먼저 콘센트부터 뽑는다. 모니터와 본체에 연결되어 있는 선도 하나씩 제거해나간다. 그리고 모니터를 아까 던졌던 창문을 통해 던진다. 이제 본체를 던진다. 본체 하드웨어에 저장되어 있는 자료들도 그냥 버리는 거다. 쓸모 있는 자료도 별로 없다. 그냥 던져도 무방하다. 그리고 전선은 던지든지 쌈 싸먹든지 맘대로 한다.

텔레비전과 컴퓨터를 버렸다고 다 끝난 건 아니다. 이제 스마트폰을 던져야 한다. 이건 가벼우니까 더 멀리 던질 수 있겠다. 폰 뒷면을 열어 배터리를 뺀다. 배터리를 먼저 던진다. 배터리가 어디까지 날아갔나 확인하고는 폰을 던진다. 기왕이면 배터리 던진 곳과 반대방향으로 던진다. 서로 더 이상 붙어 살 수 없게 말이다.

휴, 텔레비전을 버렸고, 컴퓨터를 버렸고, 전화기를 버렸으니 이제 한결 가볍다. 이제야 본격적으로 책 읽을 환경이 조성되었다.

버렸으니 이젠 채워야 한다. 독서전용 책상을 사자. 중고장터에 가서 사도 좋다. 아니면 안 쓰는 밥상으로 대신해도 상관없다. 다음으로 독서대를 사자. 인터넷에 주문하면 다음날 온다. 빠르다. 가격은 만 원대부터 있다. 경제수준에 맞추자. 스탠드도 있으면 좋지만 꼭 살 필요는 없다. 자, 이제 다 됐다. 아니다, 뭔가 빠진 것 같다. 혹시 요즘도 라디오 있는 집이 있는가. 그것도 갖다 버리자. 아쉬우면 라디오도 찾아 들을 수 있다. 버려야 한다. 이제 됐다.

드디어 책을 읽을 수밖에 없는 환경이 만들어졌다. 퇴근 후, 혹은 하교 후 집에 오면 이제 책밖에 볼 게 없다. 텔레비전이 없으니, 컴퓨터가 없으니, 스마트폰이 없으니, 가족과 대화의 시간이 늘어날 것이다. 대화하다 지치면 책을 보면 된다. 책을 보다 지치면 대화해도 좋다. 이도저도 하기 싫으면 그냥 멍하니 있어도 괜찮다.

인간이란 가만히 있지를 못하는 종족이다. 뭔가를 해야 한다. 못 믿겠으면 한번 시도해보자. 아무것도 하지 말고 가만히 있어보자. 아마 모르긴 몰라도 잠이라도 잘 것이다. 잠이 오는가? 그럼 그냥 자자. 책 읽기 싫은가? 그럼 읽지 말자. 텔레비전과 컴퓨터, 스마트폰을 하지 않는 것만으로도 일단 성공이다.

우리는 심심한 것을 못 버틴다. 가만히 있는 것도 한동안이다. 잠자는 것도 그리 길게 못한다. 뭔가 하고 싶은 욕구가 인다. 그래, 그런 욕구가 생겨야 한다. 결국 책을 읽을 수밖에 없을 것이다. 할 게 없으니 책을 볼 수밖에 없다. 옳거니! 걸려들었다.

나도 책에 빠지고 싶었다. 책 읽는 사람이 되고 싶었다. 게임하는 건 왠지 다른 사람에게 들키면 창피한 생각이 들었다. '저, 저 생각 없이 사는 놈, 진짜 할 짓이 없나 보구나.' 이런 말이 들려오는 것 같았다. 자책감이었다. 멍하니 텔레비전 보는 것도 병신같이 보여서 싫었다. 나는 괜찮아도 내 아들이 그러고 있는 꼴이 정말 보기 싫었다. 내가 아이를 멍청하게 만들고 있구나, 다 내 책임이구나, 싶었다. 물론 좋은 교양 프로그램도 있지만 우리가 보는 대부분의 프로그램은 쓸잘데기 없이 연예인 걱정하는 프로그램 아니던가.

좀 과격해보일 수 있겠지만 이런 각오 없이 텔레비전과 게임의 늪에서 벗어날 수 없다. 죽을 각오가 필요한 거다. 나는 책을 읽고 싶어서 결혼 선물로 받은 텔레비전부터 집에서 없애버렸다. 심정같아선 완전 뽀개서 버리고 싶었지만 아내의 설득으로 녀석은 지금 처남집 안방에 모셔져 있다. 쓰레기를 주었으니 처남에게 미안하다.

예전에 나는 좋아하는 게임만 파는 스타일이었다. 고등학교 때는 전략시뮬레이션 삼국지를 좋아했다. 중국통일을 백 번 넘게 했지만 야망이 생기지는 않았다. 군대 갔다와서는 스타크래프트에 빠져들었다. 군대 갔다오면 정신 차린다고들 하는데, 오히려 난 반대였다. 조금만 더 어렸더라면 프로게이머의 길로 진로를 잡았을지도 모르겠다. 취직해서는 프리스타일이라는 농구게임으로 대리만족을 했다. 학창시절에는 농구를 많이 할 수 있었는데, 사회에 나오니 농구하기가 여간 힘든 게 아니었다. 게임으로 대신한 거다.

이렇게 텔레비전과 게임으로 점철된 나의 30년 인생을 돌아봤을 때 남는 것이 무엇이던가? 못생긴 얼굴 가리라고 안경을 씌워줬으며, 복잡한 세상 단순하게 살라고 말초적인 뇌를 선사해주었다. 감사하다. 만약 30년 책을 읽었더라면 지금 어떤 모습을 하고 있을까? 적어도 내가 바라는 대로 삶을 살고 있을 거라 확신한다. 내가 생각하는 대로 인생을 살아갈 수 있었을 것이다. 지금은? 남의 생각대로 따라가며 산다. 30년 텔레비전과 게임으로 보낸 대가다.

그래서 나는 텔레비전을 버리고 게임을 제거했다. 그들이 차지하고 있던 빈 시간을 책으로 채워나갔다. 그렇게 8년을 읽었더니 삶이 조금씩 변하기 시작하면서 기어이 나도 내 책을 낼 수 있게 되었다. 조금씩 세상이 나를 중심으로 돌아가고 있는 느낌이 생겼다. 객체에서 주체로, 주변인에서 중심인물로, 엑스트라에서 주인공으로 역할이 서서히 바뀌기 시작했다.

책을 읽자. 인생을 바꾸고 싶으면 책을 읽어야 한다. 책만한 게 없다. 책보다 강한 게 없다. 나는 이것을 확신한다. 책을 읽자. 한 10년 꾸준히 읽으면 분명히 인생이 바뀐다. 바뀔 수밖에 없다. 현재의 인생이 거시기하다면 책을 들자. 그러면 10년 후엔 반드시 해뜰날이 생길 것이다. 이건 사실이고 진실이다. 나는 상상해본다. 책을 30년 정도 읽게 되면 내 삶이 어떻게 변하게 될까? 간단하다. 책 읽으면서 그냥 기다리기만 하면 된다. 분명 지금보다는 좋아질 것이다. 이런 게 희망이다. 책은 우리에게 희망을 준다.

책 버리기

● 　　　책 읽는 사람치고 서재 갖는 꿈을 갖지 않은 사람은 없을 것이다. 자그마한 방, 아니 방 한켠에 나만의 책상이 있는 것만으로도 행복하리라. 나도 나만의 공간을 만들기 위해 갖은 노력을 다해 봤지만, 결국 얻지 못했다. 아내는 내가 동굴(?)로 들어가는 걸 무진장 싫어한다. 그래서 나는 거실의 테이블을 내 책상겸 서재로 사용한다. 완전 오픈된 공간이라 나만의 장소라고 하기에는 어렵다.

　서재는 둘째 치고 나는 책장도 없다. 책을 거의 버리기 때문이다. 대부분의 책은 도서관에서 공수받고, 사는 책은 10% 정도 될까 말까다. 그렇게 사 본 책도 거의 기부한다. 아름다운 가게에 택배로 보낸다. 책정리는 1년에 한 번꼴로 한다. 나는 바리바리 싸들고 앉아 있는 게 싫다. 홀홀 털고 가볍게 산책하는 기분으로 살고 싶다. 내 것을 별로 원하지 않는다. 할 수만 있다면 집도 사글세로 살고 싶고, 차도 리스하고 싶다. 내 이름으로 뭔가를 취득하고 싶은 마음이 없다.

책을 정리하기는 하지만, 끝까지 내 품을 벗어나지 못하는 책들이 있다. 기준은 이렇다. 나는 책을 보면 요약을 하는데, 도저히 요약이 불가한 책들이 있다. 이런 책들은 그대로 남겨둔다. 매 페이지마다 요약할 거리가 풍부한 책은 그 책 그대로를 요약집이라 명한다. 다른 하나는 '아들이 나중에 컸을 때 볼 만한 책인가'이다. 그런 책들은 그대로 남겨놓는다. 내가 봐서 좋았던 책을 자식에게 먹이고 싶은 마음이 부모마음이다. 또 하나, 내가 도저히 요약할 수 없는 심도 있는 책이다. 이해하기도 벅찬데 어찌 요약까지 하리요.

어떤 사람은 책을 꼭 사서 본다. 절대로 남에게 빌리지 않고 빌려주지도 않는다. 고이 모셔두면서 책장을 꾸민다. 책 읽는 것도 좋아하지만 책을 깔끔하게 진열하는 데도 기쁨을 느끼는 것이다. 나와는 정반대다. 나는 책을 함부로 보는 편이다. 책장도 침을 한가득 발라 쳐넘긴다. 밑줄도 좍좍 긋고, 하고 싶은 말도 여백에 좍좍 갈겨 넣는다. 김치 국물도 절어 있다. 심지어 코딱지를 파서 묻혀 놓기도 한다. 뭐 어떤가, 내 책인데. 이런 내가 봤을 때 정말 싸이코 같은 사람이 있다. 그는 같은 책을 두 권 사서 하나는 보고, 하나는 보관한다. 돈이 많은가 보다. 아니면 성격이 정말 ××같던가.

책은 보고 버리는 게 마음 편하다. 책을 모으기 시작하면 짐이 된다. 그걸 보관하려고 또 얼마나 많은 노력을 해야 하는가. 책을 팍팍 봐야지 책을 너무 아끼는 모습도 나에겐 별로다. 책은 찢어서 보기도 하고, 보다가 싫증나면 벽에 던지기도 하고, 이쪽저쪽 구기기도 하면서 읽어야 제 맛이지, 무슨 고서 보듯이 진귀한 보물 만지듯이 조심조심 읽는 모습은 내 취향이 아니다. 물론 그게 잘못되었다는 건 아니다. 내 취향이 아니라는 것뿐이다. 그래서 약간 미안한 마음도 든다. 다 본 책을 기부하므로 좀 깨끗이 봐야 하는데, 마구 보니까 미안한 거다. 내가 봤던 책을 보는 사람의 기분은 어떨까. "이 ㅅㄲ 참 드럽게도 쳐봤네"라며 욕하는 소리가 들리는 것만 같다. 그렇지만 어떡하랴, 나는 그렇게 읽을 수밖에 없는 것을.

책을 버릴 수 있는 용기는 다름 아닌 '요약집'에 있다. 책을 읽고 요약을 해놨기 때문에 책을 과감히 버릴 수 있는 것이다. 엑기스만 쪽 뽑아서 따로 보관하고 헐거워진 책은 그대로 폐기처분하는 거다. 고로 요약하지 못하는 책은 버릴 수 없다.

예전의 기억을 더듬어 보겠다. 요약에 흠뻑 빠져 있을 때다. 신시아 샤피로가 쓴《회사가 당신에게 알려주지 않는 50가지 비밀》이란 책이었다. 이 책을 요약하는데, 총 41쪽이 소요됐다. 50가지를 하나하나 요약하다 보니 그렇게 된 것이다. 글자 수만 27,000자였다. 요약정리하는 데만 한 나절을 썼던 것 같다. 지금 와서 보면 이게 무슨 요약인가 싶다. 그냥 책 한 권 베낀 거나 다름없다. 그래서 이 책을 버리는데 전혀 망설임이 없었다. 내가 홀랑 발라먹은 셈이니까.

우리 집엔 내 책이 별로 없다. 아이책이 대부분을 차지하고 아내의 책들이 조금 있을 뿐이다. 그러나 요즘 피치를 내고 있어서 그런지 내 책들이 늘고 있다. 책장에 넣을 곳이 없어서 가로누워 보관되고 있다. 슬슬 정리할 때가 온 것이다. 과연 이번에는 몇 권이나 살아 남을런지. 늘 보관하는 책을 10권 정도로 딱 박아놔야겠다.

한때는 이런 꿈을 꾸었었다. 집은 한 100평이면 좋겠어. 30평쯤 되는 서재를 만들고 말거야. 벽은 온통 책장으로 가려서 보이지 않고, 높이가 3층 정도 되어서 높이 있는 책을 고르려면 사다리를 이용해야 해. 아껴서 읽는 책은 내 눈높이에 꽂아두고, 한 번 보고 버릴 책은 3층 제일 구석에 처박아 놓아야지. 너무 오래 보관하면 습기가 차니까 가끔은 따뜻한 햇볕에 책을 말려야 할지도 몰라. 책이 많으니까 어디 이사가기도 힘들거야. 아파트는 꿈도 못 꿀거야. 땅을 사서 집을 지어야겠지. 책 무게 때문에 집이 기울지도 몰라.

야무진 꿈이었다. 지금은 이런 꿈을 꾸지 않는다. 그냥 버리는 쪽을 택했다. 그러나 또 꾸기도 한다. 이랬다가 저랬다가 한다.

도서정가제가 시행된 지 꽤 지났다. 책값이 만만치 않다. 여러 가지 이유로 그런 법을 만들었겠지만, 개인적으로 꽤 불편해졌다. 책값 때문에 책 사는 게 약간 두려워졌다. 옛날에는 싼 책들도 많아서 잘만 하면 수지맞았는데. 약간 부담스러운 건 사실이다. 실제로 한국출판저작권연구소에서 낸 '2015년 상반기 출판산업 지표 분석' 자료를 보면 가구당 서적구입비가 13,330원으로 역대 최저기록을 갱신했다고 한다. 점점 책 안 읽는 사회가 되어가고 있다. 내가 책을 많이 사서 공짜로 많이 더 뿌려야겠다.

참, 옛날에는 벤치에 누군가 책을 일부러 버려두기도 했다. 책 제목은 생각나지 않지만 어떤 종교단체의 소행이었다. 이 방법도 괜찮겠다. 책을 벤치에 몰래 버려두고 가면 누군가는 내 코딱지를 읽겠지. 히히히.

1일 1권

● 　책 읽는 재미에 빠지게 되면 으레 하루에 한 권씩 독파하자는 욕심이 생긴다. 많이 읽고 싶어지는 거다. 맛을 알았으니 더 맛보고 싶은 심정이다. 속독을 배워볼까 넘실대기도 하고, 어떻게 하면 많은 책을 읽을 수 있을까 고민한다. 때론 많이 읽어서 남들에게 자랑도 하고 싶다. 누가 알아봐줬으면 싶지만 사실 몰라줘도 그만이다. 그저 책 읽는 재미만 맛봐도 좋은 거다.

　사실 하루에 한 권 읽기는 큰 의미가 없다. 오히려 함정이 된다. 하루에 한 권씩 읽기로 결심하면 얇은 책에만 손이 가게 된다. 두껍고 어려운 책은 자연 멀어진다. 권수야 늘지 몰라도 사고의 깊이는 보장할 수 없다. 수박겉핥기식 독서가 될 우려가 크다. 따라서 목표를 잡으려면 1일 1권이 아니라 1일 50쪽이라든지 1일 100쪽이라고 쪽수로 정하는 것이 좋겠다. 그러나 후에는 이도 큰 의미가 없어진다. 양의 개념보다는 질의 개념으로 흐르게 된다.

독서를 많이 하는 사람들에게 흔히 하는 질문은 이렇다.

"한 달에 몇 권 읽으세요?"

"얼마나 읽으세요?"

그 질문에 정확히 대답해주는 독서광 봤나? 그들에게는 권수가 큰 의미가 없다. 초짜들이나 그런 게 궁금하지 고수들에게는 양이 중요치 않다. 어떤 책을 읽었는지, 누구를 읽고 무엇을 배웠는지가 중요하지, 그들에게 양은 별 의미가 없다. 이미 그들은 그런 수준을 뛰어넘었기에 그런 질문을 무시하게 된다.

책이란 게 처음부터 쭉 읽을 수도 있고, 중간중간 읽기도 하고, 발췌해서 읽기도 하고, 대충 읽거나 머리말만 읽기도 하니 이를 모두 합치면 한 달에 백 권이 넘을 수도 있다. 한 달에 얼마나 읽는지에 대한 질문에 대답하기란 정말 곤란한 일이다. 아무리 독서광이라도 처음부터 끝까지 쭉 읽는 책은 한 달에 몇 권 되지 않는다. 시간이 지날수록 그 양은 오히려 줄어든다. 독서내공이 쌓이면 다 읽을 필요가 없다. 대충 훑어도 알고, 또 다 읽으려고 시간낭비하고 싶지 않기 때문이다.

어려운 수학문제를 놓고 하루 종일 씨름할 때가 있듯이 어려운 책을 만나면 몇 시간이 지나도 몇 장 못 읽을 때가 있다. 이런 책이 좋은 책이다. 한 줄 읽고 생각하게 되고, 또 한 줄 읽고 생각해야 하는 책이 좋은 책이다. 빨리 후루룩 넘기고 싶은데 훌륭한 저자는 독자를 그렇게 놔두지 않는다. 이런 책을 완독하려면 몇 년이 걸릴 수도 있다. 후루룩 읽는 책은 배울 게 별로 없다. 이런 책은 돈이 아깝다.

도서관에서 빌려볼 책이다. 그러나 도서관에서 빌려볼 수 없는 책들이 있다. 도저히 대출기한 내에 읽을 수 없는 이런 책은 반드시 돈 주고 사서 읽을 수밖에 없다. 사볼 수밖에 없도록 만드는 훌륭한 저자의 치밀한 전략이다. 이런 책을 만나면 흔쾌히 저자에게 웃음을 날리며 지갑을 열 수 있다. 책값이 아깝지 않다. 책 읽은 대가가 수백 배로 돌아오는 것을 알기 때문이다.

후루룩 읽어서 1년에 천 권을 읽으면 뭐하겠는가. 남는 게 별로 없다. 제대로 된 책 한두 권 읽는 게 오히려 나을지 모른다. 내용과 배울점을 기준으로 책을 고른다면 권수에 연연한 독서를 지양할 수 있다. 책을 읽다 보면 자연히 권수는 쌓인다. 절대로 줄지 않는다. 이기는 게임이다. 시간이 지나면 자동적으로 승리하는 게임이다. 빠꾸(후진, back)가 없다. 뭐하러 권수에 연연하는가.

처음 1일 1권을 결심했을 때 나는 책의 내용보다는 무조건 얇은 책을 선호했다. 그래야 나와의 약속을 지킬 수 있었다. 덕분에 시집을 읽기도 했다. 시를 음미하면서 읽어야 하는데 휘릭 쭉 훑으면서 감상했다. 읽었을 뿐, 전혀 남는 게 없었다. 그럼에도 불구하고 그 당시 나에게 좋게 다가온 시집 몇 권이 있었으니 잠깐 소개해 볼까 한다. 참고로 나는 시에 대해서 'ㅅ'도 모르는 까막눈이다.

첫 번째, 안도현이다. 안도현의 시는 나같은 초짜들에게도 쏙쏙 들어온다. 쉽기 때문일까? 잘 썼기 때문일까? 안도현 시인 덕분에 시와 친해질 수 있었다. 이런 게 시구나. 시라는 게 이런 거구나. 이런 매력이 있구나. 참 좋구나. 시가 꼭 어려운 것만은 아니구나. 참

좋았다. 안도현의 시는 거의 대부분 좋은데 가장 마음에 드는 시의
전문을 옮겨본다.

스며드는 것

– 안도현

꽃게가 간장 속에
반쯤 몸을 담그고 엎드려 있다
등판에 간장이 울컥울컥 쏟아질 때
꽃게는 뱃속의 알을 껴안으려고
꿈틀거리다가 더 낮게
더 바닥 쪽으로 웅크렸으리라
버둥거렸으리라 버둥거리다가
어찌할 수 없어서
살 속으로 스며드는 것을
한때의 어스름을
꽃게는 천천히 받아들였으리라
껍질이 먹먹해지기 전에
가만히 알들에게 말했으리라

저녁이야
불 끄고 잘 시간이야

이 시를 읽으면 먹먹해져서 다시는 간장게장을 먹을 수 없을 것만 같다. 시의 매력은 '반복'에 있는 것 같다. 코미디는 반복하면 재미 없다. 그러나 가수는 같은 노래를 반복해서 부른다. 그럼에도 감동 이 있다. 시는 이보다 더한 감동이 있는 것 같다. 시는 반복해서 읊 을수록 감동이 더 진해진다.

두 번째, 박경리다. 박경리의 유고시집《버리고 갈 것만 남아서 참 홀가분하다》를 보면 시가 다 좋고 편안하다. 소설가가 쓴 시라 그랬을까, 이해하는데 편하고 감동을 충분히 느낄 수 있어서 좋았 다. 시라기 보다는 어쩌면 짧은 글 같은 느낌도 든다. 하나 옮겨본 다. 이런 느낌이다.

바느질

— 박경리

눈이 온전했던 시절에는
짜투리 시간
특히 잠 안 오는 밤이면
돋보기 쓰고 바느질을 했다

여행도 별로이고
노는 것에도 무취미

쇼핑도 재미없고

결국 시간 따라 쌓이는 것은

글줄이나 실린 책이다

벼개에 머리 얹고 곰곰이 생각하니

그것 다 바느질이 아니었던가

개미 쳇바퀴 돌 듯

한 땀 한 땀 기워 나간 흔적들이

글줄로 남은 게 아니었을까

    시와 친해지고 싶다면 안도현과 박경리부터 시작해보자. 김소월
도 좋을 듯싶다. 그러고 보니 1일 1권의 반전매력은 시를 접하게 해
주었다는 점이다.

책도장

　　책에 대한 애착이 강한 사람일수록 책도장을 파는 것 같다. 책도장은 좋아하는 문구나 자신의 이름, 또는 별명, 문양 등속을 새겨 넣는다. 책을 사면 내 책이니까 건들지 마라, 라고 책도장을 꽝 찍어 넣는다. 그렇게 되면 세상에서 유일무이한 책이 하나 완성된다. 책을 사랑하는 많은 사람들이 책도장을 하나씩 가지고 있다는 걸 알고 나도 하나 팠더랬다.

　가까운 도장집에 가서 정사각형으로 찍히는 도장을 선택했다. 나는 넉 자를 새겨 넣길 원했으므로 거금 4만원을 주고 사각형을 골랐다. 어떤 이는 직사각형 모양에 문구를 새겨 넣기도 하고 그냥 막도장으로 원형에 이름 석 자만 넣기도 한다. 내가 새긴 문구는 한자로 冊力更生(책력갱생)이었다. 뜻을 풀이하자면, 책의 힘으로 인생을 바꿔보자, 다. 自力更生(자력갱생)에서 自자를 冊자로 바꾼 것이다. 로또를 사도 안 되고, 직장인으로서 아무리 월급 모아도 힘들 것 같고,

주식을 하자니 내 취향에 안 맞고, 별 특별한 게 없는 한 고만고만한 인생을 살 것 같았다. 별 수 없이 '그냥 책이라도 읽자'라는 뜻에서, 좀 더 확장된 의미로는 책 많이 읽어서 내 인생 한번 역전시켜 보자는 의미에서 책력갱생이라고 새겨 넣었다. 책 한 권을 읽을 때마다 뜻을 다시금 음미하면서 보다 더 집중할 수 있어서 좋았다.

책도장을 처음 만들었을 때는 찍고 싶은 마음에 책을 많이 사 봤다. 책을 사면 첫 페이지에 도장 쾅! 책등머리에 쾅! 두 방씩 박아주었다. 1년에 한 번씩 책정리를 하면서 다른 곳으로 보내는데, 그 책을 받아보는 사람들에게 내 뜻을 전해줄 수 있다고 생각하니 느낌이 새로웠다. 그렇게 한 2만 권쯤 보내다 보면 내가 만든 '단어'를 웬만한 사람들이 알아봐주지 않을까 하는 객기였다. 그렇지만 이 짓을 오래 하지는 못했다. 책을 거의 사 보지 않는 나에게 책도장 찍을 일이 별로 없었던 것이다. 보는 책의 90%가 도서관에서 빌린 책인데, 언제 도장을 찍겠는가. 도서관 책에다 몰래 찍어서 욕먹을 수는 없지 않은가. 어느새 나의 책도장은 어디론가 사라져버렸다.

이제는 더 이상 책도장을 찍지 않는다. 큰 의미도 없고, 귀찮을 뿐이다. 책은 읽어야 책이지, 모서두고 이쁘게 꾸미는 대상이 아니다. 그리고 이제는 책도장이 없어도 이미 내 마음 속 깊이 '책력갱생' 네 글자가 새겨져 있다. 굳이 새하얀 책에 뻘건 문신을 새길 필요가 없는 것이다. 그러나 가끔은 나도 모르게 사인펜이나 볼펜으로 책 등머리에 써 넣는다. 아직 버릇이 남아 있나 보다.

《태백산맥》을 쓴 조정래 선생은 육필로 원고지에 쓰는 것을 고집하셨는데, 그분은 원고지 한 장을 완성하실 때마다 도장을 찍으셨다고 한다. 태백산맥은 원고지 약 16,000매 분량이니 도장도 16,000번 찍은 셈이다. 원고지 빈칸에 정성들여 한 자 한 자 채워 넣으시고, 마무리 단계로 도장을 쾅 박으셨던 것이다. 왠지 장인의 숨결이 느껴진다. 자신의 원고에 대한 애착이 강하셨나 보다. 그만큼 집필할 때 정성을 들였다는 방증이다. 나처럼 생각나는 대로 대충 휘갈겨놓고 휙 던져버리는 사람에게는 언감생심이다.

책도장을 파러 도장집에 갔을 때 이상하게 창피했다.

주인장이 말을 먼저 걸었다.

"도장 파시려구요?"

"... 네."

"성함이?"

"... 이름 할 거 아니구요..."

나는 미리 써온 글자를 보여주었다. 더 이상 질문받기가 힘들었다. 뱃심이 약한 나는 왠지 창피했다. 주인장의 성격이 쾌활해서 물어보면 어떡하지? 뭐라고 대답할까? 그냥 저도 심부름 온 거예요,라고 둘러댈까? 다행히도 그는 더 이상 묻지 않았다. 네 글자를 팠어야 했기에 사격형 도장을 골랐고 그게 끝이었다. 돈만 주면 되는 거였다. 컴퓨터에 글자를 입력하자 기계가 자동적으로 도장을 파기 시작했다. 5분도 안 돼서 도장이 완성됐다.

아무리 봐도 멋있는 문구다. 실용실안에 등록할까? 아무도 이 글자를 사용하지 못하게 말이다. 그렇게 나는 이 문구를 9년간 계속 사용했다. 블로그 이름도 이걸로, 첫 책을 낼 때도 이름 대신 이걸로 하려고 했다. 그런데 편집자님이 말렸다. 올드(old)하다는 거였다. 헐... 나의 모든 정성과 사랑과 철학이 녹아들어 있는 명구인데... 내가 오바(over)했다.

그럼에도 불구하고 나의 좌우명 중 하나는 책력갱생이다. '책의 힘으로 인생을 바꾸자!' 이 얼마나 멋진 말인가. 돈도 별로 들지 않는다. 조금만 노력하면 충분히 이룰 수 있는 목표다. 손해보지 않는 유일무이한 장사다. 로또만 해도 본전치기가 쉽지 않다. 주식은 어떤가? 까먹지 않으면 다행이다. 기타 펀드나 선물 등 금융투자는 어떤가. 투자이기 때문에 손해볼 리스크가 존재한다. 그러나 책은 다르다. 절대로 손해볼 일이 없다. 시간이 가면 갈수록 이득을 보는 게임이다. 이런 게임이 어디 있는가. 시간이 내 편이 되는 게임이 바로 독서다. 나는 이기는 게임만 하고 싶다. 지는 게임은 아예 거들떠보기도 싫다. 이순신 장군께서 승률 100%를 거뒀듯이 나도 지는 게임은 하기 싫다.

숨어 읽기

● 　　책을 통해 자신을 PR하는 사람이 있는 반면, 감추는 사람
도 있다. 자신을 들키고 싶지 않은 사람이다. 읽는 책에 관해 질문
받는 것도 싫고 알은 체 하는 것도 귀찮다. 책을 많이 읽지만 그 사
실에 대해서도 숨기고 싶다. 오로지 자신을 위한 독서를 할 뿐이다.
책은 들고 다니되 사람들이 없는 곳에서 읽는다. 그를 아는 사람들
은 그가 책을 많이 보는지 모른다. 극소수의 몇몇만 알 뿐이다.

　나는 회사에서 책을 거의 꺼내 보지 않는다. 아니, 아예 들고 가지
않는다. 나 자신을 밝히고 싶지 않기 때문이다. 또 다른 이유는 업
무와 관련 없는 서적 탐독으로 괜한 화를 부르고 싶지 않기 때문이
다. 회사에서 권하는 경제경영서가 아닌 《벽초 홍명희 평전》을 꺼
내 볼 수야 없지 않겠는가. 한 가지 안타까운 점은 내 주변엔 책 읽
는 사람이 거의 없다는 거다. 책을 읽으면 마치 괴물이 된 듯한 느낌
을 받는다. 차라리 스마트폰 게임을 하는 게 더 정상적으로 보인다

(어쩌면 그들도 나처럼 숨어서 읽을지도 모르겠다). 사실 책을 읽는다고 누구 하나 신경 쓰지도 않지만 난 내가 읽는 모습을 들키고 싶지 않다.

책 읽는 티를 내지 않기 위한 방편이 있다. 스마트폰을 이용하면 된다. e북을 다운받아서 틈틈이 볼 수 있다. 아주 편리하다. 텍스트라서 누가 옆을 지나가다 봐도 게임하는 것처럼 안 보여서 좋고, 그냥 인터넷 검색하는 것처럼 보여서 안심이다. 누군가 갑자기 나타나면 그냥 화면을 꺼버리면 된다. 이 얼마나 편한 물건인가.

나의 독서공간은 한정적이다. 요즘은 업무량이 늘어 하루 24시간 중 14시간을 회사에서 보내야 하니 책을 읽고 싶어 죽을 지경이다. 출퇴근 시간은 운전해야 돼서 안 되고, 집에서도 마냥 책만 붙들고 있을 수 없다. 내게 허락된 시간과 장소는 매우 제한적이다. 맘 놓고 읽을 수 있는 시간이라야 고작 1시간 남짓, 그것도 집에서. 이런 고통이 싫어 차라리 대놓고 읽을까 고민해보지만 들키고 싶지 않아 이내 포기한다. 정말 스마트폰이 안 나왔으면 어쩌나 싶다.

한편, 인생을 조금 더 후회해 본다면 시간이 넘쳐흘렀던 대학시절이 책읽기에 가장 좋은 때가 아닐까 싶다. 하루 종일 책만 붙들 수 있던 시절에 나는 온갖 술병과 담배만 붙들지 않았던가. 그때로 돌아간다면 세계에서 가장 책 많이 읽는 대학생이 될 수 있을 텐데... 가만, 지금 이 시점에서 목표를 다시 정하자. 세계에서 가장 책 많이 읽는 양계인은 어떨까? 그래, 나에게는 스마트폰이 있다!

블로그 이웃 중에 퇴근 후 곧바로 집으로 가지 않고 근처 카페를 찾는 이가 있다. 그는 카페에서 책을 읽고 글을 쓴다. 퇴근 후의 피로를 그렇게 푸는 것이다. 커피 한 잔 시켜놓고 하루의 긴장을 풀면서 좋아하는 책읽기와 글쓰기를 한다니 정말 부럽기 그지없다. 고요한 혼자만의 시간을 갖게 되면 얼마나 좋을까. 그렇게 한두 시간 보내고 집으로 간다고 한다. 그는 분명 행복할 것이다.

예전에 독서실 총무 아르바이트를 했었다. 독서실에 들어가면 특유의 냄새와 함께 느껴지는 어두침침한 아늑함이 참 좋았다. 사실 카페보다는 독서실이 더 좋다. 당시 일을 하면서 나중에 회사를 다니면 꼭 한두 시간씩 독서실에 와서 공부를 하든지 책을 보든지 혼자만의 시간을 가져야지, 라는 생각을 했었다. 그러나 시골에 살게 되어 그 목표를 이루지 못했고, 물론 카페 이용도 못하고 있다.

혼자만의 시간을 갖기 위해 새벽시간을 이용해봤다. 새벽의 고요함이 좋았으나 너무 졸렸다. 원체 잠이 많은 '잠형 인간'이라 새벽에 일어나는 게 정말 어려웠다. 책을 읽어도 비몽사몽간이라 뭘 읽었는지 기억도 못했고, 직장에 가서도 하루 종일 피곤하여 업무에 집중할 수가 없었다. 결국 포기했다.

사람마다 처한 상황이 다르고 체질이 다르다. 자신에게 맞게 하는 게 가장 좋은 방법이다. 카페형 인간은 카페에서 시간을 보내면 되고, 새벽형 인간은 새벽시간을 이용하면 된다. 나 같이 쥐새끼형 인간은 짬짬이 시간 될 때마다 숨어 읽으면 된다. 얼마 안 될 것 같은 틈새시간도 모아보면 꽤 많은 시간이 된다. 버려지는 시간을 쓸어담아 알뜰하게 사용할 수 있다.

읽는 자세

●   "누워서 밥 먹으면 소 된다"는 말이 있는데, 누워서 책 읽어도 소가 될까? "척추로 읽기"라는 말을 들은 적이 있다. 허리를 꼿꼿이 세우고 책을 읽어야 바른 자세라는 말이다. 허리를 세우고 정좌해서 정신을 맑게 한 뒤 책을 읽으면 그 효과가 배가 된다는 점에는 적극 찬성한다. 그런데 나처럼 게으른 족속들은 한 5분 정도 읽으면 허리에 힘이 빠지면서 이내 드러눕고 만다.

그렇다. 나는 책을 거의 누워서 본다. 누워서 읽으면 척추로 읽는 것보다 집중력이 떨어지고, 잘못하다간 코를 고는 사태도 발생한다. 아들 녀석이 누워서 책을 보면 아마 혼을 낼 것이다. 누워서 책을 보면 눈 버리고, 그게 책 읽는 자세냐, 하면서 소리칠 것 같다. 그럼에도 불구하고 나는 고칠 마음이 없는 삐딱이다.

다행히 아이의 독서 자세는 바람직하다. 독서대 앞에서 책을 본다. 버릇을 처음부터 아주 잘 들여놨다. 하긴 어린이책은 커서 누워서 볼 엄두를 못낼 것이다. 누워서 보려면 얼마나 많은 팔힘이 필요한데, 감히 어린아이가 할 수 있겠는가. 하하하, 다행이다.

누워서 보더라도 이내 중요한 대목을 만나면 나는 곧장 바로 앉는다. 볼펜을 가져다가 밑줄을 긋거나, 포스트잇을 붙여놓거나, 그마저도 없으면 책장을 살짝 접어 놓는다. 마치 낚시하다가 월척을 건져 올린 느낌이랄까! 아니면 아르키메데스가 목욕하다가 유레카를 외치는 기분이랄까! 자동적으로 앉을 수밖에 없다.

누워서 보다가 졸리면 책을 들고 걸으면서 읽는다. 걸으면 잠이 달아난다. 한 걸음에 한 문장씩 읽어도 좋고, 한 걸음에 한 자를 읽어도 좋고, 마음 가는 대로 읽는다. 잠이 달아나면 나도 모르게 누울 자리를 찾고, 엉덩이를 붙이고, 등을 바닥에 대고, 머리가 땅에 닿는다. 목침이나 베개가 어디 있나 없나 살피고, 없으면 보다 만 책들이라도 그러모은다. 세 권 정도면 머리받침대로 딱이다. 형광등 불빛이 눈에 닿지 않도록 각도를 조정하여 눈이 피로하지 않게 만든다. 그래, 자세가 딱 잡혔다. 나는 그렇게 책 읽는 걸 좋아한다.

가끔은 책상에 앉아 독서대를 이용하기도 한다. 먹을 때다. 먹으면서 책 읽기엔 독서대만 한 게 없다. 아그적아그적 먹으면서 책을 읽고, 다 먹었으면 다시 자세를 잡는다. 물론 의도적이지는 않다. 내 안의 무의식이 시키는 일이다. 다시 엉덩이를 붙이고, 등을 바닥에 대고, 머리를 땅에 닿게 하고, 목침이나 베개를 찾다가 없으면 보다 만 책을 그러모은다.

유일한 사치

● 　인생을 아득바득 살기만 하면 공허해진다. 십원 한 장 아껴가며 살아봐야 끝에 가서 별 남는 것도 없다. 사람마다 '사치거리'가 있어야 한다.

여러 가지 연구소 소장 김정운 교수는 '만년필 사치'가 있다고 한다. 다른 건 다 아껴도 만년필 하나만큼은 돈을 넉넉히 쓴다는 거다. 어떤 친구는 '커피 사치'가 있다. 다 떨어진 구두를 새 것으로 바꾸는 데는 궁상을 떨지만 커피에 대해서만큼은 넉넉하다. 좀 있는 작가는 책 한 권을 끝내고 나면 외국여행을 간다고 한다.

이들은 왜 이렇게 살까?

'그래, 잘 했어. 넌 이 정도 누릴 자격은 돼. 이 정도는 즐길 줄 알아야 해' 하고 자기에게 일종의 보상을 해주는 것이다.

살면서 자신이 자신에게 작은 보상을 해준다는 것은 자존감과 자신감을 높이는 데도 도움이 된다. 나도 유일한 사치가 하나 있다.

나는 아내가 옷을 사줘도 시큰둥하고, 구두를 사준다고 해도 싫다고 손사래를 친다. 다 쓰잘데기 없는 거라고 궁상을 떤다. 그러나 책을 살 때는 비교적 넉넉한 편이다. 다른 사람에 비하면야 궁상 쪽에 가깝지만, 내 안의 것들과 비교했을 때는 굉장히 넉넉하다. 보고 싶은 책이 있으면 이젠 참지 않는다. 그냥 사 본다. 예전에는 도서관에 신청해서 보든지, 헌 책을 구해다가 봤지만, 이제는 그냥 지르는 편이다. 나이 사십 먹고 궁상맞게 도서관에서 신청해서 그걸 몇 달 후에 받아보고 싶지 않다. 즉각 보고 싶은 책을 몇 달 후에 보고 싶지 않다. 나는 내 유일한 사치로 '책'을 골랐다.

물론, 마구 지르지는 못한다. 사실 책값이 만만치 않다. 다른 문화생활에 비하면 저렴하지만 책값에 나의 독서량을 곱하면 다른 문화생활보다도 금액이 커지기에 문제다. 그래서 나는 아직까지도 도서관을 주로 애용하고 있는 편이다.

각자의 경제적 형편에 맞게 책을 보면 될 것 같다. 요즘은 모바일로 한 달에 만원을 끊으면 책 세 권을 볼 수 있는 시스템을 이용한다. 한 권에 3,300원 꼴로 매우 저렴하다. 헌책방에서 사다 보는 가격과 비슷하다. 이번 달에만 4만원을 질렀다. 실컷 봤다. 그래도 4만원 밖에 안 하니까 돈 벌었다고 생각한다.

나이 40이 되면서부터 부쩍 내 시간이 줄어들었다. 회사업무량이 증가했고, 의무적으로 해야 할 시간들이 포진하고 있다. 그래서 요즘은 즐겨했던 도서관 여행을 못하고 있다. 평일은 일 때문에 언감

생심이고, 주말도 마찬가지다. 공짜 책보기는 다 틀린 것이다. 시간이 없으면 돈이라도 넘쳐흘러야 되는데 그것도 아니다. 그래도 예전보다야 책 사치를 부리고 있다. 이것마저도 안 하면 정말 사는 맛이 안 날 것 같기 때문이다. 뭘 위해서 사는가? 돈을 왜 버는가? 돈 벌어서 뭐하려고? 단순히 먹고, 마시고, 싸기 위해서 돈을 버는 것은 아니지 않는가. 내가 좋아하는 걸 하기 위해서 돈을 버는 거 아닌가. 그런데 돈을 벌기 위해 시간을 쓰다 보니, 좋아하는 걸 할 시간이 부족하다. 뭔가 아이러니하다. 나보다 나이 많으신 성당의 한 선생님은 나의 푸념에 이렇게 말씀해주셨다.

"그 나이때는 다 그렇게 바쁜 거야."

전혀 위로가 되지 않았다. 이건 분명 또 다른 함정일 거라는 느낌이다. 국민연금이 고갈되는 게 눈에 뻔히 보이는데 국가에서 국민연금은 국민을 끝까지 지켜준다고 TV광고를 하고, 이래저래 진실을 파헤치기 피곤하니까 '그래, 그렇겠지. 국가가 국민을 버리진 않겠지' 라고 그냥 믿어버리는 경우와 왜 이리 겹쳐 보이는지. 결국 나이 먹고도 바쁘기는 마찬가지일 테지. 평생현역이라는 말이 있듯이 평생 벌지 않으면 굶어죽게 되니까. 그럼에도 불구하고 '그 나이때는 그렇게 바쁜 거야'를 따지기 귀찮으니까 그냥 믿어버리게 되는 것이 아닐까.

오늘의 행복을 내일로 미뤄버리는 추한 짓은 더 이상 하지 말자. 행복한 노년을 위해 오늘은 회사를 위해 열심히 살자고 다짐하지도 말자. 어차피 내일이 되면 또 그다음 내일을 위해 현재를 담보하는 행위를 반복하게 될 테니. 지금 현재 나를 위한 사치를 해야겠다.

평생 즐길 줄 모르고 돈 버는 것에만 혈안이 되면 분명 후회하게 될 것이다. 나라를 세운 왕건도 죽는 순간에 인생이 허망하다고 말했다. 그렇다. 사는 동안 짬짬이 즐겨야 한다. 사치거리 한 가지 정도는 갖고 있어야 한다. 그래야 죽을 때 후회가 덜 하다. '나중에 은퇴하면 즐겨야지' 라는 야물딱진 각오는 저 멀리 날려버려야겠다. 내일 당장 교통사고로 죽을 수도 있다. 내일 죽더라도 "아, 그래도 어제 나는 내가 좋아하는 걸 즐겼어"라고 말할 수 있어야 죽음 앞에 비굴하지 않을 것 같다.

예전 사람들은 밥값을 아껴서 책을 사 봤다고 했다. 얼마나 책이 읽고 싶으면 밥값을 아껴가면서까지 책을 봤겠는가. 최소한 이 정도는 되어야지 책 읽는 사람이라 할 수 있지 않을까. 그에 비하면 우리는 얼마나 책에 대해 무관심한가. 자신의 밥을 내놓으면서까지 책을 읽을 수 있는가. 밥보다 책을 선택할 수 있는가. 밥 아니라 술을 줄여서라도 책을 사 보는 건 어떨까. 그 어떤 사치보다도 바람직하고 보람되지 않을까.

좀 있어 보이는 사치를 가져보자. 비록 사자마자 읽지 않더라도 그런 책들이 쌓이면 결국 읽게 되어 있다. 나중에 한 몇 줄이라도 읽게 되면 그게 남는 장사다.

안 읽히는 날

● 　　책을 읽고 싶은데 안 읽히는 날이 있다. 그럴 때는 쉬어가야 한다. 그만 읽으라는 뇌의 신호다. 책을 읽으면 그 내용이 숙성될 시간이 필요하다. 사실 너무 책을 빨리 읽는 것은 문제가 있다. 어느 정도 뇌에서 잠시 머무르면서 발효되고 숙성되어야 진짜 내 것이 되는데, 그 틈을 주지 않고 무작정 집어넣기만 하면 뇌에 부하가 걸린다. 이런 날은 책을 읽으려고 해도 전혀 읽히지 않는다. 그냥 쉬어야 된다.

누군가는 그런다. 책을 매일 읽는 것은 바보라고. 그러나 내 생각은 좀 다르다. 책을 매일 읽고 싶은데 어찌 안 읽을 수 있겠는가. 잘 읽힌다면 그냥 읽는 게 낫다. 대신 안 읽히는 날은 억지로 읽을 필요가 없다. 이런 날은 그냥 포기하는 게 낫다. 주인은 읽고 싶어 하지만 뇌가 파업에 들어간 것이다. "주인님, 오늘은 쉬고 싶습니다. 어떻게 주인님은 매일 책만 보십니까? 다른 것도 좀 하세요. 저는 책만 읽는 기계가 아닙니다" 라고 뇌가 우리에게 말해주고 있는 것이다. 책을 매일 읽는 것은 바보라고 한 말은 이런 의미일 것이다.

책을 읽고 충분히 그 내용이 우리 뇌에서 숙성되어 진짜 내 것이 되는 시간을 기다려줘야 한다. 그런 면에서 그 말이 맞을 수도 있지만, 어쩌누... 계속 읽고 싶은데...

그래도 읽고 싶다면 어떻게 할까? "진짜 책 읽고 싶은데 이 멍청한 뇌가 안 따라주는데 그냥 포기하라고? 절대 못해!" 라고 말하는 사람들이 있을 수 있다. 그렇다면 이 두 가지 방법을 써보자.

첫째, 소리내어 읽어본다. 낭독이다. 소리를 내서 천천히 읽는다. 잘 안 읽히는 날이므로 보다 큰 소리로 읽는다. 그리고 보다 천천히 읽는다. 그러면 잘 안 들어오던 글들이 제법 들어올 때가 있다. 100% 되는 건 아니다. 그럴 때가 있다. 운이 좋은 거다.

둘째, 글로 쓰며 읽는다. 필사하기다. 목소리 내서 읽을 만한 상황이 안 된다면 종이에 글을 한 자 한 자 옮기면서 읽어보는 거다. 그속도는 낭독보다 더 느릴 것이다. 그렇게 느리게 뇌에 천천히 집어넣어 준다. 뇌가 날름 받아먹으면 성공이고, 이것도 안 되면 그날은 그냥 쉬는 편이 낫다. 아니다. 마지막 방법이 있다. 쉬운 책을 읽어보자. 노상 읽던 분야, 잘 아는 분야, 재미있는 가벼운 책들을 골라 읽어보자. 보다 술술 읽힌다. 그렇게 워밍업을 해놓고서 안 읽히던 책을 다시 꺼내 읽어보자. 재수가 좋다면 계속 읽어나갈 수 있다.

예전에 이런 방법을 쓴 적이 있다. 책이 안 읽히는 날은 술을 마셨다. 소주 1병을 마시고 책을 읽었다. 정말 잘 읽혔다. 이상했다. 그렇게 안 들어오던 내용이 쏙쏙 박혔다. 신기한 경험이었다. 아니, 어떻게 이럴 수 있지? 정말 신기하네? 읽는 족족 이해가 되었다. 머리가 천재가 된 거 같았다. 대단한 발견이라 생각했다. 그런데 다음날 내가 뭘 읽었는지 전혀 기억이 나질 않았다. 이상했다. 아니, 그리도 잘 읽혔는데, 왜 기억이 나질 않지? 어제 내가 이해한 내용은 뭔가? 다음날 아무 기억도 없다면 헛수고한 거 아닌가.

나는 무수하게 실험을 반복했고, 똑같은 경험이 계속 쌓였다. 그리고 결론을 내렸다. 이건 술주정이다! 술 마시고 무슨 말 했는지 기억나지 않듯이, 술 마실 당시는 그리도 기분이 좋아 달변가가 된 것과 같은 착각을 하듯이, 술 마시고 책을 읽으며 천재가 된 듯한 착각을 했던 것이다. 술 마시고 말할 때 본인은 말이 술술 나오는 것처럼 느끼지만, 아마 녹음을 해뒀더라면 이랬을 것이다. '내가 얼마나 잘났는데'라는 말을 이렇게 했을 것이다. '내가... 어! 을마나... 잘났는...꺼억...데!' 말하는 본인은 달변가처럼 느꼈을 테지만, 정작 말은 그렇게 흘러나왔을 것이다. 술 마시고 독서하는 것도 이와 마찬가지였겠지. 고로 안 읽히는 날은 그냥 쉬자.

앞의 방법들이 무색해지면, 이런 방법도 있다. 먹기만 했던 뇌에게 토해내라고 요구하는 거다. 너무 많이 먹어서 소화불량이 걸렸으니 소화시켜서 배출해내야 한다. 바로 글쓰기다. 뇌에 들어있던 것을 그림으로, 작곡으로, 행위로 토해낼 수 있다. 나는 글로 토해낸다. 뇌가 말하는 목소리를 듣고 자판을 두드리든지, 연필을 쥐고 종이에 써 보는 거다. 나는 보통 글을 쓸 때 컴퓨터를 이용하는데, 한

글 파일을 열어 손을 자판위에 올리고 기다린다. 백지 상태를 한동안 주시하기만 한다. '뇌야, 나의 뇌야, 똥 쌀 시간이다. 맘껏 싸보렴.' 기다린다. 그러면 글이 폭발적으로 써지는데, 이때는 내가 글을 쓰는 건지 내 뒤에 신이 와서 내 손가락을 움직이는지 분간이 안 간다. 말이 되든 안 되든, 주어와 서술어가 맞든 안 맞든 그냥 써 갈긴다. 머리의 속도를 손가락이 도저히 따라갈 수 없지만, 최선을 다해 타닥타닥거린다. A4용지 한 장 두 장이 쉽게 넘어간다. 딱히 주제도 없다. 그냥 흘러나오는 대로 적기만 한다. 그렇게 글을 적고 나면, 내가 뭘 적었는지 기억이 나지 않는다. 일주일 후 쓴 글을 다시 보면 깜짝 놀란다. 내가 이런 글을 썼던가? 너무 명문이잖아!

이 방법도 안 통하면 뛴다. 걷는다. 뇌를 쓰지 않는다. 생각을 멈춘다. '어쭈? 생각하기만 해봐.' 생각을 막는다. 그러나 생각이 떠오른다. 머리를 굴린다. '아니, 책 읽을 때는 그렇게도 안 굴리더니. 왜 굴리니?' 생각을 막는다. 벽을 본다. 천장을 본다. 아내의 얼굴을 본다. 생각이 또 모락모락 일어난다. 도저히 안 되면 그냥 잔다.

언젠가부터 읽기보다 쓰기가 더 재미있어졌다. 쓰기 위해 뇌를 쥐어짜는 게 통쾌했다. 어떻게든 하루에 한 쪽의 글을 쓰고자 노력했다. 아무 글이나 대충 주제를 잡고서 한 쪽을 채웠다. 글이 잘 되는 날도 있고 안 되는 날도 있다. 책이 안 읽히는 날 글을 썼듯이 글이 안 되는 날은 책을 읽었다. 이처럼 읽기와 쓰기를 병행하는 것이 좋겠다. 읽다 지치면 쓰고, 쓰다 지치면 읽는다. 그러면 멍 때리는 시간이 줄어든다. 먹었으면 싸고, 쌌으면 먹는다. 출근했으면 퇴근하고, 퇴근했으면 출근한다. 잤으면 일어나고, 일어났으면 잔다. 먹고, 먹고, 먹고, 출근하고, 출근하고, 출근하고, 자고, 자고, 잘 수만은 없다고 이 연사 각단지게 외칩니다!!

읽고 쓰기는 인간이 인간으로서 할 수 있는 가장 인간다운 행위일 것이다. 문자를 읽고 해독을 한다. 그걸 가지고 뭔가를 배우고, 느낀다. 그것을 다시 문자로 풀어내는 과정을 지구상 어느 동물이 해낼 수 있겠는가. 인간만이 가진 특권이다. 달리는 건 동물도 한다. 숨쉬는 것도 동물도 한다. 섹스도 동물이 한다. 먹는 것도 마찬가지다. 그러나 읽고 쓰기는 인간만이 할 수 있는 유일한 행위이다. 이얼마나 멋진 신의 선물이란 말인가. 이런 좋은 선물을 받아놓고 사용하지 않는 것은 태만이다. 정당한 이유 없이 근무태만하면 정리해고된다. 조심하자.

읽어주기

● 　　글 모르는 아이를 앞에 앉혀놓고 책을 읽어주면, 어느새 아이는 책을 읽을 수 있게 된다. 너무도 신기하여 신동이 났나 싶지만, 웬만한 아이들은 다 그렇게 책을 읽게 된다. 우리가 봤을 때는 아이가 글을 깨우친 것처럼 보이지만, 사실 글을 알아서 읽는 게 아니라 이야기 자체를 완전히 암기하는 것이다.

아이가 어렸을 때 《이솝우화》를 읽어주었다. 아이는 고기를 문 개 이야기를 특별히 좋아했다. 내가 읽어준 것만 해도 수십 번이 되는데, 분명 아내는 더 많이 읽어주었을 것이다. 어느 날, 책을 읽어주는데 아이가 나보다 먼저 책을 읽어버리는 사건이 발생했다.

"헐, 대박이다! 아이가 한글을 그냥 깨우쳐버렸구나!" 라고 들떴더랬다. 그러나 그게 아니었다. 아이는 우리가 읽어주는 내용을 통째로 외웠을 뿐이었다.

남에게 글을 읽어줄 때는 보다 세심하게 잘 읽게 된다. 정확한 의미 전달을 위해 나도 모르게 상대방을 배려하게 되는 것이다. 가끔 책에서 좋은 구절이 보이면 소리내어 아내에게 읽어주는데, 내가 받은 감명과 비슷한 경험을 했으면 하는 마음에 잘 읽어주려고 노력한다. 그러면서 나도 한번 더 되새길 수 있다.

책을 남에게 읽어주는 것은 남을 위한 행동이기도 하지만 나에게도 굉장한 소득이다. 듣는 이는 귀로만 듣기에 보다 집중하게 되고, 읽어주는 이는 듣는 이를 위해 평소보다 노력한다. 서로 윈윈(win-win)이다. 이래서 책 한 권을 놓고서 홀수 쪽은 내가 읽고 짝수 쪽은 네가 읽는 독서경험은 값질 수밖에 없다. 같은 줄을 읽으면서 서로 의미를 파악하고 궁금증이 있으면 바로 물어서 확인하는 작업을 거치면 읽는 재미가 배가 된다. 혼자 읽을 때는 그러려니 하고 덤벙덤벙 읽는 걸 둘이 읽으면 보다 명확하게 의미파악이 된다. 좀 더 심도 있게 독서를 할 수 있게 된다.

초등학생이 된 아이는 지금도 가끔 책을 읽어달라고 조른다. 혼자서 읽는 게 더 빠를 텐데도 읽어달라고 한다. 왜 그런지 물어봤다. 아이는 아빠 목소리로 책 읽는 소리를 듣고 싶다고 했다. 교감이 필요했던 것이다. 읽어주려면 서로 몸을 밀착하여 같은 쪽을 보게 된다. 일단 스킨십이 들어간다. 친밀감이 커진다. 껴안은 상태에서 다정한 목소리를 들려주면 아이는 안정감을 느낀다. 하나가 되는 것이다. 아빠 품에 안겨 아빠 목소리를 듣는 아이는 안정감을 찾을 수밖에 없다. 사실 책 읽는 작업은 외로운 작업이 아니던가. 혼자만의 싸움이다. 아무리 책을 좋아하는 아이라도 계속 버텨낼 수는 없나 보다. 부모의 사랑도 필요하고, 책 읽는 것도 필요한 아이에게는 부모의 책 읽어주는 소리가 그렇게 좋은가 보다.

아이와의 관계 호전을 위해서 같이 책 읽는 시간을 가져보는 것은 어떨까? 같이 책을 읽으면서 서먹해진 부부 사이를 호전시켜 보는 것은 어떨까? 대화하라고 하면 막히지만, 책 읽어주기는 그런 막힘이 없다. 무작정 대화의 시간을 가지려고 하면 어떤 말을 해야 할지도 모르고 오히려 더 어색해질 수도 있다. 책을 읽어줘보자. 번갈아가면서 한 쪽씩 읽어보자. 이야기를 할 수 있는 거리를 찾게 되고, 그러다 보면 자연스럽게 대화를 시작할 수 있을 것이다. 나만을 위해 책 읽을 시간은 없더라도 사랑하는 가족에게 책을 읽어주는 시간은 만들어보자. 관계를 호전시키는 좋은 방법이다. 당장 5분만이라도 해보자. 효과가 바로 올 것이다. 이참에 《관계를 돈독하게 해주는 책》이라는 책을 만들어볼까? 둘이서 번갈아가며 한 페이지씩 서로 읽어주는 책 말이다. 사랑을 키워주는 내용이 가득한, 행복하게 해주는 이야기들로 채워진 책.

국민학교(지금의 초등학교) 시절, 선생님께서 '교과서 5번씩 소리내서 읽고 부모님 싸인 받아오기'란 숙제를 참 많이 내주셨다. 지금 생각해보면 참 좋은 숙제였다. 속으로 읽는 게 아니라 소리내어 읽으면 내용이 보다 명확하게 뇌리에 남는다. 또한 그걸 5번 반복하여 읽다 보면 저절로 이해가 된다. 거기다가 부모님 앞에서 읽게 되니 부모 또한 자식놈이 학교에서 무엇을 배우는지 자동적으로 알게 된다. 5번 소리내어 읽기 숙제로 인해 아이와 부모 간의 유대감이 끈끈해지는 효과가 있고, 아이는 공부에 도움이 되는 효과가 있는 숙제였던 것이다. 근데 초등학교 4학년인 아들에게는 이런 숙제가 없나 보다. 소리내서 책 읽는 모습을 통 볼 수 없다. 우리 시절에 책읽기는 거의 낭독이었는데, 요즘 애들은 거의 묵독하는 경향이 짙다. 소리내서 읽는 모습은 내가 더 많으면 많았지, 나보다 책을 더 보는 아이의 입에서는 그 소리를 듣지 못했다. 참, 아쉽다.

어느 날인가 아이에게 소리내어 책을 읽어보라고 했다. 해보지 않아서 그런지 굉장히 어색해했다. 띄어 읽을 부분을 지나치거나 이어 읽을 부분을 띄어 읽었다. 듣기에 거북했다. '아, 책은 낭독하는 게 좋구나. 문맥을 파악하고 내용을 이해하고 어디서 호흡을 해야 하는지 아는 것과 모르는 것이 중요하겠구나. 말 하는 법도 낭독으로 배울 수 있겠구나' 싶었다. 그래서 종종 소리내어 읽기를 요청하는데 잘 안 된다.

대신 아이에게 이런 질문을 한다.

"야, 지금 읽고 있는 책 내용이 뭐냐?"

책을 읽고 요약정리하는 습관을 들여주고 싶은 것이다. 그러나 아이는 아직까지 그것은 잘 못하는 거 같다. 될 수 있으면 아이들에게 소리내어 읽는 연습을 많이 시키는 게 좋을 듯싶다.

고미숙이 쓴《호모 큐라스》에 내가 했던 경험과 비슷한 내용이 나온다.

선생님은 수업시간에 학생들에게 강독을 시키셨다. 큰 소리로 읽게 하신 것이다. 일단 소리내어 읽자 뜻이 파악되었다. 허~ 이럴 수가! 눈으로는 도무지 뭐가 뭔지 모르겠는데, 소리내어 읽으니까 맥락이랑 의미가 다 잡혔다. 띄어쓰기가 없어도 괜찮았다. 읽다 보면 목소리가 알아서 띄어 읽고 마침표를 찍었다.

톨스토이는 이런 말을 했다.

"언제든 소리 내어 책을 읽는다. 책에서 얻은 지식은 다시 보지 않아도 될 만큼 완전하게 내 것으로 만든다."

시라사와 다쿠지가 쓴《치매가 내 인생을 망친다》라는 책을 보면 이런 글이 있다.

날마다 소리내어 책 읽는 습관을 들이자. 소리내어 책 읽기는 가장 좋은 뇌 운동이다. 뇌가 건강하려면 자극 못지않게 휴식도 중요하다. 컴퓨터, 텔레비전, 휴대전화를 멀리하여 뇌를 쉬게 한다.

한정원 작가가 쓴《지식인의 서재》에는 많은 책을 쓴 최재천 교수에 대한 글이 나온다.

최재천의 독서는 씹어먹기다. 말 그대로 음미하는 책읽기. 그는 책을 읽을 때 소리내어 읽는다. 그냥 눈으로 읽는 것보다 소리를 내어 읽으면 기억에 오래 남는다.

그는 서두르지 않는다. 대화를 할 때는 물론이고, 특히 책을 읽을 때는 더더욱 서두름이란 없다. 그래야 더 곱씹으며 생각할 수 있기 때문이다.

"책 읽는 속도가 굉장히 느려요. 정독을 하는 정도가 아니라 아예 책을 성우처럼 읽거든요. 거의 소리내서 읽어요."

대화가 많은 책은 특히 더 시간이 걸린다. 연기까지 하면서 읽으니 책 한 권을 읽는 데 꽤 많은 시간이 소요된다. 아내와 함께 책을 읽을 때면 "아직도 읽어요?" 하는 타박은 맡아놓은 당상이다. 그래도 빠른 건 싫다고, 느리게 천천히 거북이처럼 분명하게 읽는다. 그에게 완전하게 사유하지 않는 독서는 독서가 아니다. 그것은 그저 글자 읽기에 지나지 않는다. 책은 읽고 사유해야 하며 그 알맹이를 내 것으로 만들어야, 그리고 내 피와 살이 될 수 있게 씹어 먹어야 제대로 된 독서라고 믿는다.

혼자가 두렵지 않다

●   고교시절을 돌아보면 나는 혼자 있질 못했다. 꼭 누군가 와 어울려야만 했다. 점심시간에 도시락을 먹을 때도 혼자서 먹을 수 없었다. 외톨이라는 기분이 들었기 때문이다. 남들 눈에 외톨이로 보이는 게 두려웠다. 책을 전혀 읽지 않던 시절이었다. 그 증상이 대학에 가서도 이어졌다. 혼자 먹을 바엔 차라리 굶었다. 아침에 등교하면서 점심엔 누구와 같이 밥을 먹을까를 고민했고, 학교 수업에 들어갈 때도 혼자 듣는 것이 극도로 두려웠다. 나를 중심에 놓지 못하고 살았다. 혼자 있을 수가 없었다. 세상에 버려진 외톨이라는 기분이 싫었다. 내 인생인지 남의 인생인지 모를 정도로 인생이 휘청거렸다. 이때도 책을 전혀 읽지 않았다.

애꿎은 친구만 잡아 족쳤다. 친구 S는 대학시절 거의 나와 함께했다. 나와 S는 늘 붙어다녔다. 학교수업도 같이 듣고, 밥도 같이 먹고, 술도 같이 마셨다. 그러던 어느 날, S에게 여자친구가 생겼다. 그것은 S와 내가 같이할 시간이 줄어든다는 뜻이었다. 엄청난 배신감을 느꼈다. '혼자 있기 공포증'이 또 몰려왔다. 어쩌지. 어쩌지. 밥은 누구와 먹고, 수업은 누구와 듣지? 또 다른 S를 잡아야 하나? 나의 교제 폭은 좁았기에 더욱 고심이 깊었다. 그러나 다행히 친한 후배 H가 있었다. S와 만나지 못하는 날은 H로 대신했다. 고마운 존재였다. 그렇게 나는 S와 H에 기대서 대학시절을 마쳤다. 책을 읽지 않던 시절이었다. 지금 생각해도 참 내가 불쌍했다는 생각이다.

그 시절 책을 읽었더라면 어땠을까? S나 H를 그렇게 사생팬처럼 따라붙지 않았을 것이다. 오히려 혼자 있는 시간을 즐겼을 것이다. 홀로 학교도서관에 가서 실컷 책 보다가 배고프면 식당으로 내려와서 밥 먹고 또 책 보러 갔을 것이다. 책상에서 읽기 싫으면 밖으로 나가 잔디밭에 누워서 보든지 벤치에 누워 봤어도 좋았을 것이다. 가끔 S와 H를 만나서 재밌게 놀기도 했을 것이며, 다른 친구들과도 자연스럽게 지냈을 것을. 나는 S에게 너무 부담을 주었던 것 같다. 이놈이 4학년이 되니까 슬슬 내가 짜증이 났나 보다. 하긴 대학 내내 내가 따라붙었으니 짜증날 만도 하겠지. 나 때문에 여자친구 사귀는 것도 분명 방해가 되었을 텐데. 미안하다, S여.

책을 읽으면 혼자 있는 힘이 강해진다. 독서란 저자와의 1대1 농밀한 대화이다. 이런 대화의 경험을 오래 할수록 혼자 있는 힘이 강해진다.

대학시절, 혼자 다니는 사람들을 보면 그렇게 부러울 수가 없었다. 어떻게 혼자 저리도 자유롭게 다닐 수 있을까, 궁금했지만 답을 얻지는 못했다. 그걸 이제야 깨닫는다.

　내가 당시 책을 좀 읽었더라면 '혼자 못 있기' 콤플렉스에서 벗어날 수 있었을 텐데. 지금은 혼자 있는 시간을 즐긴다. 오히려 사람들이 많이 꼬이는 것을 달가워하지 않는다. 여러 사람과 어울리는 것을 좋아하지 않게 되었다. 1시간 이상 만나면 피곤이 몰려온다. 혼자가 얼마나 편한지 이제 알게 되었다.

　어젯밤엔 성당 형님이 급모임을 주선했다. 판공성사가 끝나고 치킨집에서 만나자는 거다. 달갑지 않았다. 공식적으로 술 한 잔 할 수도 있는 기회였지만 과감히 포기했다. 아내에게 카톡을 넣으라고 했다. 잔다고 거짓말시켰다. 혼자 있고 싶었다. 회사에서 이 사람 저 사람에게 찌들어서 가뜩이나 불쾌한데 저녁마저도 사람에게 치이고 싶지 않았다. 집에서 책 읽고 글 썼다. 아, 나 참 많이 변했다.

　어차피 인생은 결국 혼자다. 사랑하는 가족이 있어도 마찬가지다. 내 죽음을 누가 대신해 줄 수 없고, 내 밥을 누가 대신 먹어줄 수도 없고, 내 똥을 누가 대신 싸줄 수도 없다. 세상은 혼자 살아가야 한다. 혼자 있는 법을 배워야 한다. 즐길 정도가 되어야 한다. 그래야 중심을 잡고 이리저리 휘청거리지 않을 수 있다. 중심을 잡은 사람은 혼자 있기가 자연스럽다. 자신을 중심으로 세상을 바라본다. 혼자 있을 수 없는 사람은 늘 불안하고 초조하다. 버려진 기분을 느끼지 않으려면 독서를 꾸준히 해주면 좋겠다. 그러다 보면 자연스럽게 혼자 있는 시간이 늘고, 그것을 당연히 받아들이게 된다. 혼자 있는 기쁨을 알게 되고 즐기게 된다. 혼자 있을 수 있는 사람이 남들과도 잘 지낼 수 있다. 자기 중심을 잡고 남을 대하는 것과 중심 없이 대하는 것은 큰 차이가 있다. 전자는 충만한 인생을 살 수 있고, 후자는 늘 불안하고 초조하며 공허한 나날을 살아갈 뿐이다. 홀로 있는 시간을 즐길 줄 알아야 한다. 이는 자신만을 위한 뭔가를 할 수 있을 때 가능해진다. 바라는 꿈이나 목표가 있어도 가능해진다.

우리는 왜 사는가? 남을 위해 사는가, 나를 위해 사는가? 나조차도 나를 위하지 않는데 엄마가 아닌 이상 누가 나를 위하겠는가. 엄마가 나를 위한다고는 하지만 내가 아무 말도 안 하고 있으면 똥이 마려운지, 배가 아픈지 어찌 알겠는가. 결국 모든 것은 스스로 해야 한다. 나를 사랑하지 않고 관계지향적이 되면 늘 피곤해진다. 하기 싫은 일을 관계 때문에 해야 한다. 나는 저리 가고 싶은데 관계 때문에 이리 가게 되니 자신에게 불만이 쌓인다. 주체적이지 못하고 늘 수동적 자세가 되어버린다.

홀로 있는 시간을 즐기기 위해서 꿈도 가져보고, 목표도 가져보자. 그 첫 단추는 독서로부터 시작하면 좋겠다. 독서를 하면 꿈이 생기고, 자연스레 내가 누구인지 알게 되니 말이다.

화두잡이

　책을 다 읽고서 그냥 덮어버리면 남는 게 없다. 과거 하루에 두세 권씩 책에 빠져 지내던 날을 돌아보면 내가 무슨 책을 읽었는지 기억조차 나지 않는다. 뇌의 용량은 정해져 있는데 들입다 우겨넣다 보니 뭘 읽었는지 기억이 나질 않는다. 내가 어제 읽은 책이 뭐였지? 아무리 생각해도 떠오르지 않는 경험이 자꾸 쌓인다면 책을 과하게 읽고 있다는 방증이다. 이럴 때는 한 템포 늦춰야 한다.

　책을 다 읽고 덮는 것으로 끝내지 말고 사색의 시간을 가져야 한다. 책 읽는 중간중간 더 읽지 못하고 생각하게 만드는 책이 좋은 책이다. 진도 나가야 하는데 자꾸 생각하게 만드는 책이 좋은 거다. 책 한 권 뚝딱 읽어서 남는 게 없다면 어쩌면 시간낭비만 한 꼴이 될지도 모르겠다(이 책이 그렇다면 독자여, 미안하다). 그러나 너무 염려하지는 말자. 아무리 쓰레기 같은 책이라도 남는 게 하나는 있으니까.

　책을 읽고 답을 얻길 원하는데 답은 주지 않고 질문만 던지는 책이 있다. 시원하게 해답 좀 줬으면 싶은데, 저자도 답을 모르는 경우가 있다. 화가 나더라도 어쩔 수 없다. 결국 답은 내가 찾아야 한다. 책을 덮고 화두를 잡아야 한다. 왜 그럴까? 어떻게 하면 될까? 시간이 날 때마다 생각을 해보는 거다. 답이 떠오르지 않는 경우가 더 많겠지만 그래도 그 작업을 계속 해야 한다. 급하게 책을 먹어 치우기만 하면 화두를 잡을 수 없다. 책을 너무 많이 읽어도 문제가 생길 수 있다. 생각할 시간을 갖지 못하면 독서도 매력적인 취미가 될 수 없다. 물론 책 읽는 순간순간 생각을 하겠지만, 깊이를 보장할 수 없다. 숙고를 위해서는 책 읽는 것을 잠시 보류해야 한다.

우격다짐으로 머리에 책을 몰아넣는다고 해서 남는 게 전혀 없는 건 아니다. 콩나물시루에 물이 그냥 흘러 내려가도 콩나물이 무럭무럭 자라는 것처럼, 독서를 통해 우리의 의식은 자신도 모르는 사이에 성장하는 것이다.

화두잡이가 몇 달이 걸릴지 몇 년이 걸릴지는 아무도 모른다. 그러나 괜찮은 화두를 하나 잡고 계속적으로 파야 한다. 심지어 꿈에도 나올 정도가 되어야 한다. 꿈에 화두가 나오지 않으면 제대로 된 화두라 할 수 없다. 분명 멍 때리는 시간이 존재한다. 그 시간이 책을 읽을 수 없는 시간이라면 화두를 잡고 늘어져야 한다.

화두잡이가 어렵다면 책에서 밑줄 친 좋은 구절을 외우는 방법도 있다. 사실 화두잡이는 선승이나 하는 고난도의 일이다. 스님들도 힘들어하는 일을 범부들이 하긴 좀 그렇다. 차선으로 '좋은 구절 암기'가 있다. 나는 머리가 나빠서 암기하는 것을 극도로 싫어하지만 계속 뇌리에 남아 있는 문구가 있다. 나는 이 문구를 오늘도 아들에게 들려주었다.

> "책 읽지 않는 사람은 평생을 똑같은 수준으로 부지런히 꿀벌처럼 일할 수는 있지만, 게릴라처럼 갑자기 출세하거나 사업에 성공하지는 못한다."

일요일에 늦잠을 자고 일어나 라면을 사왔다. 라면을 먹으면서 아이에게 이 이야기를 해주었다. 라면을 먹다가 왜 이런 이야기를 했을까? 나도 모르게 그냥 툭 튀어나왔다. 좋은 문구를 나누고 싶었고, 아이의 생각도 들어보고 싶었다. 내가 느끼는 걸 같이 공유하고 싶었는데 어린 아들에게는 부담스러웠나 보다. 주제와 동떨어진 질문에 곤혹스러워했다. "근데 아빠, 게릴라가 뭐야?"

나는 꿀벌처럼 매일 똑같은 수준으로 부지런히 살고 싶지 않다. 급작스럽게 출세도 하고 싶고 성공도 하고 싶다. 정말 열심히 부지런하게 사는데 출세나 성공이 보장되지 않는 건 부당하다. 열심히 살되 거기에 책이라는 양념을 쳐 주어 때론 의외의 성공과 출세라는 로또 당첨의 기쁨을 누리고 싶다. 책만 읽어주면 된다니까 그렇게 해보는 거다. 진짜 되는지 안 되는지 내가 직접 체험해야겠다.

허무하지 않은 취미

● 　　먼저 '취미'에 대한 정의부터 하고 가자.

① 마음에 끌려 일정한 방향으로 쏠리는 홍미 ② 전문이나 본업은 아니나 재미로 좋아하는 일.

즉, 취미는 자신이 좋아하는 일로, 생계와 관련 없는 일을 말한다. 그럼, 취미가 없는 사람이 있을까? "전 무취미가 취미입니다"라고 누군가 말했다고 치자. 진짜 취미가 없을까? 혹 아무 생각 없이 텔레비전을 보는 것을 좋아하는데 그걸 깨닫지 못하고 취미가 없다고 말하는 것은 아닐까? 진짜 아무 짓도 안 하고 멍하니 있는 것은 취미가 될 수는 없을까? '멍 때리기'가 취미라고 하면 어떨까? 설마 취미가 남들에게 말하기 창피해서 말 못하는 것은 아닐까?

나는 취미가 없는 사람은 없다고 생각한다. 자신이 그걸 깨닫지 못할 뿐이다. 취미는 갖가지다. 종류가 많다. 남들에게 자랑할 만한 취미도 있을 것이고, 남들에게 숨기고 싶은 취미도 있을 것이다. 남들에게 숨기고 싶은 취미는 어떤 것이 있을까? 스스로 떳떳하지 못하다고 생각되는 것들일 것이다. 예를 들어보자. 도색잡지 보기, 성인에로물 보기, 자위하기, 키스방 가기, 단란주점 가기, 여자 치맛속 훔쳐보기, 도촬하기, 19금 화상채팅 하기, 조건만남 하기, 원조교제 하기, 노래방 가서 도우미랑 놀기 등등이 있겠다. 이런 취미는 남들에게 대놓기 말하기 민망한 것들이다.

취미는 취향이다. 그것이 꼭 나쁘다고만 할 수 없다. 그저 나와는 취향이 맞지 않는 것이다. 아, 법적으로 잘못된 일은 예외로 하자.

취미도 나름 경지가 있고, 레벨이 다르다. 갑동이에게 낚시라는 취미가 있다고 해보자. 갑동이는 낚시를 할 때 즐겁다. 하고 나서도 허무하거나 자책감이 들지 않는다. 이런 느낌이 들면 갑동이에게 낚시는 최고의 취미다. 그러나 낚시를 하느라 하룻밤 새고 와서 "아, 밤12시까지만 하고 오려고 했는데, 또 밤을 꼴딱 새버렸네? 회사도 가야 하고, 오늘 약속도 있는데 큰일이네. 아 피곤하다" 라는 후회 섞인 말이 나온다면, 또는 낚시로 인해 가정불화가 생겨 자책한다면, 낚시는 갑동이에게 무엇일까? 같은 낚시라도 허무하거나, 자책감이 들게 되면 그건 진정 좋은 취미가 될 수 없다.

내 경험에 따르면, 웬만한 취미는 허무와 자책감을 동반한다. 게임에 한창 빠졌을 때 며칠 밤을 새고 나면 허무했다. 남는 게 하나도 없는 걸 내가 왜 하고 자빠졌지? 하고 자책했다. 게임이라는 취미 때문에 가정불화도 생겼다. 애는 저기서 우는데 남편이란 사람이 자기 하고 싶은 게임만 하고 있다고 아내가 울며불며 성화였다.

어떤 취미든 간에 허무하거나 자책감이 든다면 시간을 낭비하고 있다고 보면 된다.

그런데 독서는 달랐다. 아무리 해도 허무하지 않았고, 자책감이 들지 않았다. 아내도 기꺼이 용인해주었다. 돈도 적게 들었다. 집에서 할 수 있으니 책 읽다가 가족과 함께 시간을 보낼 수도 있었다. 뭔가를 하고 나서 허무하지 않은 기분이 좋았고, 자책감 대신 자신감이 생겨서 즐거웠다. 남들에게 인정받을 수 있는 취미로서 독서는 최고였다. 물론 독서도 극으로 치달으면 가정에 불화가 생길 수 있다. 쉬는 날 하루 종일 책만 보면 싸움의 빌미가 될 수도 있을 것이다. 그렇지만 다른 취미들과 비교했을 때 독서만큼은 편안하게 할 수 있다. 낚시로 밤 꼴딱 새고 오는 것과 독서로 밤 꼴딱 새는 것은 다르다. 낚시로 밤새고 오면 '저 화상'이라는 소리를 듣지만, 최소한 독서로 밤새면 그런 대접은 받지 않는다.

예전에는 취미를 물어보면 많은 사람들이 '독서'를 꼽았다. 이력서 취미란에 독서라고 적는 사람들도 많았다. 나도 게임이 취미였지만 독서라고 썼다. 게임은 창피하고 감추고 싶은 취미였다.

설거지를 하고 있는 아내에게 취미를 물어봤다.

"당신은 취미가 뭐야?"

"나? 요즘은 웹툰하고 팟캐스트가 아닐까?"

"맞네, 맞아."

책을 보고 있는 아들에게 취미를 물어봤다.

"넌 취미가 뭐야?"

"몰라!"

나는 다시 아내에게 내 취미를 물어봤다.

"그럼 여보, 내 취미는 뭐야?"

"당신? 블로그, 책 보고 블로그 하는 거?"

블로그 하니까 좀 없어보인다. 그래서 아내에게 교정시켜주었다.

"앞으로는 블로그 말고, 글 쓰는 거라고 해줘. 있어 보이게."

요즘은 어디 가서 취미가 독서라고 말하지 못한다. 아무도 믿어
주지 않기 때문이다. 전혀 상상이 가질 않는 모양이다. 얼마 전, 본
사 교육에 갔었다. 교육을 주관하는 H차장이 L부장에게 책을 한 권
건넸다. 임원들이 읽는 건데 남아서 주는 거라고 했다. 그때 내가
우연히 옆에 있었다. H차장이 나에게도 말했다.

"차장님, 차장님도 읽으실래요?"

나는 고개만 도리도리 저었다. 그 이유는 그 책 말고도 읽을 거리
가 넘쳐났기 때문이었다.

"(H차장은 웃으며) 그럴 줄 알았어요. 원래 책 안 좋아하시죠?"

그렇다! 난 앞으로도 절대 어딜 가든 내 취미가 독서라고 밝히지
않을 것이다. 누가 내 취미를 물어보면 야구라고만 말해야지. 날아
라 독수리, 이글스 화이팅!

폭독(暴讀)

●   가끔 대형서점에 가면, 많은 사람들이 이 책을 고를까 저 책을 고를까 고민하는 모습이 보인다. 아예 자리를 깔고 앉아 책을 읽는 이도 있다. 신간은 보고 싶고 돈은 없을 것이다. 하여튼 내가 보기에는 책을 사려고 온 것은 맞는데, 요기조기 뒤적거리며 책을 살까 말까 고민하고 있다. 그렇게 고민할 시간에 빨랑 책 사서 집에 가서 읽는 게 남는 장사가 아닐까 생각된다. 제목만 봐도 느낌이 오는 책들이 있다. 그냥 주워담으면 된다. 세상에 그 어떤 책이든지 대형서점에 진열될 정도의 책이면 얻을 게 반드시 하나는 존재한다. 책값 이상 한다. 그러니 걱정 말고 그냥 지르자.

요즘 책값이 보통 13,000~18,000원 한다. 과연 내가 이 책을 사서 본전을 뽑을 수 있을지 아까운 생각도 든다. 이 책을 누가 썼는지 저자의 경력을 확인해본다. 출판사는 믿을 만한가도 보고, 책의 두께, 글씨 크기도 살펴본다. 책날개의 소개글도 읽어보고, 목차도 훑으

                                        001. 지극히 개인적인 양계장 김씨의 독서활동

면서 내용을 대강 파악한다. 진짜 이거다 싶으면 책을 고른다.

어떤 사람은 책은 꼭 사서 보라고 한다. 왜 그럴까? 실제로 책을
사서 보게 되면 나처럼 휘릭 읽지 못한다. 본전 생각이 나서 조금이
라도 꼼꼼히 챙겨 읽으려고 노력한다. 근데 여기에 함정이 있다. 쓸
데없는 부분에 아까운 시간을 낭비할 수도 있다. 물론 경제적 여유
가 있다면 책은 사서 보는 것이 출판사나 저자를 위해서도 좋다. 나
라 경제에도 보탬이 되고, 한국 출판시장에도 도움이 된다. 책을 빌
려 보게 되면 반납해야 한다. 다음에 또 보고 싶을 때 바로 찾을 수
없다. 그렇기에 도서관에서 책을 빌리면 반드시 '밑줄노트'를 작성
해봐야 한다. 책을 사서 보면 그냥 밑줄만 그어 놓아도 좋다. 그러
나 나중에 찾으려면 이도 역시 '밑줄노트'를 써 놓는 것이 편하다.

내가 제일 부러워하는 사람은 이름이 난 사람들이다. 이들은 책
을 군이 사 보지 않아도 집으로 배달된다. 출판사에서 보내주는 거
다. 그냥 앉아 있는데도 책들이 책상 앞으로 따박따박 도착한다. 물
론 읽고 싶지 않은 책들도 있겠지만, 그게 어딘가. 공짜로 책이 오는
데. 안도현의 말을 들어보자. 아주 부럽다.

한 달에 공으로 받아보는 책이 100권쯤 되는 것 같다. 사인이 들어간
시집이나 소설집도 있고, 출판사들에서 보내주는 신간도 있다. 저자의
노력과 정성에다 인쇄비용과 우편요금까지 생각하면 고맙기 그지없
다. 그럼에도 한 페이지 열어보지도 못하고 쌓아두고 마는 책도 있다.

－《안도현의 발견》 중에서

안도현 시인이시여, 그렇다면 읽지 않는 책은 어찌하신단 말인가요? 그대로 집에 두지는 않을 테지요. 그렇다면 저에게로 착불로 보내주시면 안될깝쇼? 행복한 마음으로 탐독하겠나이다.

어렸을 때는 슈퍼집 주인이 제일 부러웠다. 먹고 싶은 초콜릿이며 과자에 아이스크림을 마구 먹을 수 있지 않은가. 지금은 서점주인이 제일 부럽다. 읽고 싶은 책을 마음껏 누릴 수 있지 않은가. 어려서나 늙어서나 관심분야만 바뀌었지 결국 바라는 것은 같다. 어릴 때는 과자를 폭식하고, 늙어서는 책을 폭독하는 점이다.

회사업무에 치여 책 읽을 시간이 없는 요즘, 한 1년쯤 안식년을 갖고 책만 보며 느긋하게 지내고 싶다. 매일 아침 출근길에 '하느님, 제발 저에게 책 읽을 여유를 주옵소서. 책 읽고 싶습니다. 골치 아프게 2016년 경영계획 같은 거 세우면서 숫자놀음하기 정말 싫습니다요. 저에게 평온을 주시면 안 될까요?' 라고 기도를 드리곤 한다.

1년이 아니면 6개월 만이라도 휴직원을 내고서 책을 읽으면 안 될까? 6개월이 힘들면 한 달만이라도 나에게 휴식이 주어졌으면 좋겠다. 느긋하게 일어나서 느긋하게 보고 싶은 책 털어먹으며 하늘도 한 번 봤다가 땅도 한 번 봤다가 책 읽다 지겨워지면 강아지 데리고 나가서 산책도 좀 하다가 느긋하게 밤을 맞이하고 싶은데. 언제쯤 나에게 그런 삶이 다가올까.

독자들이여, 이 책을 많이 사주시라. 그리하여 필자가 인세로만 생계를 꾸려갈 수 있게 해주시라. 그러면 정말 감사하겠나이다.

001. 지극히 개인적인 양계장 김씨의 독서활동

독서노트

책을 읽을 때 뇌세포에 감동을 주는 문구들을 만날 때가 있다. 산 책이라면 빨간펜으로 밑줄을 빡빡 그으면 되고, 여백에 내 생각을 쓰기도 한다. 빌린 책이라면 포스트잇을 붙여놓는다. 이렇게 책 한 권을 읽고 나서는 따로 독서노트에 옮겨 놓는다.

나는 이 독서노트를 다른 이름으로 칭하고 있다. '독서수양록'이다. 독서를 통해 수양한다는 의미다. 일종의 독후감인데 서평은 아니다. 극히 개인적인 글이니까 그렇다. 독서수양록은 한글 프로그램으로 작성하여 컴퓨터에 저장된다. 그리고 혹시 몰라 따로 블로그에 복사하여 올려놓는다. 종이에 펜으로는 쓰지 않는다. 가장 큰 이유는 나중에 찾기 힘들기 때문이다. 컴퓨터에 저장해 놓으면 찾기가 엄청나게 편하다. 긴가민가 하는 구절들, 문장 전체는 기억이 안 나지만 단어 정도는 기억나는 문장들을 찾을 때 기가 막히다. 한글 프로그램에서 찾기도 편하지만, 특히 블로그에서 찾을 때 더욱 좋다. 단어 하나만 치면 쫙 나온다. 아주 편리하다.

책을 읽은 후 시간이 지나면 그 책을 통해 무엇을 배웠는지 전혀 기억이 나지 않을 때가 많다. 뭔 내용이었지? 누가 썼더라? 통 기억이 나지 않을 때 다시 '독서수양록'을 꺼내 든다. 그러면 기억이 새롭게 떠오르기도 하고, 아니 이런 좋은 글이 있었나 싶은 완전 처음으로 보는 것 같은 느낌이 들기도 한다. 그렇게 독서수양록에 책이 한 권 한 권 쌓이고, 문장이 한 줄 한 줄 쌓이면서 독서의 넓이와 깊이가 생긴다. 우표 수집하듯, 술병 수집하듯, 외국돈 수집하듯 그렇게 나는 문장을 수집한다. 그러고 보니 내 취미는 문장 수집이 아닐까 싶기도 하다.

몇 년 전까지만 해도 문장 수집에 그쳤다. 그러다가 조금씩 내 생각을 덧붙이기 시작했다. 한 줄 두 줄. 시간이 지날수록 덧붙는 내용이 길어지기 시작했다. 그러다 보니 한 꼭지의 글이 완성되고, 그 꼭지들을 묶으면 책으로 출판이 가능하겠다는 생각이 들었다. 주제별로 따로 묶어도 되고, 연도로 끊어도 되고, 분야별로 묶어도 된다. 아, 책이 이렇게 만들어질 수 있겠구나 싶었다.

책을 읽고 독서노트를 쓰지 않으면 완전히 내 것으로 만들기 힘들다. 인간의 기억력은 매우 짧기 때문이다. 아니, 책 한 권 읽는 것도 힘들어 죽겠는데 무슨 독서노트까지 쓴단 말인가, 하고 볼멘소리를 하는 사람들이 있을지 모르겠다. 그런데 내가 경험해보니까 책 읽고 그것을 다시 훑으면서 밑줄 그어놓은 것을 베껴 써넣으면서 다시 한 번 재탕하게 되면, 책을 두 번 읽는 효과가 나더라는 것이다. 그리고 나중에 밑줄 찾아보기도 쉽다. 경험해본 사람만이 안다. 예전에 읽었던 책에서 밑줄을 찾으려고 다시 책을 펴 들었을 때 빨리 찾고 싶은데 어디에 내가 찾는 문장이 있는지 허둥거려본 사람만이 이 심정을 알 것이다. 책 한 권 뚝딱 읽고 독서수양록에 뚝딱 써놓자. 나중에 살이 되고 피가 된다. 밑줄만 베껴놓다가 나중에 자신의 생각을 써넣기 시작하면 글쓰기 실력도 점점 늘게 된다. 책 저자의 글투를 따라 해보는 거다.

글투 얘기가 나왔으니 조금 더 쓴다. 말투와 글투는 다르다. 나만 봐도 그렇다. 처음 보는 사람이나 업무적으로 만났을 때 나의 말투는 굉장히 친절하다. 그러나 나의 글투는 좀 냉랭하면서 싸가지가 없는 편이다. 글만 보고서 저자에 대해서 상상했는데 실제로 만나 얘기해보면 완전 딴판일 때가 있다. 바로 이런 이유 때문이다. 난 한비야의 책을 좋아했다. 참 차분한 인상을 받았다. 그런데 그녀가 인터뷰하는 동영상을 보고 확 깼다. 따따부따 수다 아줌마의 느낌이 굉장히 강했다. 아, 말투와 글투는 이렇게 다르구나. 글투만 보고 사람을 판단해서는 안 되겠구나 싶었다. 이해인 수녀님은 또 어떠한가. 인터뷰 동영상을 보고 또 놀랐다. 한비야와 마찬가지였다.

독서노트 이야기를 하다가 여기까지 흘러버렸는데, 한 마디만 더 하자. 이렇듯 나의 글은 좀 싸가지가 없다. 그렇지만 나는 절대로 말로는 이런 말을 못한다. 글이니까 이렇게 하는 거다. 나의 말투와 글투는 정말 너무 반대인 것 같다.

누구나 블로그 하나쯤은 가지고 있을 것이다. 블로그에 짧은 글을 쓰기도 하고 긴 글을 올리기도 하는데, 모두들 작가라 할만하다. 예전에는 지식인들만 책을 썼다. 블로그란 것이 없었다. 특정한 사람만 글을 써서 신문에 내고, 출판사를 통해 책으로 내고, 잡지사에 기고했다. 그러나 요즘은 누구나 블로그를 통해 글을 올릴 수 있다. 모든 사람이 작가가 되는 세상이 도래한 것이다. 블로그에 글을 올려 진짜 작가로 데뷔한 사람들도 꽤 많다. 어떻게 그렇게들 글을 잘 쓰는지 부럽기만 하다.

방법이 다 있다. 그들도 처음부터 글을 잘 썼던 것은 아니다. 쓰다보니 잘 쓰게 된 것이다. 우선 책을 읽자. 그리고 마음에 드는 구절이 있으면 옮겨보자. 그렇게 차곡차곡 블로그에 글을 올려보자. 그러다가 내 생각을 조금씩 보태보는 거다. 사람들이 댓글도 달아주면 일단 성공이다. 그렇게 책 읽고 독서노트 작성하면서 나만의 소리를 조금씩 더 내다 보면 자연스레 글쓰기 실력이 늘게 된다. 한 해두 해 계속 해보자. 지나고 나서 작년에 썼던 글을 읽어보자. 일 년 전과 비교해보는 거다. 많이 좋아졌을 것이다. 조금씩 하다 보면 습관이 되고 습관이 되면 '자동완성시스템'을 가동하게 되어 자연히 뭔가를 이룰 수 있게 된다.

그냥 백지 한 장 놓고서 글을 쓰라고 하면 당황스럽다. 그러나 책을 읽고 독서노트를 작성하여 거기에 내 생각을 조금씩 써내려가는 건 어렵지 않다. 이러한 작업을 계속 할 때 글쓰는 것이 두렵지 않게 되고 자신감이 붙게 된다. 비록 지금은 못 쓰더라도 언젠가는 잘 쓸

날이 오게 된다. 나도 처음에는 베끼기만 했다. 그러다가 내 생각을 조금씩 보탰고, 이제는 그냥 백지에다가 이렇게 주저리주저리 글을 쓰는 단계까지 왔다. 물론 내 글이 완성도가 높다거나 잘 썼다는 말이 아니다. 이렇게 A4용지 두 장을 꽉꽉 눌러 쓸 수 있는 필력이 생겼다는 걸 말하고 싶은 것이다. 몇 년 동안 계속 하면 필시 재미있는 글도 쓸 수 있을 것이요, 감동적인 글도 쓸 수 있을 거라 믿는다. 나도 아직 완성을 보지 못했다. 과정 속에 있다. 그러나 이런 과정이 재미있다. 나중에 나도 글 잘 쓰는 작가가 되겠지, 믿어 의심치 않는다. 역시 난 참 싸가지 없다.

만날 책은 꼭 만난다

● 　　책을 사 보는 데도 한계가 있다. 월급으로 감당이 안 된다. 매달 30만 원어치는 사 봐야 직성이 풀리는데 그렇지 못할 때 인생이 서글퍼진다. 읽고 싶은 책이 있는데 돈이 부족하면 도서관을 찾는다. 그러나 내가 사는 시골 도서관엔 책이 별로 없다. 가장 슬픈 현실이다. 큰 도서관 옆에 사는 게 소원이다.

　시골 도서관이지만 희망도서를 신청하면 사 준다. 정말 나에겐 '희망'이다. 그러나 오래 걸린다. 그리고 한 달에 고작 3권만 신청할 수 있다. 그것도 오래된 책이거나 사서의 마음에 들지 않으면 잘린다. 그래, 1권이라도 사 주는 게 어디냐. 정말 사서 볼 책은 사 보고, 빌려 보고 싶은 책은 도서관에 신청하는데, 시간이 오래 걸리니 잊고 지내는 경우가 다반사다. 어쩌다 도서관을 배회하다가 눈에 띄는 책이 있다. 가만히 생각해보면 내가 과거에 신청해놓은 책이다. 딱 봐도 아무도 읽지 않았다. 새 책이다. 기쁜 마음으로 그 책을 거둬온다. 이런 경험을 한두 번 한 게 아니다. 거의 99% 이런 식으로 만나게 된다. 깜빡 잊고 지냈는데, 우연히 도서관에서 눈에 띈 책이 내가 신청한 책이라니, 결국 만날 책은 만나는가 싶다.

책은 저자가 독자에게 전하는 일종의 언어수단이다. 책의 제목이나 목차, 홍보문구 등을 통해 저자의 뜻을 어느 정도 유추해낼 수 있다. 저자가 하고자 하는 말이 내 생각과 일치할까? 내가 관심 있는 것에 대해 쓴 거 같은데 어떤 내용이 숨겨져 있을까? 책을 통해 저자와 독자는 주려는 자와 받으려는 자의 교집합을 갖게 된다. 그래서 시간이 흘러도 언젠가는 다시 만나게 되는 것이 아닐지.

책 속에서 책을 소개받을 때가 있다. 저자가 소개해주는 책이다. 그런데 이런 책들은 대부분 오래되어서 시중에서 구하기가 힘들다. 그럴 때는 중고서적을 이용한다. 1/3 가격이다. 아주 좋다. 요즘은 인터넷의 발달로 중고서적 고르기도 참 쉽다. 가장 아쉬울 때는 소개받은 책이 절판되었을 때다. 정말 좋은 책들이 출판사와 계약이 만료되어 절판되는 경우가 왕왕 있다. 참 아쉽다.

도서관에서 사 주는 책이 고작 3권이니까 편법을 써야 한다. 집근처에 도서관이 세 곳 있다. 거리로 따지면 차로 각각 5분, 15분, 20분 걸린다. 이곳에 모두 대출증을 만들어놓고 매달 3권씩 희망도서를 신청해놓는다. 그럼 한 달에 9권을 만날 수 있다. 대신 빨리 읽고 싶은 마음은 억눌러야 한다. 그리고 수첩에 적어놔야 한다. A도서관에 신청한 책, B도서관에 신청한 책, C도서관도 마찬가지다.

그렇게 목록을 정리하고 다음 달을 기다린다. 새 책이 들어오는 날을 알아냈다가 달려간다. 그 기분 속에는 어떤 것과도 바꿀 수 없는 경쾌함이 숨어있다. 그러나 내가 신청한 새 책을 가져오는 경우는 거의 없다. 다른 책들이 눈에 먼저 들어오기 때문이다. 나의 희망도서는 점점 후순위로 밀려 나중에는 내가 신청한 책을 잊고 지낸다. 그런데 이상한 건, 그 책들이 결국 내 손에 들어오게 된다는 거다. 놓친 책이 없다. 참 신기하다. 제일 열 받는 일은 A도서관에 신청한 책을 잊고 있다가 B도서관에도 신청할 때다. 이럴 땐 정말 대략난감이다.

고등학교시절에도 도서관을 이용했었다. 학교공부를 하기 위해서였다. 열람실에 들어가려고 줄을 서 있던 기억이 새록새록하다. 당시 나는 도서관은 열람실에서 공부만 하는 곳인줄 알았다. 널따란 책상에 의자가 양 옆에 네 개씩 총 여덟 개가 매달려 있었다. 번호표를 받아서 자리에 앉고, 집에서 가지고 온 교과서와 참고서, 문제집을 꺼내서 공부했다. 화장실을 갈 때 우연히 내 눈에 비친 곳이 있었는데, 책장이 엄청나게 많은 '종합열람실'이었다. 들어가면 안 되는 곳인 줄 알았다. 지금 생각하면 참 안타깝다. 당시는 서울에 살 때라 도서관도 엄청 컸는데, 분명 도서를 신청하면 잘 사주었을 텐데, 그런 기회를 전혀 맛보지 못하고 도서관생활을 했던 것이다. 도서관을 잘못 이용한 것이다. 어느 누구도 가르쳐주지 않았다.

그리하여 나는 아들에게 도서관을 제대로 소개해주었다. 공부하는 열람실이 아닌 책장이 겹겹이 놓인 곳으로 아이를 인도하였다.

누구나 여기서 책을 읽을 수 있고, 빌려볼 수도 있음을 자연스럽게 경험시켜 주었다. 나의 전철을 밟지 않았으면 하는 마음이었다. 과거의 일을 후회한들 무슨 소용이 있으리요. 현실을 직시하고 현재 내가 과연 무엇을 할 수 있는지 찾는 게 더 낫겠다.

얼마 전 일이다. 꼭 읽고 싶은 책이 있었는데 책을 많이 사니까 아내가 경제적으로 부담을 느꼈는지 책 사는 걸 방해(?)했다. 결국 도서관에 도서신청을 해놓고는 까맣게 잊고 있었다. 그러던 중 인터넷 서핑을 하다가 보고 싶은 책을 샀다. 나중에 도서관에 갔을 때 그 책이 예전에 내가 신청해둔 책이란 걸 알고는 얼마나 억울했던지. 이제는 꼭 메모를 하여 놓치지 않으려고 노력한다.

처음에 책을 읽을 때는 거의 모두 도서관에서 빌려보았다. 월급 사정도 넉넉지 못해 어쩔 수 없었다. 그 당시 소원은 '내가 보고 싶은 책을 얼마든지 지를 수 있을 정도의 경제적 여유'를 갖는 것이었다. 보고 싶은 책을 맘대로 살 수 있는 여유. 얼마나 멋진가.

지금은 어떨까? 소원성취를 했을까? 결론부터 말하자면 못했다.

내 나이 41세. 불혹이다. 유혹에 흔들리지 않는 나이지만 아직도 나는 책의 유혹에는 넘어가고 만다. 지금도 아내 눈치를 보면서 책을 사 보고 있다. 그러나 과거와 비교했을 때 발전이 있다. 그때는 거의 99% 빌려 봤지만 9년이 지난 지금은 50% 빌려 보는 거 같다. 단순히 계산해도 9년 만에 50%니까, 앞으로 9년 후인 50세가 되면 100% 소원성취를 할 수 있다는 얘기 아닌가.

희망이 생긴다. 시간아, 어서 가라.

화면보다 재미있는 책

●   책으로 보다가 화면으로 봤을 때 싱거운 적은 없었는가? 화면으로 보다가 책으로 봤을 때 더 재밌지 않았는가? 나는 이런 경험을 많이 했다. 책의 디테일하고 방대한 분량을 화면으로 다 표현하기 어렵기 때문이리라.

장진 감독의 말을 들어보자. 그는 한 인터뷰에서 이렇게 말했다.

《고래》의 이야기에는 힘이 있는데, 서사의 힘인 것 같아요. 《아라비안 나이트》를 한국식으로 바꾼 것 같은 소설이고, 정말 1,000일 동안 이야기해도 될 만한 거리가 있는 소설이예요. 차라리 이 소설을 끝으로 천명관 씨는 글을 안 쓰면 좋겠다는 생각이 들 정도로, 그만큼 애정이 가고 너무 대단하다고 생각하는 작품입니다. 아시겠지만 자유분방하게, 그 어떤 규칙도 도용하지 않고 쓴 엄청난 이야기예요. 영화 쪽에서, 그리고 나도 이 소설을 영화화하려고 했는데, 절대로 영화로 가늠이 안 나오더라고요. 적어도 이 활자문학을 이길 수 있을 때 영화화하잖아요. 소설책을 본 정도의 감흥이 되어야지, 그 감흥의 반만 영화화하는 경우는 없잖아요. 그래서 영화화하기 어려운 작품이에요.　　　　　　　〈출처: 네이버 지식인의 서재〉

활자문학을 이길 수 있을 때 영화화한다고 말한다. 보통 감독은 자신의 상상력을 가동하여 좋은 CG로 그림을 입혀서 영화로 만든다. 활자보다 더 신명나게, 생동감 있게, 즉 활자를 이길 수 있을 때 영화로 만드는 것이다. 그러나 거기엔 함정이 있다.

상상력은 사람마다 다르다. 영화감독이 표현한 해리포터는 내가 생각했던 해리포터의 모습과 달랐다. 그가 생각한 쥬라기 공원의 공룡의 모습과 내가 생각한 공룡의 모습이 달랐고, 그가 상상하여 만든 〈더 로드〉의 아버지 상과 내가 생각했던 아버지의 모습이 달랐다. 또한 〈빅 픽쳐〉는 어떠한가. 책을 통해 내가 생각한 아들과 아버지의 이미지와 영화에서의 이미지는 달라도 너무 달랐다. 내가 생각했던 아버지는 굉장히 잘생긴 미남이었는데, 영화에선 못생겼다. 왜 이런 차이가 발생하는 걸까? 당연히 사람마다 상상하는 힘이 다르기 때문이다.

화면으로 보여지는 것은 모두 감독의 상상으로 만들어진 것이다. 나의 것이 아니다. 내 것이 아니기에 생생함이나 생동감이 떨어진다. 만약 감독의 작품이 더 생생하게 느껴진다면 우리의 상상하는 힘을 의심해볼 필요가 있다. 즉, 상상조차 안 해봤을 가능성이 높다. 그냥 남이 상상한 것을 편하게 주워 담은 심보인 것이다. 남의 상상을 그냥 받아먹는 바보의 모습이다.

그래서 나는 화면이 싫다. 내가 상상할 기회를 박탈당하기 때문이다. 또한 내가 이미 상상하고 있던 것을 감독에게 온전히 빼앗긴 기분이 든다. 왜 내 상상력을 그에게 도둑맞아야 하는가. 그가 상상한 것을 보면서 마냥 웃고 즐길 수만은 없다. 기분이 나쁘다. 나도 머리가 있는데 왜 그에게 내 상상력을 맡겨야 하는가.

물론 대인의 경지에서 나의 상상도 좋고, 감독의 상상도 인정해주면 좋을 것이다. 어라, 난 이렇게 생각했는데, 감독은 저렇게 생각하는구나, 참신한데? 하면서 대인의 풍모를 폴폴 풍길 수도 있을 것이다. 이것은 대인일 때 가능하다. 일단 감독에게 꿇리지 않을 자존감과 자신감이 있을 때 가능한 법이다. 나보다 유명한 사람이나 나보다 쏘샬포지션(social position)이 높은 사람에게 주눅 든 사람이라면 쉽지 않은 일이다. 나는 소인배다.

내가 도저히 상상할 수 없는 것은 그냥 포기하고 영화를 본다. 영화 〈인터스텔라〉가 그렇고 얼마 전에 본 〈마션〉이 그렇다. 나는 특히 우주에 관한 이야기를 도저히 상상할 수 없다. 〈인터스텔라〉에서 나온 4차원 세계는 나를 놀래켜주기에 충분했다. '아, 그렇구나. 저게 4차원 세계구나.' 도저히 상상할 수 없는 부분을 영화는 일깨워주었다. 내 상상력이 취약하면 영화에게 지고 만다. 이럴 때는 겸허하게 영화의 표현을 만끽하는 게 낫다. 대부분 화면보다는 내 상상력을 동원해서 보게 되는데 왜 나는 우주에 대해서 그리도 취약

할까? 그래서 주로 보는 영화가 우주에 관한 영화가 아닌지. 우주는 궁금하고 내가 범접할 수 없는 미지의 세계라는 느낌이다.

우리는 보고 싶은 것만 보는 경향이 강하다. 자신의 관심사라는 색안경을 낀 채 세상을 바라보고 있는 것이다. 세상을 공평하게 바라보며 산다고 말하는 사람은 거짓말쟁이다. 사람은 절대로 객관적으로 사물을 바라볼 수 없으며, 주관적인 색안경을 낀 채 살아가고 있다. 다음의 글을 읽어보자.

저는 근사한 저녁 식사를 하는 것처럼 1시간에서 2시간 정도 시간을 정놓고 뭔가를 하려고 들지 않습니다. 되지도 않는 계획을 세우지도 않습니다. 오늘은 첫날이라 열심히 하겠지만, 내일이 되면 까맣게 잊어리버게 됩니다. 뭔가를 하려거든 자투리 시간, 틈새시간을 이용하면 됩니다. 거창하게 '저녁 7시부터 9시까지는 독서하는 시간니이까 날 건들지 마시오!'라고 주변 사들람을 힘들게 하지 않습니다. 틈새, 자투리 시간만 이용해도 충분히 하루 2시간 독서는 가능합니다.

이상한 점을 찾았는가 못 찾았는가? 읽으면서 이상한 점을 전혀 발견할 수 없었는가? 읽는데 전혀 불편함이 없었는가? 없었다면 당신은 자신이 보고 싶은 것만 보면서 사는 사람이다. 그게 보통 사람의 모습이니까 크게 걱정할 것은 없다. 다시 한 번 읽어보고 뭐가 잘못 되었는지 살펴보자. 그리고 인정하자. 우리는 자신이 보고 싶은 것만 보면서 산다고.

우리가 보고 싶은 것만 보는 것도 우리의 개성일 뿐이다. 한쪽으로 개성이 강하면 다른 것을 상상하기 힘들어진다. 내가 우주를 상상할 수 없는 것과 같다. 유독 우주에 대해 약한 이유는 우주에 대한 배경지식(스키마)이 부족한 것도 한 몫할 것이다. 그러니 책으로 읽는 것보다 화면을 더 선호하게 되는 것이 아닐까. 우주를 떠나면 나는 화면보다 책을 더 선호한다. 내가 영화감독보다 더 상상을 잘 할수 있기 때문이다. 굳이 그의 상상력을 빌릴 필요가 없다.

황홀한 책읽기 감옥

● 　　　예전에 '베텔스만 북클럽'이란 것이 있었다. 북클럽 회원이 되면 3개월에 한 번 1권 이상의 책을 구입해야 한다. 만약 신청을 하지 않으면 베텔스만 북클럽에서 선정한 책을 자기 맘대로 보낸다. 가입방법은 처음에 4천원을 주고 책 2권을 구입하면 된다. 회원 가입기간은 2년이다.

이 클럽의 가장 큰 장점은 '의무적으로' 책을 사 봐야 한다는 것이었다. 책이 오니까 읽지 않을 수 없다. 완벽한 책읽기 감옥에 갇힐 수 있다. 이런 시스템에 갇힐 수 있는 건 책 읽는 사람으로서 행복한 구속이 될 것이다. 근데 베텔스만 북클럽은 안타깝게도 없어졌다. 한번도 이용해보지 못했는데.

그러나 낙담하지 마시라. 내가 이와 비슷한 것을 하나 찾아냈다. 인터넷 교보문고에 보면 SAM(쌤)이라는 데가 있다. 일정 금액을 지불하면 e북으로 볼 수 있다. 예를 들어 매달 9,900원을 결제하면 매달 3권을 12개월 동안 다운받아서 볼 수 있다. 다른 여러 가지 이용 요금제가 있으니 각자 스타일에 맞게 선택하면 된다. 나는 스마트폰에 '교보 ebook' 어플을 다운받아서 사용하고 있다. 싼 가격으로 언제 어디서든 틈새 독서가 가능해졌다. 폰으로 쓸 데 없이 이거저거 뒤적거리지 않고 책을 볼 수 있어 좋다. (교보문고에서 협찬받고 쓴 글이 아니다)

매달 만 원씩 휴대폰 요금에 추가되어 나간다. 한 달에 책을 3권 보든지 말든지 무조건 빠져나간다. 그러니 아까운 돈을 생각하면 읽을 수밖에 없는 '황홀한 책읽기 감옥' 살이를 해야 하는 것이다. 싼 가격으로 책을 볼 수 있으니 얼마나 좋은가. 배달 시간도 없다. 3초면 다운 오케이다. 한 가지 안타까운 점은 시중에 나온 모든 책을 이용하지는 못한다. 계약을 맺은 책만 볼 수 있다. 그래도 꽤 많은 책을 볼 수 있어서 그리 큰 문제는 되지 않는다.

이런 시스템이 더 많이 생겼으면 좋겠다. 국민들이 점점 책을 읽지 않는다고 하는데, 책값이 좀 비싼 느낌도 있다. 공짜로 준다고 해도 안 읽는 이들은 안 읽겠지만, 책값이 비싸면 이런 식으로 우회작전을 써보는 것도 좋을 듯싶다. e북은 그래도 싼 편이니까.

나는 예전에 이런 사업구상을 했었다. 소위 '독서습관 들여주는 사이트'다. 인터넷으로 회원을 받는다. 가입비는 3만원. 한번 가입하면 평생회원이 된다. 사이트에서 매달 숙제가 나간다. 책 1권 읽고 A4로 2장 독후감을 써서 제출하면 1,000원을 돌려준다. 즉, 30권을 읽으면 가입비를 모두 환불받을 수 있게 된다. 대신 숙제를 3번 못하면 쓰리아웃되어 가입비를 돌려받지 못하고 회원자격이 박탈된다. 30번 이상 꼬박꼬박 숙제를 잘 해온 회원에게는 계속 숙제가 나간다. 그리고 31번째도 1,000원을 받을 수 있다. 책 한 권 읽고 독후감을 써서 제출하면 계속 돈을 벌 수 있는 시스템인 것이다. 시장성이 있을까? 내가 보기에 사이트 가입 회원 중 1% 정도만 그렇게 할 수 있을 것으로 본다. 나머지는 조금 하다가 흐지부지될 게 뻔하다. 스스로 황홀한 책읽기 감옥에 갇혀 돈까지 벌 수 있다면 금상첨화가 아닐까. 누가 그런 사이트 좀 만들어줬으면 좋겠다. 회사 때려치우고 그걸로 전업하게.

작가 이외수는 자신의 집에 철창을 두르고 진짜 감옥을 만들었다고 한다. 글쓰기에 전념하기 위해서다. 이런 사람도 있을진대, 책을 읽기 위해서 자신의 집에 철창을 두르고 책만 읽는 이도 있을 것만 같다. 학교도 안 다니고 직장도 안 다니고 온종일 집감옥에 갇혀서 책만 읽는 허생은 분명 어딘가 존재할 것이다. 부럽다. 나는 오늘도 허벌나게 뛰어다녔다. 할 일이 태산이라 잠시도 쉴 틈이 없었다. 시간이 가면 갈수록 업무는 더욱 가중될 뿐이다. 월급이 올라서 그렇다면 과감히 자의로 월급동결을 외치고 싶다. 대신 일도 늘지 않아야 한다. 일이 느니까 내 시간이 자꾸만 부족해진다. 오늘도 너무나 힘들게 일하고 집에 와서 저녁 먹고는 이내 드러누웠다. 다리도 팅팅 부었고, 허리에 힘도 없어서 앉아 있을 수가 없었다. 9시도 안 됐는데 졸렸다. 책 읽고 싶은데, 글 쓰고 싶은데 오늘도 이렇게 허송하는가. 열불이 치밀어 올랐다. 다행히 그 열불로 인해 잠이 잠깐 깬 틈을 이용해 이렇게 글을 쓰고 있다. 진짜 감옥에 들어가서 책 읽고 글만 쓰고 싶다면 오바(over)인가. 오빠 오바야?

　한국 최고의 철학자 강신주 선생은 회사에 100% 열의를 다하지 말라는 아주 좋은 말씀을 해주셨다. 힘을 아꼈다가 집에 와서 자신의 것을 챙기라고 하셨다. 그 말씀 가슴 깊이 아로새겨서 실천하려고 했건만, 회사에 너무 쏟아붓고 와 버렸다. 분하다.

　시계를 보니 벌써 10시를 향해 달리고 있다. 조금 있으면 나는 다시 곯아떨어질 것이다. 먹고는 살아야겠고, '~해야 하는' 삶 속에 갇힌 것이니까. must해야 하고 should해야 하고 have to해야 하는 쳇바퀴에 갇힌 삶이니까 어쩔 수 없다. 자본주의 사회에서 태어나서 먹고 마신 죄로 결국 나도 그 부속품이 되어버린 것이다.

　그럼에도 불구하고 나는 나를 포기하지 않으려 한다. 어떻게든 틈새시간은 존재할 것이다. 나를 황홀한 책읽기 감옥에 가두지 못하더라도 나를 위한 시간을 매일 조금씩이라도 확보하리라. 그래야 내가 살 수 있다. 항상 must하고, should하고, have to만 하면서 살수는 없다. 내 것을 사랑하고 아껴서 나만의 나무를 가꾸고 싶다.

　이번 달은 어찌하다 보니 SAM에서 한 권밖에 다운받지 못했다. 아직 보름이라는 시간이 있으니 기회를 노리다가 다운받아 봐야겠다. 인터넷으로 주문한 네 권의 책도 애정을 주지 못하고 있다. 어서 어루만져줘야 하는데 안타깝다. 오늘밤은 정말로 '황홀한 책읽기 감옥'에 갇히고 싶은 심정이다.

열독(熱讀)

●   추운 겨울날이었다. 직장동료와 술집을 찾아 헤매던 날이었을 것이다. 길가에 트럭을 대놓고 과일인가를 팔던 한 아저씨를 보았다. 그분은 장작불을 쬐면서 헌 책을 넘기고 있었다. 바람도 세찼다. 트럭 안으로 들어가 있지, 아무래도 손님을 빨리 맞이하기 위해서 밖에 나와 있는 것이었으리라. 목장갑인데 손가락부분을 반으로 잘라 맨손가락 마디가 나와 있었다. 손이 많이 시려웠을 텐데도 그분은 그렇게 한동안 계속 앉아서 책을 보셨다. 나는 모퉁이를 돌아 내 시야에서 사라지기 전까지 고개를 돌려 그 모습을 계속 바라봤고, 몇 년이 지난 지금도 눈에 선하다.

내가 사는 동네엔 5일장이 열린다. 하루는 아내와 함께 장에 갔는데, 한 아저씨께서 각종 젓갈류를 팔고 있었다. 그의 손에 책이 들려 있었다. 책은 헐어서 누런색으로 변질되어 있었다. 손을 많이 탄 책 같았다. 손님이 오든 말든 고개를 깊숙이 숙이고 책만 들여다보셨

다. 나는 데자뷔 현상을 느꼈다. '저 모습은 몇 년 전에 봤던 모습과 너무도 같지 않은가.'

나는 아내를 따라 장을 보러 가면서 고개를 돌리면서까지 그 아저씨의 모습을 바라보았다.

그건 열독(熱讀)이었다. 상황이 어떻든 책을 읽고 싶은 자만이 할 수 있는 행동이었다. 책 읽기 말고 다른 할 일이 많은데도 불구하고 그들은 책을 고집했다. 반사적으로 자문을 해보았다. '나는 열독하는가?' 부끄러웠다. 저들은 어떻게 책을 저리도 볼 수 있을까. 누구에게 보여주기가 아닌, 출세를 위한 독서가 아닌, 오로지 자기만족을 위한 독서를 하는 사람을 봤을 때 나는 감동받는다. 저것이 진정한 독서구나. 독서의 매력을 아는 저분들은 정말 행복한 사람들이구나. 또 다른 한편으로는 저들이 행색은 행상을 하는 사람처럼 보여도 집에 돌아가서는 철학자일 수도 있거니와, 작가일 수도 있겠다는 생각까지 들었다.

같은 일을 하더라도 틈나는 시간에 스마트폰으로 게임을 하는 사람과 스마트폰으로 책을 보는 사람은 차원이 다르다. 시간이 날 때마다 스마트폰에 접속하여 게임캐릭터 레벨 올리는 사람보다야 책 한 줄이라도 읽는 사람이 멋져 보인다. 같은 양계장에서 근무를 하더라도 시간날 때마다 담배 피우는 사람보다야 책 한 줄이라도 읽으려 돋보기 안경을 꺼내드는 사람이 더욱 무겁게 느껴진다. 일을 하면서 많은 책을 읽을 수는 없다. 책을 보다가 손님이 오면 독서의 흐름도 끊기기 마련이다. 그리고 책을 읽는다고 해서 인생이 크게 바뀌지도 않는다. 그럼에도 불구하고, 악조건 속에서도 책을 읽는 자세는 그 얼마나 아름다운가. 그건 사람 자체의 무게를 값지게 만드는 것이다. 함부로 깔볼 수 없는 것이다.

나는 기억력이 매우 안 좋다. 그런 내가 몇 년이 지난 지금까지도 그분들의 모습을 생생히 기억한다. 머리가 아닌 가슴으로 담아놓았기 때문이다. 힘든 상황에서도 책을 읽을 수 있는 용기, 다른 것을 할 수 있음에도 책을 읽었던 그들의 선택은 나에게 큰 귀감이 되고 있다. 그들은 지금 어디서 무엇을 하고 있을까. 아마 지금도 어느 현장에서 책을 들고 손을 호호 불며 독서를 하고 있지 않을까. 그러다가 손님이 오면 잠시 책을 내려놓고 손님을 맞겠지. 그리고 손님이 가고 나면 인사하고선 다시 자리로 돌아와 책을 펴 들겠지. 책 읽는 동안은 근심도 걱정도 잠시 잊을 수 있을 것이고. 또 내일이 밝아오면 행상 꾸리고 책 한 권 옆구리에 차고 하루를 살아내겠지.

책을 조금 읽었다고 인생이 극적으로 변하지는 않는다. 속도가 굉장히 느리다. 책 1,000권 읽었다고 인생역전이 일어나지 않는다. 책만큼 효율성이 떨어지는 것도 없다. 그럼에도 불구하고 우리는 왜 책을 읽어야만 하는 것일까? 반대로 생각해보자. 책을 읽지 않으면 결코 인생이 역전되는 일은 벌어지지 않는다. 역전은커녕 발전도 없다. 그러나 책을 읽으면 역전은 몰라도 발전은 있다. 그것도 서서히. 인생은 불공평하다. 아무리 피나게 노력을 해도 성공할 수 없을지도 모른다. 출발선부터가 다르다. 앞에서 출발한 자들은 별 다른 노력 없이도 선두로 치고 나갈 수 있고, 맨 뒤에서 출발한 자들은 선두로 나가려면 엄청난 노력을 해도 될까말까다.

'책을 1,000권 읽었는데 왜 인생이 변하지 않지?' 라고 묻지 말자. 인생은 공평하지 않다. 어떤 자들은 100권만 읽어도 성공한다. 왜 그럴까? 인생은 공평하지 않기 때문이다. 공평이라는 단어 자체도 공평하지 않다. 공=4획, 평=8획이다.

서서히 발전하자. 조금씩 자신을 개발하자. 나도 이미 나이가 마흔이나 되어버렸다. 벌써 인생의 반을 살아버렸다. 세월 참 빠르다. 이제 앞으로 40년만 살면 죽어야 된다. 이제 꺾였으니 그냥저냥 살아도 될까? 새파란 청년도 아니고, 지금 열심히 공부한다고 해서 뭐가 될 수 있는 나이도 아니다. 학창시절 공부를 열심히 하지 않았던 것이 무진장 후회된다. 나도 인생을 후회하는 패배자의 대열에 끼어버린 것이다. 어렸을 적엔 마흔이면 엄청나게 성공해 있을 거라 믿었는데, 현실은 아직도 박박 기고 있는 중이다. 뭐가 잘못된 것일까? 열심히 살지 않았다. 공부도 대충했고, 꿈도 없었고, 책도 읽지 않았다. 그러니 요모양 요꼴인 거다. 인생은 불공평한데, 왜 내 인생은 공평하게도 이리 못나게 되었을까.

패배자다. 그럼에도 불구하고, 이대로 죽을 수는 없다. 되든 말든 이제는 뭐라도 하나 잡아야 될 것 같다. 이 나이에 수능 공부를 다시 해서 좋은 대학엘 가겠는가, 로스쿨에 들어가길 하겠는가, 회계사 공부를 하겠는가. 뭘 해도 나이가 걸림돌이 된다. 그리고 할 시간도 없다. 이제는 나보다는 자라나는 아이를 위해서 돈을 벌어야 할 때다. 그 좋던 시절을 공부 안 하고 농땡이 부린 결과다.

그럼 나 같은 사람은 어찌 살아야 할까? 방법은 딱 하나다. 책을 읽는 거다. 그것밖에 없다. 인생역전은 바라지도 않는다. 서서히 발전하는 것부터 챙겨야겠다. 한 20년 책 읽으면 예순이 되면 그래도 이름값이나 하지 않을까. 남에게 짐이 되지 않고 덤이 되는 사람이 되지 않을까. 그것만 되더라도 후회하는 패배자의 모습을 아이에게 보이지 않을지도 모르겠다. 멋진 아버지가 되고 싶었다. 멋진 아들이 되어 효도하고 싶었다. 그런데 이루어진 게 아무것도 없다. 너무 늦어버렸다.

그럼에도 불구하고 나는 책을 읽기로 결심했다. 그거라도 안 하면 믿고 갈만한 게 없기 때문이다. 나이 들어 선배에게 기대겠나, 후배에게 기대겠나, 가족에게 기대겠나. 내 좌우명 그대로 책력갱생 (册力更生: 책의 힘으로 인생을 바꾸자)밖에 없는 듯 싶다.

아, 방법이 생각났다. 200살까지 산다면 지금도 충분히 젊은 나이다. 오케이!

공부 안 하는 아이

가끔 아이와 아이 엄마가 싸우는(?) 상황이 연출된다. 아이가 숙제는 내쳐두고 읽고 싶은 책만 보고 있는 거다. 엄마는 아이에게 숙제를 안 하고 책만 읽는다고 혼내고, 아이는 조금만 더 읽고 숙제하겠다고 떼쓴다.

웁스, 이 얼마나 희한한 장면인가. 나 어릴 적을 생각하면 상상도 할 수 없는 일이다.

우리 부모님은 공부하라는 말보다는 책이라도 한 자 보라는 말씀을 더 하셨다. 물론 다른집 부모님에 비해 많이 하신 건 아니다. 부모님 세대에서는 공부=책인데 지금 우리 엄마들은 공부≠책인가 보다. 내가 볼 때는 아이가 숙제를 안 하는 것은 둘째 치고, 책을 보고 있지 않은가. 얼마나 대견한가. 그러나 나는 아이와 엄마 사이에 끼어들지 않는다. 100% 내가 애엄마에게 지기 때문이다. 그냥 본 척 만 척 속으로 아이를 응원할 뿐이다.

나는 아이에게 공부를 강요하고 싶은 마음은 없다. 대신 나는 아이에게 이렇게 묻는다.

"오늘은 무슨 책 읽었니? 재미있었니? 내일은 어떤 책 읽을 거니?"

절대로 공부하라고 하지 않는다. 대신 책을 보지 않고 그냥 농땡이치는 날에는 가끔 혼을 낸다.

"아들아, 아빠는 인간으로 태어나서 책을 하루라도 안 보는 사람을 인간취급하기 싫구나. 짐승으로 살고 싶지? 인간으로 당당하게 살고 싶니?"

그러면서 내 책을 꺼내와 몸으로 책 읽는 모습을 보여준다. 나조차 읽지 않으면서 그런 말을 하는 건 나쁜 거니까.

나는 사고방식이 좀 과격한 편이다. 일단 이것을 깔고 말을 이어갈까 한다. 극단적으로 말해 책 읽는 아이라면 학교 다닐 필요가 없다고 본다. 물론 사회성 획득면에서는 필요하지만, 그것도 크게 문제되지 않는다. 살다 보면 어차피 사람들 사이에 섞이게 되고, 그러다 보면 자연히 사회성은 길러진다. 조급할 필요 없다. 책을 좋아하는 아이라면 그냥 놔두면 된다. 읽고 싶은 책만 착착 대주면 된다. 그러면 자기가 알아서 자동적으로 국어부터 수학 영어 등 과목을 섭렵해나갈 수 있다. 지금 시점에서 관심도 없는 수학을 배우는 게 얼마나 곤혹스러운가. 책을 읽다 보면 수학에 관심이 생겨나게 되고 그때 가서 파면 되는데, 우리 어른들은 그걸 기다려주지 못한다.

우리집 아이는 다른집 아이보다 그림 그리는 것이 느렸다. 우리는 기다려주었다. 기다려주니까 아이도 다른집 아이만큼 그림을 그릴 수 있었다. 기다려주면 되는데, 남들과 비교해서 굳이 피곤하게 만든다. 아이마다 특징이 다르다. 모든 아이들이 국어, 영어, 수학을 다 잘할 수 없다. 그것을 강요하는 순간부터 아이의 창의력과 개성을 짓밟게 된다. 그냥 책으로 스스로 필요성을 깨닫게 하고 주도적으로 배우게 하는 교육이 더 좋다. 억지로 머리에 때려 넣는 것은 지독히도 독재자 김정은적이지 않은가.

나만 해도 그렇다. 학교 다닐 때 세계사 시간이 그렇게 싫었다. 나는 세계사에 관심이 없었다. 아니 한국도 제대로 모르는데 무슨 세계까지? 거부감이 컸다. 머릿속에 들어올 리 만무했다. 그러다 졸업하고 어른이 되어서 책을 읽으며 세계사가 궁금해지기 시작했다. 나에게 세계사 타임은 36세였던 것이다. 내가 필요해서, 알고 싶어서 공부하게 되니까 너무 재미있었다. 우리나라 역사와 비교해가면서 읽으니 흥미가 증폭되었다. 이렇듯 각자의 '타임'이 있는 것인데, 우리 교육은 너무 몰개성적이지 않나 싶다. 그래서 나는 아이에게 공부해서 좋은 대학 가라고 말하지 않는다. 책을 읽다 보면 자신의 필요에 의해 자연히 공부하게 될 것이다.

사실 아이가 책이라도 읽어주는 게 어딘가. 나 어릴 적 우리집에도 공부 안 하는 것에 대해서 둘째가라면 서러워할 정도의 아이가 하나 있었다. 내가 사랑하는 나의 동생이다. 엄마는 동생이 학교 다니는 것만도 감사해했다. 무사히 졸업시키는 것이 엄마의 목표였다. 이런 아들을 키워봐야 책이라도 읽는 것에 감사할 텐데 아내는 그걸 모른다.

내 동생은 책 한 자 보지 않았다. 아마 과목이 뭐가 있는지도 모를 것이다. (이 정도는 아닌가? 미안하다 동생아!) 그래도 동생은 지금 잘 살고 있다. 결혼도 했고, 아이도 있고, 집도 샀고, 차도 있다. 단란한 가정을 꾸리며 잘 살고 있다. 세상에 공부가 다는 아니다. 반면 나는 동생보다는 공부를 쬐끔 잘했다. 나의 인생이 동생보다 월등하냐? 아니다. 별 차이가 없다. 사는 게 다 거기서 거기다. 그래도 동생과 나의 공통점이 있다. 책을 안 읽었다는 거다. 우리는 책을 읽지 않았다. 만날 뛰어놀기만 했지, 책을 전혀 읽지 않았다. 그러니 인생이 고만고만하다. 획기적이지 않다. 그냥 먹고 살 정도지 뭔가 누릴 정도는 아니다.

나는 공부를 좀 했는데 별로 다르지 않다. 만약 동생이 학교공부를 등한시하면서 자신이 좋아하는 책을 읽었더라면 어땠을까? 물론 성적은 안 좋았을지라도 지금보다 더 많이 삶이 나아지지 않았을까? 나는 어땠을까? 지금보다 더 나은 인생을 살고 있지 않았을까?

길 위의 철학자 에릭 호퍼는 부두노동자였다. 그는 책을 읽었다. 만약 책을 읽지 않았다면 그냥 이름 없는 부두노동자로 생을 마쳤을 것이다. 그는 평생을 떠돌이 노동자로 살면서 많은 책을 읽었고, 책도 무려 11권이나 썼다. 1983년, 생을 마감한 그해, 그는 미대통령 훈장을 받았다.

에릭 호퍼가 만약 평생을 떠돌이 노동자로 살면서 매일같이 텔레비전만 보고 술만 잔뜩 마셨더라면 어찌 됐을까? 독서는 사람을 변화시켜준다. 같은 일을 하더라도 독서를 하면 사람이 달라진다. 에릭 호퍼의 삶은 얼마나 획기적인가. 일하고 시간이 날 때마다 그는 책을 읽고 글을 썼다. 책은 사람을 특별한 존재로 만들어준다. 이게 책의 마력이다. 인생을 바꾸고 싶다면 책을 읽으면 된다. 현재의 삶이 불만족스럽다면 술병을 드는 대신 책을 들어야 한다.

늦었지만 나도 책을 들었다. 나도 할 수 있다고 믿는다. 누구나 할 수 있다고 믿는다. 사람을 가장 강력하게 변화시켜주는 것은 책이다. 책은 우리의 인생을 바람직하게 변화시켜준다. 나는 그것을 뼈저리게 깨달았다. 이 좋은 것을 내 사랑하는 동생에게도 전파해주고 싶은데, 어디서 어떻게 해야 할지 모르겠다.

독서에 빠지려면 어떤 계기가 있어야 하나 보다. 에릭 호퍼는 어릴 적 사고로 시력을 잃었고, 열다섯 살에 기적적으로 시력을 회복했다고 한다. 그 후 다시 시력을 잃을까봐 미친 듯이 책을 읽었다고 한다. 나는 책 읽고 독후감을 팔다가 책 읽는 재미에 빠져들었다. 동생에겐 어떻게 접근해주어야 할까. 독서의 효과가 단박에 팍! 하고 오는 게 아니어서 많은 사람들이 그 마력에 잘 빠지지 못하는 것 같아 안타깝다.

002

지극히 개인적인
양계장 김씨의
독서방법

독서초보의 책 읽는 방법

●　　　우리나라 출판시장은 어린이책이 주도하고 있다. 어른들은 아이들이 책 본다고 하면 다 사 주기 때문이다. 교육열이 높은 나라의 특징이다. 돈을 많이 벌 수 있는 곳이 아이들 책이니 좋은 작가들도 많이 포진되어 있다. 그래서 그런지 아이들 책을 보면 내용이 알차다. 우리나라에서 자라는 아이들이라면 정말 '책 천국'에 사는 거라고 봐도 무방할 듯싶다.

　나이가 찼다고 해서 어린이책을 보지 말라는 법도 없다. 어릴 적 독서경험이 부족했던 어른이라면 더더욱 어린이책을 가까이 해야 한다. 글밥 많은 책이 부담스러우면 어린이책으로 시작하는 것도 좋다. 예를 들어,《레미제라블》을 완역본으로 시작하지 말고, 어린이책으로 먼저 접해서 대략적인 내용을 파악한다.《까라마조프 씨네 형제들》도 읽기 쉽게 잘 정리되어 있는 어린이책으로 시작해보는 거다. 주인공의 이름과 등장인물들과 친해진 뒤 완역본을 보면 좀 더 이해하기 쉽고 끝까지 읽을 수 있다.

독서초보의 가장 큰 특징은 독서력이 떨어진다는 점이다. 글자를 읽었는데 이해해지 못한다. 이해하더라도 속도가 더디다. 당연히 그럴 수밖에 없다. 문자를 읽고 해독하는 훈련이 안 되어 있기 때문이다. 책을 읽으면 읽을수록 문자해독능력이 높아진다. 어릴 적부터 책을 많이 읽은 아이들은 학교에 들어가 공부할 때도 이해력이 빨라 성적이 쉽게 올라간다. 그래서 어릴 때부터 부모들이 아이에게 독서습관을 들여주기 위해 무진장 애쓰는 것이 아닌가.

나는 어릴 때 전혀 책을 읽지 않았다. 한글을 겨우 읽고 쓸 정도였다. 초등학교(물론 그때는 국민학교였다) 6학년 때 선생님께 지목을 당해 책을 읽게 되었다. 우리나라 역사를 배우는 시간이었다. '신석기 시대 토기, 청동기 시대 토기'라는 대목에서 나는 '신석기 시대 토끼, 청동기 시대 토끼'라고 읽었다. 한 번이 아니라 계속 토기를 '토끼'라고 읽었다. 선생님도 아이들도 아무 반응이 없었다. 그렇게 한두 장을 읽고 앉았는데, 선생님께서 토기라고 발음하시는 거였다. 순간 얼굴이 화끈거렸다. 얼마나 책을 안 읽었으면 토기를 토끼로 잘못 보고 읽었단 말인가!

이런 내가 결혼 하고 나서 책에 빠졌다. 처음 책을 읽기 시작했을 때에는 책을 읽으면 멍해지곤 했다. 눈은 글을 따라가는데 머리는 도대체가 따라오지 못했다. 정신이 몽롱해지면서 급기야는 졸음이 몰려왔다. 정신을 바짝 차리고 읽어도 5분 이상 집중하지 못했다.

한동안 그랬다. 그때 직감적으로 알았다. 독서경험이 전무하니 머리가 혼란스러워하는구나. 뇌가 눈을 따라가지 못하는구나. 머리가 돌머리가 되었구나. 머리 회전이 빠르지 못하구나. 그래도 꾸역꾸역 읽었다. 얼마나 돌머리였는지, 어제 읽은 책의 내용이 하나도 기억나지 않는 경우가 다반사였다.

독서경험이 전무한 사람은 독해력이 떨어진다. 독서경험만 보면 뇌가 아직 유아수준이다. 몸은 어른이 되었어도 독서뇌는 유아이기 때문에 유아수준부터 시작하는 게 좋다. 그렇게 독서경험을 조금씩 쌓다 보면 나중에 본격적으로 어른책을 볼 수 있게 된다. 어린이책은 얼마나 단순하고 얇은가. 한 권 읽기가 참 쉽다. 뚝딱 해치우는 느낌이 좋다. 경쾌하다. 하루에 10권도 소화해낼 수 있다. 그렇게 경쾌한 느낌을 받으면서 책을 읽으면 독서가 재미있어진다. 한 6개월 정도 어린이책으로 읽어보자. 그러다가 어린이책이 시시해질 때가 오면, 그때 어른책으로 갈아타면 된다.

수학을 못하는 친구가 있었다. 다른 과목은 잘하는데 그에 비해 수학을 못했다. 전반적으로 공부를 잘해서 학업우수반에 들어갔다. 학업우수반은 서울대, 연대, 고대를 겨냥한 반이었다. 각반에서 공부 잘하는 애들만 모아놓았다. 그 반 학생들은 수준 높은 책만 보았다. 보통 애들은 〈성문기본영어〉를 보는데 이 반 아이들은 〈성문종합영어〉를 봤고, 보통 〈수학의정석〉 '기본편'을 보는데 이 반 아이들은 〈수학의정석〉 '실력편'을 보았다. 이 친구는 어떤 책을 보았을까. 영어는 그래도 좀 하니까 〈성문종합영어〉를 봤을텐데, 수학은 어떻게 공부했을까? 친구들이 모두 '실력편'을 보니까 이 친구도 그 책을 봤다. 어려웠지만, 왠지 '기본편'을 꺼내 볼 수가 없었다. 창피했던 것이다. 결국 그 친구는 '좋은' 대학에 가지 못했다.

이 친구가 자신의 수준에 맞는 책으로 수학공부를 했더라면 어땠을까? 〈수학의정석〉도 어려웠다면 중학교 수학부터 차근차근 다시 시작했더라면 어땠을까? 고등학생이라고, 학업우수반이라고, 수준에 맞지도 않은 책으로 허영을 부리지 말고 말이다.

내가 하고 싶은 말은 우리는 이러지 말자는 거다. 지적허영처럼 남는 거 없는 장사도 없다. 내 독서수준이 달린다는 생각이 들면 창피함 무릅쓰고 아이들 책으로 시작하는 거다.

자, 내일부터 지하철 탈 때 동화책 들고 타자.

우리 솔직해지자. 《신데렐라》《라푼젤》《일곱 난장이와 백설공주》 같은 동화를 접할 때 책으로 봤는가, TV만화로 봤는가? 내용을 모르는 사람은 없을 것이다. 솔직히 나는 책으로 본 적이 없다. 아직까지도 책으로 보지 않았다. 이런 보편적인 동화도 책으로 보지도 않은 주제에 '독서'에 대해서 운운하는 게 창피하다. 기본부터 다시 다져야겠다는 생각이 든다.

독서가 하고 싶은 늦둥이들이여! 동화책, 3세 유아책으로 시작해보자. 아이에게 읽어주는 척하면 아무도 모를 것이다.

정독 중의 정독

●   소설《태백산맥》《아리랑》을 쓰신 조정래 작가는 '정독 중의 정독은 필사'라고 말씀하셨다. 그분은 아들, 며느리에게도 필사를 권했고 또 여러 독자들에게도 필사를 권하고 있다. 소설《태백산맥》10권을 전부 필사하면 벌교에 있는 태백산맥 문학관에 필사본을 영구적으로 전시해주는 특전도 줬다. 가보면 많은 독자들의 필사본이 전시되어 있다. 그런데 정독 중의 정독인 '필사'가 과연 필요할까?

먼저 뜻부터 알아보자. 국어사전을 찾아보면, 정독(精讀)은 '뜻을 새겨 가며 자세히 읽음'이라고 풀이하고 있다. 필사(筆寫)의 뜻풀이는 '베끼어 씀'이다. 그러므로 조정래 작가가 말한 정독 중의 정독은 필사라고 말한 것은 일면 이해가 된다. 한 자 한 자 베끼면서 읽어가니 정독 중의 정독이 아니고 뭐겠는가. 나 또한《태백산맥》10권을 1152일에 걸쳐 필사를 완료하여 나의 필사본을 태백산맥 문학관에 전시했다. 그러나 나는 필사를 하면서 '과연 이것이 정독 중의 정독이 될까'라는 의문을 가졌고, 필사를 하는 것보다 차라리 책을 열 번 읽는 것이 더 낫다는 결론을 얻게 되었다.

정독도 어느 정도 속도감이 있어야 한다. 그러나 필사는 너무 느리다. 너무 느려서 자칫 잘못하다간 흐름을 놓칠 우려가 매우 크다. 또한 그 수고로움이 너무도 커서 매일 하지 못할 경우가 생기고, 흐름은 완전히 끊긴다. 아니 읽는만 못한 결과를 가져오게 된다. 글자 한 자 한 자를 적어내려 가면서 문장의 뜻을 곱씹을 수는 있어도, 전체적인 흐름파악에는 도움이 되지 않는다.

정독과 비슷한 말로 미독, 세독, 숙독이 있다. 미독(味讀)은 '내용을 충분히 음미하면서 읽음'이란 뜻이고, 세독(細讀)은 '글의 내용을 자세하게 읽는다'는 뜻이며, 숙독(熟讀)은 '글의 뜻을 잘 생각하면서 차분하게 하나하나 읽는다'는 의미다. 이렇듯 정독, 미독, 세독, 숙독은 마이크로적인 독서법이다. 깊고 좁게는 읽을 수 있어도 전체적인 짜임을 파악하기에는 조금 버거운 것이 사실이다.

나는 《태백산맥》을 필사하기 전에 이 책을 읽어본 적이 없다. 그러니 내용을 전혀 몰랐다. 필사를 하면서 읽기 시작했다. 필사를 하면서 읽으니 문장 하나하나는 음미할 수 있지만, 전체적인 내용을 파악하기에는 무리가 있었다. 책 10권을 3년에 걸쳐 읽어보시라. 내용 잡기가 참 어렵다. 그럴 바에는 차라리 후딱 열 번 읽는 것이 더 낫다. 정독 중의 정독인 필사는 '쓰기'에는 도움이 될지 모르겠으나 '읽기'에는 별 도움이 되지 않는다. 오히려 방해가 된다.

필사를 통해 '매일 조금씩 하는 힘'에 대해서 몸으로 처절하게 깨달았다. 매일 조금씩 규칙적으로 어떤 일을 하다 보면 결국 끝을 볼 수 있다는 것을 알았다. 그리고 거기서 오는 성취감의 기쁨도 알게 되었다. 하지만, 난 아직도《태백산맥》의 줄거리가 머리에 확 들어오지 않는다. 전라도 사투리에는 친숙해졌지만 큰 틀을 파악하기에는 필사는 아니올시다.

정독에는 일정한 속도감이 있어야 한다. 너무 느리면 읽기에 방해가 된다. 특히 생소한 책을 읽을 때는 처음부터 정독하는 것보단 대충 열 번 훑어 읽는 게 도움이 된다. 대충 읽어보고 대강의 얼개를 파악한 후 정독을 하는 순서가 알맞을 것이다.

나는 책을 거의 한 번만 읽는다. 딱 한 번만 읽고 끝내는 편이다. 웬만해서는 재독, 삼독하지 않는다. 번거롭기 때문이다. 재독할 바에 다른 책을 읽는다. 성격상 한 번만 읽어야 하니, 나는 정독을 하는 편이다. 글자 하나하나를 꾹꾹 눌러 읽는다. 하지만 이게 별로 좋은 독서법은 아닌 듯싶다. 아무리 정성들여 한 번 정독했더라도 책의 의미를 100% 아로새길 수 없음을 알게 되었다. 차라리 여러 번 대충 읽는 편이 더 낫다는 결론에 도달했다. 눈에 힘 빡 주고 읽으면 엄청난 정력이 소모된다. 하나라도 놓치지 않으려는 거다. 엄청난 집중력과 체력을 필요로 한다. 근데 이게 나이가 들면 점점 힘들어진다. 결국 놓치는 것이 생기더란 말이다. 그럴 바엔 대충 여러 번 읽는 게 더 낫다. 일독에서는 못 보았던 것을 재독을 통해 알게 된다. 재독에서도 이해하지 못했던 것을 삼독을 통해 이해하게 된다. 그냥 대충 읽었을 뿐인데.

시간 소요면에서는 어떤가? 비슷하다. 힘 주어 읽는 시간이나 대충 여러 번 읽는 시간이나 비슷하다. 만약 내가 《태백산맥》을 필사하지 않고 대충 열 번 정도 읽었더라면 줄거리를 줄줄 외우고 있을 것이며, 더 많은 생각을 할 수 있었을 것이다.

그래서 요즘 고민이다. 《성경》 필사를 하고 있다. '요한묵시록' 부터 거꾸로 필사를 해나가고 있는데 잠시 중단했다. 물론 《성경》을 통독으로 1회독을 한 상태라 대충 내용은 들어온 상태다. 이를 어쩌지? 대충 열 번 읽는 것으로 할지, 한 번 필사를 할지 고민이다. 솔직해지자. 왜 고민이냐면, 《성경》 필사를 완료하면 축복장을 받게 된다. 주교님이 주시는 거다. 한번은 미사시간이 끝날 때쯤 한 어르신이 《성경》 필사를 완료했다고 해서 신부님께서 축복장을 주셨다. 그게 부러웠다. 내가 《태백산맥》을 필사한 이유는 태백산맥문학관에 내 이름 석 자가 박힌 채로 필사본이 영구보관된다는 달콤한 유혹이 있었기 때문이었다. 이번에도 마찬가지다. 내 이름이 박힌 축복장을 받는다는 건 얼마나 영광스러운 일인가. 그리고 천주교 신자로서 《태백산맥》도 필사했는데, 《성경》도 해야 되지 않을까 하는 생각이다. 고민이다. 지금 한 10% 했는데 어쩌누... 이 감투에 눈 먼 욕심덩어리. 젯밥에만 관심 있는 한심한 족속.

목적에 따라
읽는 방법이 다르다

●   독서에 불이 붙기 시작했을 때 제일 부러웠던 사람(?)은 슈퍼맨이었다. 단 몇 초 만에 그 두꺼운 책을 휘릭 읽어버리는 장면은 수십 년이 지났음에도 기억에서 잘 지워지지 않는다. 독서를 좋아하는 사람에게 속독은 뿌리칠 수 없는 유혹이다. 빨리 많이 읽고 싶은 거다. 나도 속독에 관한 책을 한아름 사다가 읽었다. 슈퍼맨의 만분의 일이라도 따라가고 싶었다. 그런데 본시 이해력이 굉장히 달리는 나로서는 속독으로 책의 내용을 전부 파악할 수 없었다. 책만으로 기술을 습득하는데 한계가 있었던 것일까? 속독학원을 다녔으면 잘 됐으려나?

《레버리지 리딩》의 저자 혼다 나오유키는 1년에 1,000권의 책을 읽는다 하고, '킬러 리딩'의 나카지마 다카시는 1년에 무려 3,000권을 읽을 수 있다고 한다. 처음엔 이들이 부러웠다. 반면,《좁은 문》을 쓴 앙드레 지드는 이렇게 말한다.

"나는 책을 읽을 때 매우 천천히 읽는다. 다른 사람들도 내 책을 그렇게 읽어주기 바란다."

또한《천천히 읽기를 권함》이라는 책을 쓴 일본인 야마무라 오사무도 지독(遲讀)을 권유한다. 도서평론가 이권우도 느리게 읽을 것을 강조한다. 최재천 교수도 그렇다.

처음에는 혼란을 겪었다. 책을 빨리 먹어치우고 싶어서 속독을 꺼내들었고, 1년에 수천 권의 책을 읽는 사람들을 동경했다. 그러다가 느리게 읽기를 권하는 사람들도 만나게 되었다. 어떻게 읽어야 할지 고민이 되기 시작했다. 빨리 많이 읽을 것인가, 아니면 천천히 적게 읽을 것인가. 그러다가 내린 결론은 '다 필요하다'였다.

책을 읽는 목적에 따라 달리 읽으면 된다. 발췌하기 위한 독서에서는 속독이 필요하다. 빨리 찾아서 써먹기 위함이다. 책을 쓰기 위해 좋은 인용문구를 구할 때 쓰면 편리하다. 나도 종종 써먹는 방법인데, 도서관에 가서 책을 듬뿍듬뿍 책상으로 가져와서 휘릭휘릭 책장을 넘긴다. 당기는 문구가 책 한 권마다 반드시 하나씩은 존재한다. 그걸 마치 낚시하는 기분으로 낚는 것이다. 때론 월척을, 때론 준치를 얻게 된다. 아니면, 희귀 단어를 낚을 때도 사용한다. 한 권의 책에 큰 의미를 부여하지 않고, 핵심 하나만 건지자는 의도로 읽는다면 나는 하루에 1,000권씩도 읽을 수 있겠다.

하지만 어찌 낚는 용도로만 책을 읽을 수 있는가. 즐길 때도 있어야 한다. 턱 누워서 천천히 단어 하나하나를 즐기면서 손에 침 척 묻혀서 책장을 스르륵 넘기는 맛도 있어야 한다. 책장을 처음부터 끝까지 후루룩 넘기면서 책의 냄새를 맡아보고, 또 한 번 후루룩 넘기면서 책장으로 얼굴에 부채질도 하는 맛. 책장 하나하나 넘어갈 때의 그 경쾌한 소리도 감상해야 한다. 영화평론가가 평론을 하기 위해 영화를 볼 때와 애인과 영화관람 할 때가 다르듯이 말이다.

천천히 읽는 사람들은 빨리 읽는 사람들을 저급으로 취급하기도 한다. 유치한 독서법이라는 거다. 초기엔 다 그런 욕심이 생기는 게 당연하지만, 나중에는 결국 천천히 읽게 된다는 것이다. 독서광 초기에는 마구 먹는다. 문자중독 걸린 것처럼 먹어치운다. 세상에 나온 모든 책을 다 먹어치울 기세다. 슈퍼맨을 동경한다. 하루에 새로 쏟아져 나오는 수백 권의 책을 다 먹어치우고 싶은 심정이다. 권수에 연연한다. 한 번 읽은 책을 다시 꺼내보지 않는다. 다만 미친 듯이 달려든다. 그러나 시간이 지나면서 인간으로서 도저히 따라갈 수 없음을 인지하게 된다. 자기가 좋아하는 분야의 책도 다 소화해내지 못함에 절망한다. 이는 미련한 짓이다. 세상 모든 사람과 만나서 얘기하고자 하는 것과 같다. 어디 그럴 수 있는가. 마음 맞는 몇몇에서 조금 더 확장해봤자 보통 1,000명이 넘지 않는다.

그렇게 시간이 지나면 천천히 읽기에 슬며시 관심을 보이게 된다. 물론 독서광 초기에도 천천히 읽는 맛을 알기는 하지만, 더 많은 책을 읽고 싶은 욕심에 그렇게 못했던 것이다. 그래도 초기에 많이 읽었으니 천천히 읽는 맛도 다시 즐기고 싶어진다.

가만히 생각해보면, 정말 중요한 문장을 만났을 때는 반드시 천천히 읽게 된다. 몇 번 읽으면서 음미해보는 과정을 겪는 것이다. 휘릭 스룩 휘릭 스룩 읽다가 뭔가 '딱' 다가오는 문장을 만나면 속독학원 원장도 분명 지독(遲讀)하게 될 것이다. 그리하여 속독이란 어찌 보면 지독할 수 있는 부분을 찾는 스킬이지 않을까 싶다. 물론 아닐 수도 있다. 포토 리딩, 레버리지 리딩(지렛대 리딩), 잠재의식 리딩 등등 엄청나게 많은 속독법이 존재한다. 다 필요한 방법이다. 잘못되었다고 말할 수 없다. 속독이 꼭 나쁜 것만은 아니다. 책 읽는 목적에 맞게 방법을 달리해주면 되는 거다.

한때 하루에 한 권씩 독파하고자 하는 목표가 있었다. 그래봤자 1년에 365권밖에 되지 않으니 마음이 조급했다. 어떻게든 하루 한 권을 읽기 위해 노력했다. 갖은 속독법으로 하루하루 실천에 옮겼다. 책을 읽고 밑줄 노트를 작성했다. 차곡차곡 밑줄 노트가 쌓여갔고, 마음이 흡족했다. 그런데 그런데 말이다. 그 당시에 읽었던 책들의 내용이 지금 와서 통 기억이 나지 않는 거다. 제목을 보면 '아, 이건 예전에 읽은 책이지'라는 기억이 나야 하는데, 한참을 읽어도 내가 예전에 읽었던 책인지 전혀 기억이 나지 않는 일이 생겼다. 내가 속독법을 제대로 실행하지 못해서 그런 건지, 아니면 속독법이 나에게 맞지 않는 방법이어서인지 잘 모르겠지만, 나에게 엄청 충격적인 경험이었다.

'그동안 난 뭘 한 거지?' 책을 읽었는데 기억이 나지 않는다? 미치고 팔짝 뛸 노릇이었다. 책을 제대로 읽지 않았던 것이다. 눈으로만 쓰윽 훑고, 반추하는 과정을 생략했다는 증거였다. 책 읽는 흉내만 냈지, 책을 읽지 못했던 것이다. 아직도 책을 많이 읽고 싶은 욕심은 있지만, 이제는 되도록 천천히 음미하고자 한다. 물론 빨리 읽을 수 있는 책은 빨리 본다.

누군가 그랬다. 천천히 읽을 책을 빨리 읽는 것은 바보! 빨리 읽어도 되는 책을 천천히 읽는 것도 바보!

맞는 말이다. 덤벙덤벙 읽을 수 있는 책은 그렇게 읽으면 된다. 착실히 토씨 하나 안 빠뜨리고 읽을 책은 그렇게 읽으면 된다. 그리고 속독이 안 된다고 자책할 필요도 없다. 밥 천천히 먹는 사람이 어찌 빨리 밥을 먹을 수 있겠는가. 먹긴 먹어도 참맛을 느끼지 못할 것이다. 그냥 자신의 스타일대로 읽는 게 답이다. 빨리 먹을 수 있으면 그렇게 하고, 천천히 먹고 싶으면 또 그렇게 하고.

책 읽는데 정답이 어디 있겠누. 나답게 읽는 게 정답이지.

바로 갈아타기

●   사과를 먹다가 더 맛있어 보이는 케이크가 보이면 어떻게 하는가? 나는 먹던 사과를 내려놓고 바로 케이크를 먹는다. 어떤 이는 사과를 다 먹고서 케이크를 먹을 것이다. 배가 부르지 않으면 이 방법도 좋겠다. 그러나 케이크뿐만 아니라 피자, 치킨, 보쌈, 탕수육, 족발 등등이 계속해서 보인다면 어쩔 것인가? 사과 다 먹고, 케이크 다 먹고, 피자 다 먹고, 치킨 다 먹고, 보쌈 다 먹고, 탕수육 다 먹고, 족발을 먹을 수는 없을 것이다. 배가 불러오기 때문이다.

  나는 독서도 비슷하게 한다. 아들러를 읽다가 유시민이 보이면 바로 갈아탄다. 아들러를 다 읽고서 유시민 봐야지, 라고 결심하면, 자꾸 유시민이 눈에 들어와서 아들러의 나머지 부분을 그냥저냥 꾸역꾸역 곤혹스럽게 읽게 된다. 읽다 만 아들러는 나중을 기약하며 내려둔다. 곧장 유시민을 읽다가 강신주가 들어오면 다시 배신을 한다. 시민을 버리고 신주를 신주단지 모시듯 받쳐 든다. 그러다가 안도현이 오면 그를, 니체가 오면 그를, 김용옥이 오면 그를 모신다.

처음부터 이랬던 건 아니다. 아들러를 읽다가 유시민이 보여도 일단 아들러를 끝냈다. 근데 이렇게 독서를 하니 재미가 없었다. 유시민이 자꾸 눈에 어른거리는데 아들러를 잡고 있을 수 없었다. 한 사람만 죽도록 사랑할 수 없었다. 나는 새로운 사랑이 오면 갈아타는 바람 같은 남자였다. 아들러를 배신하고 새롭게 다가오는 유시민을 만나자 독서의 활발함이 눈에 띄게 증가했다. 새로운 정욕이 솟구쳐 올랐던 것이다.

그렇다면 읽다만 아들러는 어떻게 할 것인가? 본부인을 버린 자는 반드시 본부인을 다시 한 번 찾게 되어 있다. 유시민을 찾아 떠났지만, 곧 유시민이 시큰둥해지는 때가 오게 된다. 그때 나는 다시 본부인을 찾아가 용서를 구한다. 그렇게 다시 만난 아들러는 또 다른 모습으로 내게 다가온다. 앞서 읽던 부분들이 새롭게 느껴지며 재회의 정을 질펀하게 나누게 된다. 물론 그러다가 강신주가 나타나면 그에게 뿅 가겠지만.

책 한 권을 잡고 오래 질질 끄는 것은 독서활동에 별로 도움이 되지 않는다. 지친다. 읽다가 새로운 만남을 가져도 독서활동에서는 죄가 되지 않는다. 사회에서야 큰 죄가 될 수 있겠지만, 책의 세상에서는 보편적인 행위이다. 이런 허용된 권리를 누려야 되지 않겠는가. 뒷부분 읽기도 싫은데, 어서 유시민을 만나고 싶은데, 꾸역꾸역 읽는 책은 사실 남는 것도 없다. 아들러에게 지치게 되고, 그가 싫어지게 된다. 아들러를 만나다가 덥석 유시민을 만나면, 아들러에게 미안한 마음이라도 생겨서 나중에 다시 찾을 수 있지만, 꾸역꾸역 떠먹은 아들러는 살아생전 보고 싶은 마음이 싹 가실 수도 있다.

책은 재미있게 읽어야 한다. 일종의 놀이다. 밑 빠진 독에 물 붓는 격으로 해야 한다. 들어온 물이 나갈 시간을 주어야 한다. 물이 나가고 난 독을 다시 채우는 식으로 하는 게 좋다. 잃어버릴 것을 두려워하지 않고, 다시 채워주면 된다. 밥공기에 아무리 밥을 꾹꾹 눌러 담은 들, 얼마나 채울 수 있겠는가. 즐기는 기분으로 읽어야 한다. 독서가 업이 아닌 이상 그냥 즐기는 게 좋다. 평론가나 서평가가 아닌 이상 그들처럼 읽을 필요가 없다.

그러다 보면 어떤 때에는 읽다만 책들이 수북이 쌓인다. 그래도 괘념치 않는다. 언제고 다시 찾는 날이 올 것을 안다. 다시 읽히지 않는 책은 그런 운명을 타고난 것이다. 더 이상 나에게 흥미를 주지 않기 때문에 더 읽을 수 없는 거다. 이는 독자의 잘못이 아니다. 이건 순전히 저자의 잘못이다. 재미있게 썼으면 어디 독자가 도망가겠는가. 끝까지 다 읽고 말지.

그래서 저자의 입장에서는 딜레마에 빠진다. 재미있게 술술 읽히는 책을 쓸 것인가, 내가 하고 싶은 잘 읽히지 않는 글을 쓸 것인가. 나는 이렇게 생각한다. 서태지처럼 하면 된다. 서태지가 어떻게 데뷔했는가? 사람들이 홀딱 반할 만한 음악을 들고 나왔다. 대박 히트를 쳤다. 돈 벌고, 명성을 얻은 후부터는 진정 자신이 좋아하는 음악을 들고 나왔다. 그러나 반응은 예전만큼 열광적이지 않았다. 그래도 서태지 입장에서는 상관없으리라. 먹고 살만큼 돈도 많이 벌었겠다, 90년대 문화대통령이란 칭호까지 얻었겠다, 진짜 자신이 좋아하는 음악을 해서 그게 먹히면 좋지만 안 먹혀도 뭐! 뭐! 뭐가 문제겠는가.

문제는 재미있게 술술 읽히는 책을 쓰고자 마음먹었어도 그게 잘 안 된다는 거다. 요즘은 초판 1쇄에 1,000권 밖에 찍지 않는다고 한다. 워낙 많은 책들이 나오니까, 그리고 워낙 독자(놈)들이 책을 안 읽어서 그렇다고 한다. 그러다가 1,000권이 다 팔리면 2쇄를 찍는다고 한다. 아무리 그래도 독자들은 잘못 없다. 저자의 문제다. 재미있게 써봐라. 어디 다른 책 보려고 달아나겠는가. 능력부족이다. 나 또한 그렇고. 내 책을 아직도 우리집 사람들은 읽지 않고 있다. 내가 읽으라고 협박과 회유를 해도 통 관심이 없다. 어찌된 사람들인지. 이게 무슨 가족인지. 이래도 되는 건지.

"좀, 읽어봐!"

"다음에."

"조정래 아들은 필사도 했는데 어째 우리 식구들은 아빠가 쓴 책을 읽어보지도 않냐?"

"재밌게 써봐 그럼~."

그래 이해한다. 아들은 이제 초등 4학년이니 내 책이 재미없을 것이고, 아내는 자기계발서를 싫어하니 재미없겠지. 그래 내가 참는다.

힘 빼고 읽기

분명히 한글로 쓰여 있는데 읽어도 무슨 뜻인지 모르는 책들이 있다. 보통 철학책들이 그렇다. 한 문장씩 독파해 나가다 보면 자꾸 오리무중에 빠지고 중도 포기하는 경우가 많다. 입에 '발'자가 계속 달리게 된다. ×발. 10쪽 읽어내기가 힘들고, 읽어도 무슨 뜻인지 모르는 코마상태에 빠지게 되면 이런 류의 책들을 기피하게 된다. 뭐, 이런 책 안 읽어도 그만이다. 그러나 꼭 읽어야만 되는 책이라면 어쩔 것인가. 니체에 관심이 생겨 읽으려고 했는데 작심하루도 못 돼서 포기할 수야 없지 않은가. 이럴 때 방법은 없을까?

힘 빼고 여러 번 읽어보자. 한 문장, 한 글자 힘 빡 주고 읽지 말고 느슨하게 읽는 거다. 뜻이 안 들어와도 상관없다. 내 눈에 단어들, 문장들을 눈에 익혀둔다는 정도로만 읽으면 된다. 그렇게 모든 문장을 눈으로 따라가면서 죽 읽고 한 장 한 장 넘어간다. 이건 숫제 책을 읽는 것인지, 책장만 넘기고 있는 건지 맘에 들지 않더라도 그냥 계속 읽어나간다. 그렇다. 그냥 책장 넘기기라고 생각하면 된다. 그렇게 처음부터 끝까지 책장을 넘기며 1회독을 끝낸다.

2회독을 시작한다. 같은 방법으로 진행한다. 그런데 신기하게도 1회독할 때보다 들어오는 문장이 늘어난다. 아까 봤던 (혹은 며칠 전에 봤던) 문장이 익숙해지면서 뜻이 들어오게 되는 것이다. 이때도 당연히 힘을 빼고 읽는다. 절대로 문장에, 단어에 힘을 주어서 읽지 않는다. 모르면 모르는 대로 책장을 규칙적으로 넘긴다. 절대 화도 내지 말자. 그냥 책장 넘기는 것에 만족하자. 화낸다 해서 뜻이 들어오는 것도 아니지 않은가. 그냥 미친 것처럼 책장만 넘기자.

2회독 정도만 해도 대충 건질 게 있다. 여기서 그만 읽어도 좋다. 책을 100% 다 이해하지 못해도 된다. 어차피 스키마(배경지식)가 없기 때문에 지금은 읽어도 이해하지 못하는 부분이 존재한다. 자기에게 맞는 몇 가지만 건져도 그게 어딘가. 그러나 책에 대해서 더 알고 싶다면 3회독으로 넘어간다.

3회독도 힘을 빼고 읽는다. 1회독과 2회독에 밑줄 그었던 부분이 친숙해지면서 확실히 뇌리에 남게 되며, 다른 문장들이 친숙하게 다가온다. 이해하는 부분이 늘어나는 것이다. 처음 읽었을 때는 도대체 무슨 뜻인지 몰랐는데, 2번, 3번 읽으니 '자동으로' 뜻이 들어오는 경우가 발생하는 것이다. 마치 영어공부를 할 때와 같은 현상이다. 단어는 다 아는데 문장으로서는 뜻이 전혀 해석되지 않는 영어 문장이 있지 않은가. 이런 문장은 여러 번 읽다 보면 자연스럽게 뜻이 들어올 때가 있다. 이와 비슷한 작동원리라고 보면 좋겠다.

시간이 더 있고, 이 책에 대해서 더 알고 싶다면 4회독으로 넘어 간다. 물론 4회독도 힘을 빼고 읽어야 한다. 힘줘서 읽으면 금세 지친다. 이번에도 힘을 빼고 책장만 넘긴다 생각해야 한다. 그렇게 5회독, 6회독 하다 보면 점점 뜻이 들어오게 되. 어. 있. 다. 그 신기한 경험을 미친 척 한번 해보는 건 어떨까.

말이야 쉽지 사실 잘 안 된다. 겁나 지겹기 때문이다. 이 책 말고도 다른 읽을거리가 많은데 이것만 잡고 있기 싫은 거다. 책을 읽다가 니체에 대해서 알게 되고, 그에 대해서 더 알고 싶어서 니체가 쓴 책을 읽었다. 근데 10쪽을 못 읽었다. 힘 빼고 읽어도 그랬다. 갑자기 니체가 싫어졌다. 니체를 해설해주는 책에서는 참으로 니체가 매력적이었는데, 그의 글을 직접 읽었더니 매력이 확 떨어졌다. 난감했다. 니체 해설자가 얼마나 니체를 미화시켰길래 이리도 글을 지겹게 쓰는 작자가 그리 멋져보였을까? 내가 보기엔 고리타분한 노인네일 뿐인데 말이다.

요즘같이 먹고사는 일이 바쁘면 니체를 읽지 못한다. 가뜩이나 골머리 아퍼 죽겠는데, 니체로 나를 한 번 더 죽일 수는 없기 때문이다. 잠시 보류해 놓는다. 언젠가 좀 시간이 나고, 차분해질 때 다시 접근하리라 약속해본다. 이제 고작 9년 읽었는데 니체가 어찌 들어오겠는가. 어릴 적부터 책을 읽어온 이도 니체를 어려워하는데 내가 감히 어찌 이해할 수 있겠는가. 그렇게 합리화한다. 지금까지 니체 몰라도 남에게 피해 안 주고 잘 살았다. 니체를 정복한다고 해서 내 인생이 갑자기 변신하기야 하겠는가. 내가 철학자냐?

사실 나도 잘 못하는 건데 여기에 이런 글을 적다니 참 양심도 없다. 물론 나도 노력중이다. 이런 방법도 있으니 한번 같이 해보자는 거다. 내가 무슨 독서의 마스터도 아니고 독서의 신도 아닌데 감히 누굴 가르치겠다고 이런 글을 쓰는 것이 아니다. 나도 가끔 써먹는 방법이니까 같이 해보자는 거다.

정녕 연필 손에 쥐고, 눈 부릅뜨고 한 자 한 자 정성들여서 밑줄 그으면서 읽을 때에는 니체를 볼 수 없었다. 반 포기하는 심정으로 대충 여러 번 읽으니 니체의 뜻을 조금 알까말까 한 오묘한 느낌이 들었다. 니체도 이런데 칸트며, 데카르트며, 헤겔이며, 수많은 놈들을 어찌 제끼겠는가. 어떤 이(강신주였을 거다)는 말한다. 니체부터 읽는 게 아니라 서양철학사부터 읽으라고. 읽는 순서가 바뀌었으니 더 어렵게 느껴질지도 모르겠다.

남들은 주말이면 소파에 누워서 유재석과 함께 웃는데, 나는 왜 니체와 함께 인상을 쓰고 있어야 하는가. 갑자기 욕이 나온다.

1시간 독서법

　　방학숙제는 방학 동안 틈틈이 하는 게 아니라 개학 전날 몰아서 하는 것이다. 방학숙제는 그렇게 하는 거지 매일 조금씩 해놓는 게 아니다. 방학되자마자 숙제를 다 해놓을 미×놈이 어디 있겠는가? 방학 내내 놀다가 데드라인에 닥치면 하게 된다. 이와 비슷하게 하루 종일 책 보는 시간을 확보한다고 해서 책이 읽히는 게 아니다. 데드라인을 정해놓으면 의외로 집중력 있게 독서할 수 있다.

　독서경험이 어느 정도 이루어진 뒤라면, '지금부터 딱 1시간 동안 이 책을 다 읽겠다' 라고 못 박고 독서를 시작한다. 가볍게 여러 번 책을 훑으면서 읽을 수도 있고, 건너뛰면서 눈에 띄는 중요 부분만 읽을 수도 있다. 속독을 배워서 처음부터 끝까지 토씨 하나 빠뜨리지 않고 읽을 수도 있을 것이다. 방법이야 어쨌든 무조건 책 한 권을 반드시 1시간 안에 읽어야 한다. 이게 바로 '1시간 독서법'이다.

　데드라인을 정해놓고 책을 읽으면 자신도 모르는 굉장한 집중력이 발휘된다. 속독법을 배우지 않아도 속독이 되는 경험을 할 수 있다. 듬성듬성 읽어도 이상하리만치 책의 내용이 다 들어온다. 본인도 모르는 잠재력이 발휘되는 것이다. '어쨌든 1시간 안에 이 책을 다 읽는다'라고 결심하는 순간부터 잠재력이 발동된다. 그 힘을 이용해서 책을 읽는 방법이다. 신기하게도 중요한 부분과 그렇지 않은 부분을 가려내게 된다. 책을 다 읽지 않았음에도 책의 내용을 80% 이상 알게 된다.

가장 좋은 시간대는 출근 전(혹은 등교 전)이다. 출근하기 위해서 8시에는 무조건 집을 나서야 한다면, 7시부터 책을 읽는다. 무조건 8시에는 나가야 하는 확실한 데드라인이 잡혔기 때문에 효과는 더욱 좋아진다. 집중력을 극도로 끌어올려 책을 읽는 방법으로, 책 읽을 시간을 확보하지 못하는 사람에게 좋은 독서법이다. 이 책을 1시간 안에 다 봐야지, 더 이상 읽을 기회가 없다고 생각하면 딱이다.

처음에는 잘 되지 않는다. 실패할 것이다. 아직 요령이 없기 때문이다. 그러나 이런 도전을 여러 차례 하다 보면 나름 요령이 생겨난다. 목차를 미리 읽어 전체적인 글의 구조를 파악해 놓기도 하고, 책날개를 읽어 이 책에서 강조하는 부분이 뭔지 알아낸다. 목차에서 자주 나오는 단어로 힌트를 얻을 수 있고, 저자 소개를 통해서도 어느 정도 정보를 확보한다. 이런 것을 바탕으로 책을 집중력 있게 읽다 보면 책의 내용이 들어온다.

1시간 독서법이 몸에 찰싹 붙으면 시간을 줄일 수도 있다. 45분 독서법도 가능해지고, 30분 독서법도 가능해진다. 심지어 소설도 가능해지고, 철학서도 가능해진다. 그러나 두껍고 어려운 책은 좀 버거울 수 있다. 이런 책은 다음날 다시 도전하면 된다. 첫날 1쪽부터 끝쪽까지 어떻게든 통독한다. 그리고 다음날 1시간 동안 통독한다. 이렇게 며칠을 반복하다 보면 그 어렵던 책도 내용이 쑥 들어온다. 중간중간 챕터별로 첫날은 1챕터, 둘째 날은 2챕터 씩 끊어 읽어도 좋다. 나에게 맞는 방법을 찾으면 된다. '반드시 데드라인을 정해놓고 어떻게든 다 읽는다'라고 선언하는 게 가장 중요하다. 자신도 모르는 잠재력이 발휘될 것이다.

간절하면 결단의 힘이 강력해진다. 간절해지면 내재되어 있는 힘이 가동되기 시작한다. '죽기 살기로'라는 말은 극도의 간절함으로 잠재력을 이끌어내는 행위다.

'난 오늘 담배를 끊을 것이다!' '난 오늘 술을 끊을 것이다!'라고 결단을 내리기만 하면 된다. 그리고 안 하면 된다. 근데 보통 사람들은 결단을 내린 다음날 담배를 피우고, 술을 마신다. 어떤 사람은 잘하는데 왜 어떤 사람은 못하는 것일까? 간절함이 없기 때문이다. 간절하면 잠재력이 가동되고 결단의 힘을 사용할 수 있게 된다. 이 힘을 이용해서 책을 읽어보는 거다. 그냥 퍼져서 읽는 것보다 집중력이 배가 되어 읽는 속도가 빨라진다. 1시간 독서법은 다른 말로 하면 '배수의 진 독서법'이라고도 부를 수 있다. 물러설 곳이 없다. 1시간 안에 이해하든 못하든 어쨌든 읽어내야 한다. 읽지 못하면 죽는다. 그런 간절함으로 읽게 되면 진짜 읽을 수 있다.

방학 첫날의 하루와 개학 전날의 하루가 다르지 않다. 그런데 우리는 개학 전날에는 어떻게든 방학숙제를 다 해내는데, 방학 첫날에는 못한다. 똑같은 하루인데 왜 이런 일이 일어날까? 간절함과 긴장감이 있는지 없는지의 차이 때문이다. 개학 전날은 이제 더 이상 방학이 아니다. 오늘 아니면 할 시간이 없다. 못 해가면 선생님한테 맞는다. 꼭 해야 한다. 오늘 밤을 새서라도 다 해가야 한다. 맞기 싫다. 혼나기 싫다. 이런 감정이 잠재력을 끌어내어 하루 만에 그 많은 방학숙제를 다 끝내게 한다.

1시간 독서법은 이 방법을 독서에 적용하는 거다. '1시간 후면 출근시간이다. 무조건 1시간 안에 다 읽어야 한다. 모르는 부분은 그냥 넘어가도 좋다. 지금밖에 시간이 없다. 어떻게 해서든 다 읽어야 하니까 잠재력아 날 좀 도와주렴.'

결단을 내리면 하게 된다. 물론 완벽하지는 않다. 하지만 상관없다. 일단 다 읽었다. 오늘 모르는 부분이 너무 많아서 띄엄띄엄 읽었다면 내일 다시 재탕하면 된다. 쉽다.

1일 1권을 목표로 삼았던 시절에 자주 써먹던 방법이었다. 회사는 가야지, 퇴근하고서 시간은 얼마 없지, 어떻게 해서든 하루에 한 권을 읽어야 하는데, 어떻게 하지? 그래서 찾은 방법이었다. 왜 1일 1권을 목표로 했을까? 마구 먹고 싶었던 것이다. 늦게 배운 도둑질이 날 새는 줄 모른다고 늦게 배운 독서에 대한 갈증이 심했다. 사실 1일 1권도 부족했다. 더 먹고 싶었다. 그러나 시간이 빡빡했다. 잠재력을 사용할 수밖에 없었다.

사람은 자신이 생각하는 범위 내에 존재한다. 크게 생각하는 사람은 크게 되고, 부자처럼 생각하는 사람은 부자가 된다고 한다. 맞는 말인지 확신은 없지만, 전혀 손해볼 것은 아니기에 나는 크게 생각하기로 했다. 반에서 5등 해야지 마음 먹으면 6등 7등은 쉽게 할수 있어도 1등은 하기 어렵다는 말이다. 실제 목표가 5등이라면 1등을 목표로 삼고 공부해야 5등을 쉽게 이룰 수 있다. 메이저리거 추신수는 10을 넘기 위해 11에 도전을 하고, 11에 도달했을 때 12를 위해 노력한다고 했다. 이 방법을 책읽기에 적용해보면 되겠다. 1시간에 두 권 읽기를 목표로 삼고 읽어보자. 그러면 그 어렵던 1시간에 한 권 읽기는 누워서 떡 먹기 아니겠는가.

아껴 읽기

책과의 인연을 넓히다 보면 종종 값진 보배를 만나게 된다. 나를 위로해주기도 하고, 감동을 주기도 하며, 가르치기도 하고 재미를 주는 책을 만난다. 이런 책을 만나게 되면 한 번에 휘리릭 읽고 싶지 않다. 야금야금 조금씩조금씩 맛을 보면서 아껴 읽는다. 사탕을 날름날름 핥고 냉장고에 보관했다가 다시 꺼내서 맛을 보는 거와 같다. 한 번에 다 먹어버리면 너무도 서운하여 행여 닳을까봐 조금씩 혀만 살짝 대서 맛을 보는 거다. 아껴 읽기다.

책장 한 장 넘기기가 아쉽다. 글 한 자 한 자 읽어내리기가 아쉽다. 왜 이렇게 줄줄 읽히는지 왜 이렇게 읽는 것이 아까운지. 이런 책은 누구나 한 번쯤은 만날 수 있다. 행여 여태껏 만나지 못했더라도 걱정하지 말자. 아직 연이 안 닿은 것뿐이다.

나도 몇몇 책이 있다. 잠깐 소개해볼까 한다. 먼저 가장 최근에 아껴 읽은 책은 공지영의 《높고 푸른 사다리》였다. 나는 솔직히 소설을 별로 읽지 않는 편인데, 아내가 강력 추천했다. 아내는 박완서, 공지영의 팬이다. 이 책에는 천주교, 사제에 대한 이야기들이 녹아 있다. 첫 장을 넘기고 글이 술술 읽혔다. 당시 나는 천주교에 대한 관심이 많았다. 관심이 있으니 집중이 잘 되었다. 그렇게 읽다 보니 어느새 중간이 훌쩍 넘었다. 그걸 확인하면서부터는 더 이상 읽을 수 없었다. 아까웠던 것이다. 눈에서는 계속 눈물이 흘러내리지, 책은 더 이상 아까워서 읽지 못하겠지 행복한 죽을 맛이었다. 그렇게 아껴가면서 그 책을 완독했다. 소설이 이런 거구나. 이 정도 소설이라면 괜찮은데? 그래서 공지영, 공지영 하는구나 싶었다.

다음으로 아껴 읽은 책은 와타나베 준이치의 《둔감력》이다. 나는 책을 거의 소장하지 않는다. 다 버린다. 책을 짊어지고 가는 게 싫다. 그리고 거의 두 번 이상 읽지 않는다. 그러나 이 책은 버리지 못했다. 몇 번의 책 정리에서 용케 살아남은 유일한 책이 바로 이 책이다. 힘들고 지칠 때 나는 이 책을 꺼내든다. 그리고 나의 예민성을 둔감하게 만들어버린다. 다 아는 내용이지만 토씨 하나하나 음미하면서 체화시켜 놓는다. 다시금 저자에게 배우는 것이다.

조정래 선생님은 정독 중의 정독은 필사라고 했다. 야금야금 아껴 읽는 것도 정독 중의 정독이라 할 수 있다. 이 둘을 비교하는 것은 큰 의미가 없겠다. 정말 아껴 읽고 싶다면 필사를 하든, 야금야금 아껴 읽든 자신의 스타일에 맞게 하면 된다.

살면서 이런 책들을 만나면 힘이 솟는다. 살아갈 힘이 생긴다. 살아있음을 느끼게 된다. 책장에 꽂아놓고 두고두고 보는 책이 많을

수록 그 사람은 풍부한 삶을 살고 있다고 봐야 할 것이다. 이런 책이 단 한 권만 있더라도 괜찮다. 문제는 이런 책이 없다는 건데, 읽다 보면 만나게 된다. 만나려고 노력조차 하지 않는다면 그건 좀 곤란하다. 로또도 사야 당첨이 되는 거지, 안 사면 절대로 당첨되지 않는다. 책도 읽어야 이런 귀한 연을 만날 수 있게 된다.

웬만하면 책을 버리는 나도 아끼고 싶은 책은 모을 수밖에 없다. 이런 값진 책을 쓴 저자들은 얼마나 행복할까. 한 번 읽고 버려지는 책도 많은데 평생 친구처럼 집에 고이 모셔놓고, 두고두고 아껴가면서 읽을 수 있는 책을 쓴 저자들에게 고개 숙여 존경을 표한다.

사람마다 아끼는 책들이 다르다. 나는《높고 푸른 사다리》나《둔감력》을 아끼는 책으로 꼽지만, 다른 사람들에게는 상대할 가치조차 없을 수도 있다. '아니, 저 따위 책을 무슨...' 하며 비아냥거릴 수도 있다. 당연한 거다. 사람이 다르니 보는 눈도 다르고, 경험치가 다르니 생각하는 것도 다르고, 성격이 다르니 취향도 다를 수밖에 없다. 남에게 책을 추천해달라고 하는 것만큼 힘든 부탁도 없다. 서로가 다른데 어찌 구미에 맞게 책을 소개해줄 수 있겠는가.

한때 아끼던 책도 시간이 지나 별 볼일 없는 책이 되기도 한다. 아끼던 책이라 남들에게 보여주지도 않았는데, 몇 년 지나 다시 봤더니 '아니, 내가 이게 뭐라고 아끼고 있었을까?' 하는 의문이 들기도 한다. 당시의 나와 오늘의 나가 다르기 때문이다. 사람 몸의 세포도 시간이 지나면 새로운 세포로 모두 바뀌듯이 나도 바뀐 것이다. 이런 예를 들면 쉽겠다. 어릴 적엔 《장화 신은 고양이》가 그렇게도 좋아서 아껴 읽었는데, 지금은 그렇고 그런 동화쯤으로 치부될 수 있는 것이다. 의식이 성장하고, 생각하는 바가 달라지면 아껴 읽고 싶은 책도 변하는 게 자연스러운 일이다.

책을 전혀 읽지 않았던 과거의 나에게도 아껴 읽고 싶은 책이 있었다. 만화였다. 《드래곤볼》과 《슬램덩크》였다. 학창시절 너무 재미있어서 한 장 한 장 넘기기가 아쉬웠다. 빨리 읽고 다시 읽는 방법도 있었지만, 나는 느릿느릿 탐독했다. 토씨 하나 놓치지 않고 한 장면을 읽고 그 장면을 되새김질했다. 마치 내가 만화 속 주인공이 된 것 같았다. 완결되지 않은 시리즈물이라 하루 날 잡아서 뚝딱 읽을 수도 없던 책들이었다. 《드래곤볼》은 일주일에 한 번씩 주간지 《아이큐점프》를 사면 부록으로 끼워주었고, 《슬램덩크》는 그 정도는 아니었지만 날 기다리게 했다. 이 책은 지금 당시처럼 큰 감흥은 없다. 물론 아직도 재미있지만 아껴 읽을 만한 책 축에는 끼지 못한다. 한때 내가 참 좋아했던 책이라는 추억정도가 남았을까.

추억 속의 책이든, 현재 소장하고 있는 책이든 이런 책들이 많아지면 삶이 풍요로워진다. 또한 그런 책이 다른 사람과 공감하게 되면 얼마나 행복해지는가. 밤을 새서 이야기꽃을 피울 수도 있으니 말이다. 옛 친구를 만나 《드래곤볼》과 《슬램덩크》를 이야기하면 밤새는 줄도 모른다. 같은 경험을 공유했기 때문이다. 어쩌면 지금도 《슬램덩크》를 추억하는 사람들의 모임이라는 인터넷 카페가 있을지도 모르겠다. 한번 찾아봐야겠다.

매일 독서

　　책은 매일 읽는 게 좋다. 가끔 한 번씩 외식하듯 해서는 그 맛을 느낄 수 없다. 하루 세 끼 꼬박꼬박 챙겨먹듯 읽어야 한다. 하루 날 잡아서 작정하고 독서한다고 해서 하루 종일 책만 볼 수 있는 것도 아니다. 계획하지 않았던 일들이 밀어닥쳐서 독서를 방해하게 된다. 결국 독서는 저 멀리 훨훨 날아간다. 그럴 바엔 차라리 매일 10분씩 읽는 편이 낫다. 하루 10분 내기는 쉽다. 10분 읽다가 더 읽고 싶으면 더 읽고, 그만 읽고 싶으면 그만두면 된다. 오늘 못 읽어도 좋다. 내일 읽으면 된다.

　사실 우리는 매일 뭔가를 읽고 있다. 인터넷세대이다 보니 포털에 뜬 연예인 관련 기사를 보거나 스포츠 관련 글을 보게 된다. 또한 정치 쪽, 경제 쪽 글도 볼 수 있다. 그러나 이런 글은 단순 정보전달의 글일 뿐 우리에게 큰 가치를 주지 못한다. 책처럼 검증되어 체계화된 글을 읽어나갈 때 사고력이 증가된다. 문제는 포털 기사를 따라가다 보면 삼천포로 빠질 위험이 높다는 데 있다. 나도 모르는 사이에 연예인 걱정을 하고 있게 된다.

주변에 독서하는 사람들을 보면 항상 손에 책을 들고 다닌다. 남들에게 보여주기 식으로 들고 다니는 사람들도 있을지 모르지만, 난 이런 사람들이 참 좋다. 스마트폰을 이용해서 e북을 보는 사람들도 꽤 늘었다. 게임하는 것보다 백번 낫다. 책을 들고 다니는 사람들을 보면 그들이 무슨 책을 보는지 궁금해진다. 그 사람의 수준을 보기 위함이다. 어떤 책을 읽고 있는지 보면 그 사람의 수준이 보인다.

매일 책을 보기 위해 들고 다니는 것은 일종의 자기 PR도 된다. 나는 이러이러한 것에 관심이 있다는 것을 은연중에 표출하는 것이다. 이덕일 선생님이 쓰신《우리 안의 식민사관》이라는 책을 들고 다니면, '아, 이 사람 역사의식이 좀 있는 사람이군' 하는 자기 PR이 된다. 한두 번에서 끝나지 않고 계속 누적되면, 사람을 다시 보게 될 것이다. 그렇다고 보지도 않으면서 보여주기 식으로 책만 들고 다니는 것은 곤란하다.

안중근 선생께서 좋은 말씀을 하셨다. "일일부독서(一日不讀書) 구중생형극(口中生荊棘)." 하루라도 책을 읽지 않으면 입 안에 가시가 돋친다는 뜻이다. 책을 읽고 자신의 아집을 버리고 넓은 사고로 스스로 겸손해하는 자는 절대로 남에게 가시 돋친 말을 할 수 없다. 매일 독서를 하며 자신을 스스로 낮출 수 있는 자는 이렇게 매력적이다. 그런 점에서 난 아직 멀었다.

하루 세 끼 밥 먹듯이 하루 세 끼 독서를 해보는 것은 어떨까. 밥이 몸을 건강하게 만들어주듯이 책은 우리의 정신을 건강하게 만들어줄 것이다. 몸만 건강해서도 안 되고, 정신만 건강해서도 안 된다. 이 둘이 조화롭게 건강해야 참인간이 될 수 있다. 살다 보면 가끔 인성이 좋은 사람을 만나게 되는데, 그들은 대부분 책을 통해 자기수양을 하고 있었다. 때론 지식이 풍부한 전문가에게서 인간적인 얄팍함을 느끼고 실망하는 경우도 있는데, 알고 보면 이들은 대부분 책을 읽지 않는 사람들이었다.

사람은 반복적으로 하는 것에 의해서 정의되어진다. 오늘 반복적으로 무엇을 했는가? 매일 하고 있는 것이 무엇인가? 그것이 사람을 정의해준다. TV를 보았는가? 꿈이 TV에서 뭘 이루고자 하는 것인가? 그게 아니라면 허송세월한 것이다. 내가 허송세월 진력나게 해봐서 안다. 꿈이 그것이 아닌데 TV앞에서 시간을 죽였다면 당신은 세상에서 가장 큰 부자다. 제일 아까운 시간을 그리도 흥청망청 쓰지 않았던가.

주위를 살펴보자. 현실은 비루한데도 매일 독서를 하는 이가 있는가? 주변에 그런 사람이 한 명이라도 있다면 행운이다. 그를 그대로 따라하면 된다. 도움도 받을 수 있다. 주변에 매일 독서하는 사람이 있는지 살펴보자. 거의 없을 것이다. 그만큼 요즘은 매일 독서하는 사람이 드물다. 희귀동물이다. 매일 스마트폰에 영혼을 빼앗기는 사람은 주변에 즐비하다. 그러나 매일 독서하는 사람은 거의 없다. 내 주변만 봐도 그렇다. 정말 거의 없다. 내 주변에 매일 책 읽는 사람은 아들밖에 없다. 아들을 친구삼아 나는 같이 책을 읽는다.

인생의 동반자다. 고맙다. 내가 그렇게 키운 것도 있겠지만 이제는 아들에게서 도움을 받는다. 매일 책 읽는 아버지와 아들의 관계는 그 무엇보다도 끈끈하다.

요즘 세상은 정말 책 읽기 어렵다. 24시간 풀로 방송하는 채널이 수백 개나 되고, 인터넷에, 게임에, 스마트폰에, 정말 책 읽을 수 없는 환경에 살고 있다. 우리는 스마트폰을 만든 스티브 잡스를 칭송하지만, 나는 반대다. 스티브 잡스 때문에 우리는 아까운 시간을 조금씩 도둑맞고 있다. 별로 필요하지도 않은 정보를 스마트폰을 통해 보고 있지 않은가. 별로 필요하지도 않은 뉴스를 실시간으로 받아보고 있지 않은가. 스마트폰이 없었으면 알 필요도 없는 것을 굳이 알아가면서 살고 있다. 나 어릴 때는 휴대폰이 없었다. 다들 집전화 하나로 버텼다. 그 시절 답답했나? 아니다. 다들 잘 살았다. 별로 불편하지 않았다. 그러나 지금은 어떤가? 더 불편해졌다. 회사 퇴근 후에도 울려대는 직장상사의 '까톡'(카카오톡)으로 인해 우리는 얼마나 많은 스트레스를 받고 있는가. 진짜 '톡까'고 싶다.

이런 시대일수록 우리는 독서를 해야 한다. 아무도 읽지 않는 시대에 튀는 행동이 필요하다. 지하철에서 아무도 책을 들고 있지 않을 때 책을 들고 읽어보자. 다들 게임하고, 쓸데 없는 정보를 보고 있을 때 멋지게 책을 읽어보자. 획일화된 세상에 적응하며 살고 싶은가? 좀 튀면서 살면 안 되겠는가?

5분 독서

●   운동을 하려고 헬스를 끊었다면? 사실 헬스장까지 가는 게 귀찮아서 운동을 못하는 것이지, 일단 헬스장까지만 가면 누구나 운동을 열심히 할 수 있다. 중요한 것은 일단 헬스장까지 가는 것이다. 가기만 하면 어쨌든 운동을 하게 된다. 헬스장까지 갔는데 그냥 돌아오는 경우는 거의 없다.

독서를 시작할 때 5분만 읽자고 결심한 후 책을 대해 보자. 처음 대할 때의 거부감을 없애주고, 5분 이상 읽는 효과를 볼 수 있다. 막연히 시간을 만들어 9시부터 10시까지는 독서의 시간이라고 정하는 것보다 '딱 5분만 읽자'라고 결심하면 책과의 접근성이 높아진다. 아무리 어려운 책이나 보기 싫은 책도 5분은 누구나 볼 수 있다. 처음 독서를 시작하는 게 문제지, 일단 시작만 할 수 있다면 5분도, 50분도 가능해진다.

독서가 아직 습관이 되지 않은 사람은 이렇듯 딱 5분만 독서하자,

라고 접근하는 게 좋다. 또한 틈새시간을 이용해서 시간이 날 때마다 독서하는 것도 괜찮다. 독서라는 게 꼭 책상 앞에 정좌해서 읽어야 하는 건 아니다. 시간이 나면 나는 대로 그 어디에서든지 내키는 대로 읽을 수 있어야 한다. 그렇게 틈새시간을 이용해서 읽는 독서량이 사실 만만치 않다. 틈새독서 5분을 여섯 번 하면 하루에 30분 독서시간을 가질 수 있다. 하루 30분이면 일주일에 웬만한 책 한 권쯤은 읽을 수 있다. 티끌 모아 태산이라고 그렇게 독서시간을 갖다 보면 나름 충실한 독서생활을 할 수 있다.

딱 5분만 읽자, 라고 해도 읽다 보면 10분이 되고 1시간이 되는 경우를 자주 경험한다. 이럴 때는 내킬 때까지 읽으면 된다. 일단 책을 잡는 게 어렵지, 잡고서 읽기 시작하면 자기도 모르게 더 읽게 된다. 딱 5분만이라는 자세는 생각보다 힘이 세다. 5분씩 쌓여서 30분을 만들 수도 있고, 5분만 읽자고 덤볐는데 1시간, 2시간이 될 수 있기 때문이다. 최대한 책과의 접근성을 높여주는 것이 좋다.

사람의 집중력은 그다지 오래가지 못한다. 그러나 어느 누구라도 5분 정도는 쉽게 해낼 수 있다. 단타로 치고 빠지듯 액센트 있게 5분 독서를 하게 되면 순간의 집중력을 발휘할 수 있다. 또한 목표점이 낮기 때문에 성취감도 느낄 수 있다. 반대로 1시간만 읽자, 라고 접근하면 거의 실패하게 된다. 5분 정도 읽었을 때 아직도 55분이나 남았구나, 한숨이 나온다. 그런 경험이 반복되면 결국 1시간은커녕 10분도 못 채운 채 독서를 포기하기에 이른다. 다시는 책을 잡을 엄두가 나지 않는다. 결심을 지키지 못했기 때문에 패배감에 휩싸이게 되고, 자신감마저 잃게 된다. 이렇게 무식한 목표를 세울 필요가 없다. 짧게 치고 빠지는 식으로 단 5분만 읽는다, 라고 결심해보자. 아무리 읽기 싫은 날이라도 5분은 가능하지 않은가. 딱 5분 읽고서 '오케이, 오늘도 미션 성공!' 이라고 성취감을 느낄 수도 있다.

나는 '5분 독서'를 실패한 적이 단 한 번도 없다. 누구나 가능한 백전백승의 독서전략이다. 하루에 5분이라는 시간은 하루의 0.347% 밖에 되지 않는다. 그 정도는 누구나 할 수 있다.

김우태란 사람이 쓴 《오늘도 조금씩》이란 책을 보면 이와 비슷한 말이 나온다.

저는 근사한 저녁 식사를 하는 것처럼 1시간에서 2시간 정도 시간을 정해놓고 뭔가를 하려고 들지 않습니다. 되지도 않는 계획을 세우지도 않습니다. 오늘은 첫날이라 열심히 하겠지만, 내일이 되면 까맣게 잊어버리게 됩니다. 뭔가를 하려거든 자투리 시간, 틈새시간을 이용하면 됩니다. 거창하게 '저녁 7시부터 9시까지는 독서하는 시간이니까 날 건들지 마시오!' 라고 주변 사람들을 힘들게 하지 않습니다. 틈새, 자투리 시간만 이용해도 충분히 하루 2시간 독서는 가능합니다.

처음 시작이 중요하다. 가볍게 시작할 수 있는 마음이 필요하다. 얼굴 터질 정도로 다부지게 각오를 다지고 독서할 생각을 버리자. 얼굴만 터진다. 되지도 않는 각오를 다져봐야 자책감만 들 뿐이다.

'아, 나는 안 되는 종자구나!'

당연하다. 안 되는 각오를 다졌으니 당연히 안 될 수밖에. 되는 각오를 다지자. '딱 5분만 독서하자!'라고 마음먹어보라. 맨날 성공할 수 있다. 이런 성공이 쌓이고 쌓여 자존감을 높여주고, 성공의 맛을 알게 되어 더 큰 성공 욕심을 부릴 수 있게 된다. 고기도 먹어본 놈이 안다고, 책도 읽어본 놈이 계속 읽을 수 있다.

《틈새 독서》의 저자 고서 김선욱 선생도 이런 말을 했다.

"2002년 8월부터는 책을 읽고 독후감을 쓰기로 했다. 그 뒤로 지금
껏 지하철 출퇴근 시간에만 500권이 넘는 책을 읽었다."

그도 틈새시간을 이용해서 책을 많이 볼 수 있었다. 그렇다면 틈새시간을 정말 제대로 이용한 사람의 예를 더 들어보자. 나는 그를 틈새시간의 대가라고 부른다. 바로 반기문 유엔사무총장이다. 김의식의 《바보처럼 공부하고 천재처럼 꿈꿔라》에 이런 글이 나온다.

기문은 영어 이외에 제2외국어를 공부하기로 결심했다. 하지만 지
금이나 그때나 유엔의 일은 정신없었다. 언제 어디서 무슨 일이 터
질지 모르니 항상 대기해야 했고, 한두 시간만 자리를 비워도 처리
해야 할 일이 쌓이곤 했다. 반기문은 어떻게 할까 고민을 하다 점심
시간을 활용해 프랑스어를 공부하기로 했다.
하루에 몇십 분, 자투리 시간을 쪼개 소박하게 시작했지만 꾸준하

게 공부했다. 결국 유엔의 프랑스어 프로그램 최상급 자격증을 땄
다. 자투리 시간을 쪼개 쌓아둔 프랑스어 실력은 훗날 그가 유엔 사
무총장이 되는 데도 큰 도움이 되었다.

정식으로 공부하는 시간이 아닌 점심시간만을 이용하여 프랑스
어를 마스터하다니, 정말 대단하지 않은가. 우리가 하찮게 생각하
는 시간을 위대한 사람들은 알토란처럼 이용하고 있다는 사실이 믿
기는가. 그냥 대충 스마트폰으로 흘려보낼 만한 시간을 그들은 알
뜰하게 사용하고 있는 것이다.

틈새시간을 어떻게 사용하느냐에 따라 그 사람의 운명이 달라진
다. 틈만 나면 책 읽는 사람과 틈만 나면 스마트폰질 하는 사람의 10
년 후를 비교해보자. 됐다, 더 말해 무엇하리.

페이지 독서

우리집 아이와 가끔은 독서내기를 하곤 한다.

"아빠, 몇 권 읽었어?"

"응? 아직 반도 못 읽었어."

"에게, 난 벌써 다섯 권 읽었는데."

"야, 네 책이랑 내 책이랑 같니?"

"아싸, 내가 이겼다."

이런 식으로 내기를 한다. 내가 아무리 책을 빨리 읽어도 녀석의 독서량을 따라잡을 수 없다. 당연하다. 쉬운 동화책과 어려운(?) 어른책의 조건이 동등하지 않다. 당연히 언제고 녀석이 이길 수밖에 없는 게임이다. 그러나 권수가 아닌 페이지로 하면 나에게도 승산이 있다. 녀석의 다섯 권이라 해봤자 내 책의 100쪽에도 못 미친다. 그래서 나는 녀석에게 제안한다.

"책 권수로 하지 말고, 쪽수로 하자."

"쪽수가 뭔데요?"

"페이지 수 있잖아. 몇 장 읽었는지 내기하자고."

독서를 할 때 권수에 연연하면 독서를 제대로 할 수 없다. "한 달에 몇 권 읽으세요?"라고 묻기보다 "한 달에 몇 쪽 읽으세요?"라고 묻는 것이 더 맞는 표현일지 모르겠다. 7~800쪽 되는 두꺼운 책 한 권과 얇디얇은 잡지가 어찌 비교될 수 있겠는가. 나도 두꺼운 책은 별로 손이 가질 않는데, 이걸 메꾸기 위해서 e북으로 보기도 한다. 책이 두꺼운지 무거운지 e북으로는 확실히 알지 못하기 때문이다. 그냥 주어진 페이지를 읽어나가면 된다. 대신 큰 틀을 단박에 알아차리지는 못한다. 페이지 중심이다 보니 전체 틀이 보이질 않는 거다. 그래서 가끔 미친 짓을 한다. 책도 사고 e북도 산다. 책은 전체 틀을 보려고 사고, e북은 무거우니까 휴대하기 좋게 어디서든 읽기 위해서 산다. e북으로 보다가 밑줄 긋고 싶은 부분은 체크해놨다가 집에 와서 책에서 그 부분을 찾아 밑줄을 그어 놓는다. 이렇게 책을 읽으면 전체적인 윤곽과 흐름을 잡는데 편리하다. 각자 나름의 장점만 이용해서 읽는 방법이다.

나와 같은 생각을 하는 사람이 있어 소개한다. 나의 블로그 이웃이기도 한 남낙현 님의 글이다. 그는 자신의 책《하루25쪽 독서습관》에 이렇게 적고 있다.

25쪽 읽기란, 한 권의 책을 읽을 때 '25쪽을 얇은 한 권의 책'으로 생각하고 독서하는 방법이다. 한 권의 책을 게임하듯 자신이 원하는 만큼 얇게 만들어 읽는 것이다. 여기서 포인트는 한 권의 책을 쪼개어 여러 권의 얇은 책을 만들어 읽는 것이지, 꼭 25쪽 분량으로 쪼개는 데 있지 않다. 자신에게 맞는 페이지 수를 찾아나가는 게 중요하다.

예전에 무모한 도전을 한 적이 있다. '1일 1권'이었다. 무조건 하루에 한 권은 읽겠다고 결심했다. 그리고 실천했다. 제법 많은 책을 독파해나갔다. 그런데 문제가 생겼다. 점점 쉬운 책과 얇은 책만 찾고 있었던 것이다. 어쨌든 하루에 한 권을 읽기로 했으니 그럴 수밖에 없었다. 무겁고 어려운 책은 자연 멀리하게 되었다. 독서 밸런스가 흔들렸다. 지킬 수 없는 약속을 해놓고 허우적거리고 있었다.

만약 이때 '1일100쪽'이라는 결심을 했으면 어땠을까? 아마 지금까지 지속했을 것이다. 책이 두껍든 무겁든 상관하지 않고 읽을 수 있었을 것이다. 100쪽이 부담되면 50쪽만, 그것도 부담되면 10쪽만이라도 계속 꾸준히 할 수 있는 양을 정하는 편이 옳았다.

간혹 시중에 보면 하루에 한 권씩 독파하는 것을 자랑으로 삼는 사람들이 많은데 내가 보기에 그건 독서초보가 하는 짓이다. 빨리 읽고 많이 읽는 것이 좋은 게 아니다. 그건 독서라는 행위 자체를 하는 것에 불과할 뿐이다. 독서에서 가장 중요한 것은 행동화다. 책을 읽었으면 변해야 한다. 책을 읽기 전과 후가 다르지 않다면 독서를 제대로 했다고 할 수 없다. 그런데 이런 행동화를 이끌어내기 위해서 전제되는 것이 있다. '곱씹기'다. '되새기기'라고 부를 수도 있겠다. 읽었으면 곱씹으면서 반추하는 과정이 필요하다. 그런 후에 행동화가 따라온다. 곱씹는 과정 없이는 행동화되지 않는다. 빨리 읽고 많이 읽는 것에 혈안이 되면 곱씹는 시간이 모자라게 된다. 결국 책은 많이 읽었으되 독서의 효과를 제대로 볼 수 없게 되는 것이다. 이건 나만의 생각이다. 내가 틀렸을 수도 있다. 책을 빨리 읽는 것이 중요한 게 아니고 잘 읽는 게 중요한 것이다.

한 권이라 해도 어떤 책은 324쪽, 어떤 책은 1,672쪽이다. 똑같지 않다. 남낙현 님의 말대로 25쪽씩 끊어 그것을 한 권으로 생각하고 읽는 방법이 참 묘수다. 이 방법을 쓰면 권수에 대한 유혹에서 자유로워질 수 있다. 보통 독서초보들은 책 맛을 안다. 그래서 허겁지겁 많이 먹고 싶어 한다. 잘 생각해보시라. 술맛을 알게 되면 이 술, 저 술 마구 들이마신다. 섞어서 마시기도 한다. 그러나 술맛을 제대로 아는 사람은 술을 그렇게 마시지 않는다. 음미한다. 향도 맡고 입에 머금고 맛을 즐긴다. 하수와 고수의 차이다.

독서경력이 10년 미만인 독서광들은 대부분 빨리 많이 읽기의 함정에 빠져 있다. 그러나 한 20년 정도 된 사람들은 책을 그렇게 읽지 않는다. 천천히 질 좋은 책을 음미한다. 이미 충분히 먹었기 때문에 급히 먹지 않는다. 물론 빨리 많이 읽기가 나쁜 것은 아니다. 독서 대가가 되는 자연스러운 과정이다. 실컷 먹어봐야 된다. 그래야 진정한 맛도 느낄 수 있다. 밥그릇만 보고서 우악스럽게 푹푹 퍼 먹는 과정이 있어야 나중에 천천히 주변 풍경도 즐기면서 대화도 하면서 맛을 볼 수 있는 여유가 생긴다.

다 좋다. 많이 빨리 먹든 천천히 음미하면서 먹든, 크게 봤을 때 뭔 상관이란 말인가. 통계적으로 10명 중 1명만이 책을 읽는다는데, 굳이 1명 안에서 하수와 고수를 나누는 것은 오바(over)인가 싶다. 대충 읽어도 좋은 거구, 빨리 읽어도 좋은 거구, 세밀하게 읽어도 좋구, 느려터지게 읽어도 좋은 거 아닌가. 그래 그렇다.

책은 많이 읽는 게 좋다. 그래서 속독도 배우고, 1년에 300권 읽자는 목표도 세우고 한다. 여느 목표보다 차지고 알찬 목표라 할 수 있다. 하지만 꼭 목표를 잡고 독서를 하는 것은 어딘지 모르게 씁쓸하다. 마치 뭔가를 이루기 위해 전투적으로 사는 것 같고, 꼭 책 읽는 것에 그렇게 할 필요가 있나 싶다. 그냥 되는 대로 물 흘러가는 대로 읽으면 안 될까?

책 읽는 맛을 제법 알게 되었을 때 정말 '미친 듯이' 읽어제꼈다. 그렇게 몇 년간 책만 봤다. 독서에 너무 심취해서 눈 떠서 일하는 시간 빼고는 책만 본 것 같다. 운전할 때도 잠시 신호가 걸리면 책을 꺼내 들었고, 트럭에 왕겨를 싣고 다른 농장에 배달을 갈 때도 가는 중간중간 차를 세우고 책을 읽었다. 책을 더 읽고 싶어서 잠을 줄이면서까지 시간을 확보하고자 했다. 하루에 3~4시간만 자자. 그래도 충분하다. 똥 쌀 때는 물론이고, 여하튼 눈 떠서 잠자기 전까지 책만 봤다고 해도 과언은 아니었다. 전투적으로 읽었다.

지금 와서 생각해보면 그렇게 읽을 필요가 있었을까 약간 후회가 된다. 절대 자랑할 만한 게 못 된다. 책을 읽기 위해 얼마나 가족에게 소원했는가. 아내와 아이에게 미안할 따름이다. 어차피 평생 할 독서인데 뭐가 그리 급해서 우걱우걱 씹어 삼켰을까. 아무리 삼켜도 세상의 모든 책을 다 읽을 수 없을진대. 나와 대화하고 싶어 하는 많은 사람들과 친구들을 멀리하고 나는 나만의 세계에 침잠했던 것이다. 너무도 이기적이었다. 당시엔 욕심이 있었다. 1일 1권. 하루에 한 권의 책을 읽기 위하여 나는 그렇게도 바빴었다. 하루에 한 권 읽어서 뭐가 남을까? 그렇게 읽는 책이 나에게 어떤 도움이 되었을까? 그렇게 많이 읽어서 무엇을 하려고.

이제는 잠시 숨을 돌린다. 폭독하지 않는다. 시간이 나면 나는 만큼만 읽는다. 욕심을 버렸다. 매일 조금씩 읽으면 된다. 바쁜 일이 있으면 그 일을 처리하고 읽으면 되고, 사교 모임이 있으면 만나고와서 읽으면 된다. 1일 1권이라는 틀을 만들어 자신을 강제할 필요가 없다. 괜히 피곤하게 만들 뿐이다. 맛있는 음식이라 해서 폭식하면 탈이 나게 마련이다. 독서도 마찬가지다.

책을 남들보다 많이 읽기 위해, 혹은 자기만족을 위해 많이 읽는 일은 멋지지 않다. 인간으로서 할 도리는 하고서 나머지 시간을 독서로 채우는 것이 현명해 보인다. 독서를 최우선 순위로 두되, 힘들지 않게 계획을 세우는 것이 여유롭고 멋스러워 보인다. 오늘 한 장을 읽어도 좋고, 내일 열 장을 읽어도 좋은 거지, 꼭 하루에 한 권을 읽는다고 맹세하는 것은 너무 갑갑하지 않은가. 그 맹세를 지키기 위해 버려야 할 것들이 얼마나 많은가. 사랑하는 가족도, 일도, 친구도 일부 포기해야 한다. 책이 중요하지만 책만 중요한 것은 아니다.

세상은 다양하다. 오로지 독서라는 자세는 그리 달갑지 않다.

맛있는 음식을 게걸스럽게 먹는 사람의 모습을 아름답다고 할 수는 없다. 맛있는 책을 벌컥벌컥 갈아 마시는 사람의 모습도 마찬가지다. 여유 있게 맛을 음미하면서 식사하는 것처럼 책을 읽는 것은 어떨까.

가끔은 낚시 독서

낚시와 독서는 언뜻 비슷한 면이 많아 보인다. 우선 낚시는 대부분 혼자 다닌다. 홀로 밤을 지샌다. 고요한 적막 속에서 자신과 일대일로 만나게 된다. 그러다 출출하면 라면 하나 끓여 먹고 또 낚시대를 잡고 앉는다. 독서도 비슷하다. 대부분 혼자 한다. 홀로 밤을 지샌다. 고요한 적막 속에서 일대일로 자신을 만난다. 출출하면 라면 하나 끓여 먹고 또 책을 잡고 앉는다. 그러다가 월척이 걸려들면 얼마나 기분이 좋은가. 책을 주욱 읽다가 요거다 싶은 문장을 만나면 엔돌핀이 폭발한다.

낚시꾼들은 물고기를 기다리면서 자신과 마주한다. 자신을 돌아보는 시간을 자연스레 갖게 된다. 책꾼들도 비슷하다. 책을 읽으면서 자신과 마주선다. 책의 내용과 등장인물에 자신을 대입해보기도 하고, 자신을 비교 분석하기도 한다. 너무도 비슷한 면이 많다.

나는 책을 처음부터 쭉 읽기도 하지만 간혹 생각거리를 찾고자 홀

렁훌렁 보기도 한다. 어떠한 책이든 하나는 건질 게 있다고 생각하고 낚시질을 한다. 먼저 제목을 보고 마음에 드는 것을 고른 후 목차를 확인한다. 분야를 가리지 않는다. 역사, 철학, 문학, 시, 사회 등 모든 분야를 망라한다. 목차를 훑다가 '이거다' 싶은 부분이 있으면 페이지를 찾아 정독한다. 그러나 헛다리를 짚는 경우가 많다. 그러면 다시 목차로 돌아가 또 찾는다. 웬만한 책이면 이렇게 다섯 번 정도 하고 나면 반드시 건질 게 하나는 있다. 극히 드물지만, 아무리 뒤져도 안 나오는 책이 간혹 있다. 어떤 책인지 기억이 가물가물한데 도저히 건질 게 없었다. 그러다 쉬어가는 페이지(?)에서 유명인의 명언 한 구절을 얻었다. 뒤지다 보면 반드시 하나는 나온다.

낚시질을 하기 위해 목차를 보기도 하지만 책을 그냥 훑기도 한다. 1초에 한 장씩 넘기면서 이거다 싶은 단어가 쭉 하고 들어오는 경우가 있다. 그런 부분은 정독한다. 맞으면 월척 낚은 것이고 아니면 다시 책장을 한 장씩 넘긴다. 그렇게 하다 보면 읽을 만한 거리가 톡 하고 튀어나온다. 스토리로 구성되어 있는 소설도 이렇게 읽을 수 있다. 스토리를 파악할 수는 없지만 어떤 사상이랄까, 생각, 고찰 거리를 얻을 수 있다. 시도 마찬가지다. 시집을 꺼내들고 제목을 보거나 한 장씩 훑으면 이거다 싶은 시가 톡 튀어나온다. 그러면 그 부분을 정독한다. 톡 하고 튀어나오는 부분만 읽고 나머지는 안 읽어도 책 한 권 읽은 거나 마찬가지라 생각한다. 어차피 다른 부분은 읽어도 내게 감흥을 일으키지 못하기 때문에 시간낭비에 가깝다.

내가 이런 식의 독서를 하는 주된 이유는 아이디어를 얻기 위함이다. 글을 쓰기 위한 재료가 없을 때 그냥 앉아서 머릿속으로 공상하고 있는 것보단 책을 훑는 게 더 생산적이고 효율적이기 때문이다. 가만히 앉아서 골똘히 생각해도 아이디어는 튀어나오지 않는다. 그보다는 아무 생각 없이 책을 뒤적거릴 때 아이디어가 튀어나오는 경험을 더 많이 했다. 내 머릿속에는 있지만, 내가 알지 못하는 것을 책을 통해 낚시질을 하면서 도화선을 찾는 행위가 바로 낚시 독서다. 도화선을 찾기만 하면 내 머릿속에서 급작스런 폭발이 일어나면서 아이디어가 샘솟는다.

남이 한 것을 보고선 '에잇, 저 정도는 누구나 할 수 있는 거 아냐?' 라고 생각해본 적 없는가? 콜럼버스가 계란 끝을 조금 깨뜨려서 세웠을 때 많은 사람들이 저건 나도 해, 라면서 콜럼버스가 한 일을 폄하했다. 콜럼버스가 하기 전까지는 생각하지도 못했으면서 남이 한 일에 대해서 대단치 않게 생각하는 것이다. 해보면 별 것 아닌데 차마 못했던 일이 있다. 알고는 있는데 표현하지 못하고, 아이니어는 머릿속에 이미 있었는데 그걸 꺼내 쓰지 못했던 것이다. 그러므로 책이라는 힌트를 사용하게 되면 보다 쉽게 이미 머릿속에 있는 아이디어를 꺼낼 수 있다.

낚시 독서의 가장 큰 이점은 책을 무서워하지 않게 된다는 점이다. 나는 아직까지도 무서운 책들이 있다. 책 안 읽는 사람도 알 만한 사람들이 저자로 되어 있는 책이 무섭다. 예를 들어, 니체의《차라투스트라는 이렇게 말했다》가 무섭다. 버트런드 러셀의《서양철학사》가 무섭다. 강신주의《철학 vs 철학》이 무섭다. 또는 내게 친숙하지 않은 단어가 들어가 있는 책이 무섭다. 예를 들어, 문학수의 《더 클래식》이 무섭다. 도록 《모딜리아니》가 무섭다. 《힉스 입자 그리고 그 너머》가 무섭다. 그런데 낚시 독서를 하고자 마음을 먹고 책을 대하면 별로 어렵다는 생각이 들지 않는다. 왜냐? 다 읽지 않으니까. 다 읽으려고 책을 든 것이 아니기 때문이다. 나에게 영감이 오는 부분만 발췌해서 읽으니까 일단 쉽게 접근할 수 있게 된다. 그래서 내가 좋아하지 않는 분야나 관심 없던 분야의 책까지 감히 볼 수 있게 되는 기회를 가질 수 있다. 그러다 보면 조금씩 그 분야에 대해 알게 되는 경우가 생긴다. 생각보다 어렵지 않게 느껴지고 더 관심이 생기면서 쉽게 접근할 수 있다. 힘 빼고 접근하면 쉽게 갈 수 있는데, 처음부터 힘 주고 읽으려 하면 절대로 읽을 수 없다.

낚시 독서는 '가끔만' 해줘야 한다. 이게 독서 패턴이 되면 독서 생활이 곤란해진다. 이책 저책 뒤적거리기나 하지, 제대로 된 독서를 못하는 경우가 생길 수 있다. 정신적으로 들뜨게 되어 책 한 권 제대로 차분히 읽지 못한다. 낚시 독서로 100권을 읽어도 별로 남는 게 없다. 간혹 생각거리(혹은 글거리)를 찾을 때에나 도움이 된다. 낚시도 만날 가봐라. 가정 분위기가 험악해진다.

트렌드 독서

●   "베스트셀러는 별로다. 그러니 그것을 너무 믿지 말고 네가 좋아하는 책을 읽어라"라는 말을 많이 한다. 출판사에서 조작할 수도 있고, 내용의 질이 떨어질 수도 있고, 남이 좋다고 해서 꼭 나에게도 좋은 책은 아니니 베스트셀러를 믿지 말라고 한다. 그러나 베스트셀러라도 읽는 게 낫다. 뭐라도 잡고 읽는 게 낫지 가뜩이나 뭘 읽어야 될지도 모르는 사람에게 그런 충고를 해주면 독서 자체를 포기할지 모른다. 어차피 독서초보 때는 뭐든 읽는 게 좋은 거다. 읽다 보면 자연히 자신이 알아서 선택하게 된다.

나는 오히려 베스트셀러를 읽으라고 말해주고 싶다. 사람들이 많이 보는 것은 그만한 이유가 있다. 출판사에서 조작을 했다손 치더라도 일단 읽어보는 것은 절대로 손해날 일이 아니다. 오히려 베스트셀러를 의도적으로 피하는 게 더 손해날 일이다. 베스트셀러라고 해서 모두 좋은 책일 수는 없지만, 모두 나쁜 책도 아니다.

나는 주기적으로 베스트셀러 코너를 돌아본다. 서점에 가서 돌아보는 건 아니고 인터넷 서핑을 한다. 네이버 책에 들어가면 각 판매처별로, 분야별로 일목요연하게 판매순위를 확인할 수 있다. 교보문고에서는 종합순위 1위가 ○○○이고, 에세이/시 1위는 ×××인데, 인터파크에서는 어떤 순위로 매겨져 있는지 주기적으로 확인한다. 그러다가 마음에 드는 책이 있으면 사거나 빌려서 본다.

이렇게 서핑을 하다 보면 계절별로, 연도별로, 시기별로 트렌드를 읽을 수 있게 된다. '아, 독자들이 지금 어떤 것에 관심이 많구나. 인기 있는 작가는 누구구나. 작가들은 왜 이 시점에 이런 책을 냈을까. 독자들이 원하는 게 이런 것들이구나.'를 알 수 있게 된다. '어, 요즘은 일본소설이 뜨네? 알라딘에서는 ○○○이 10위권 안에 있는데 왜 영풍문고에는 그 책이 10위권 안에 없지? 아, 지금 종합순위 1위는 자기계발서가 차지하고 있구나. 사람들이 요즘 자기계발에 관심이 많구나. 아까 봤던 소설 1위가 종합순위에서는 10권 안에 못들었구나. 사람들이 소설을 많이 읽지 않는구나' 등등 추리해 볼 수 있는 것이다. '어, 이상하다. 요즘은 글쓰기에 관한 책들이 순위권 안에 많이 올라오네? 그렇다면 사람들이 글쓰기에 관심이 많다는 이야긴데. 아무래도 블로그나 카페에 글을 쓸 일이 많으니까 사람들의 관심이 많아지는 게 아닐까?' 이런 추측도 가능해진다.

또 다르게는, '○○○작가의 책이 종합순위 100위 안에 5권도 넘게 포진되어 있네? 이제 그는 정말 베스트셀러 작가가 되었구나. 멋진걸.'이라고 생각할 수도 있다. 2015년에는 어떤 책들이 유행했고, 2014년에는 어떤 책들이 유행했는지도 한눈에 쉽게 파악할 수 있다. '작년에는 사람들이 힐링에 관심이 많았는데, 올해는 인문학에 관심이 높아지고 있다' 라고 분석할 수도 있다. 이렇게 인터넷 서핑을 하다 보면 내가 꼭 봐야 할 책들이 드문드문 눈에 띈다. 보지 않으면 평생 후회할 책들이다. 이런 책들을 놓치지 않기 위해서라도 인터넷 서핑을 통해 트렌드를 가끔 파악해줄 필요가 있다.

동시대를 살아가는 위대한 작가들이 쓴 책을 놓치고 싶지 않다. 지금은 죽고 없는 저자가 쓴 책들만 좋은 책은 아니니까.

나는 죽은 저자의 책보다는 현재 살아있는 저자의 책이 더 좋다. 공감대가 더 잘 형성되기 때문이다. 고전은 대부분 저자들이 죽었다. 옛날이야기를 한다. 고리타분하다. 물론 진실은 시간과 공간을 초월하기에 고전이 되었겠지만, 그들의 말투나 번역투가 썩 와 닿지 않는다. 그에 반해 현재 살아있는 저자가 쓴 요즘 책들은 가볍지만 접점을 많이 이루고 있다. 듣기 편하다. 말이 어렵지 않다. 1960년대에 나온 책만 해도 그렇다. 요즘 잘 쓰지 않는 표현들이 있다. 예를 들어, '나는 그 상황을 목도하였다.' 목도가 뭔가? 보는 거다. 그냥 '나는 그 상황을 보았다.'라고 하면 되는 것을 어려운 한자어를 쓰는 거다. '조낸' 없어보인다. 그 글이 쓰였을 당시에는 유행했을지 몰라도 지금은 별로다. 나중에 손자세대가 내 글을 읽고도 이런 반응을 보이겠지. '조낸이 뭐냐?' 이런 반응을 보일 것이다. 뭐 어쩔 수 없다. 내 맘이니까.

책의 유행은 다른 분야에 비해 좀 긴 듯하다. 가요만 해도 한 달

이상 1등하기 힘들다. 음원이 나오자마자 확 뜨고, 확 내려간다. 근데 책은 1등을 참 오래 한다. 《미움받을 용기》는 2015년 내내 1위 자리를 놓치지 않았다. 굉장한 빅히트다. 영화만 해도 금방 떴다 지는데, 책은 왜 이리 오래갈까? 빅히트작이기 때문에 오래갈지도 모른다. 나의 첫 책은 나온 지 한 달이 다 되어가도록 통 판매가 이루어지지 않는 듯했다. 책이 나오면 확 팔릴 줄 알았는데, 책은 템포가 느리다. 기다려야겠다. 아, 그 이유를 알았다. 책 읽는 사람이 많지 않기 때문이다. 영화나 가요처럼 많은 사람들이 즐기지 않고 소수의 사람들만이 누리는 것이니 당연히 속도가 느릴 수밖에 없겠다.

어느 분야나 마찬가지지만 일단 이름이 나면 책 팔기가 수월해지는 것 같다. 10위권 안에 있는 책들 거의가 이름 좀 있는 사람들의 것이다. 팬덤이 형성된 것이다. 자신의 팬을 갖고 있는 자와 못 가진 자의 차이다. 극소수라도 골수팬을 확보하면 글 쓸만 하겠다. 누군가 내 글을 기다리는 사람이 있다는 것은 얼마나 행복한 일인가. 글은 소통이다. 남에게 읽히기 위해 쓰는 게 글이다. 예전에는 그저 나 좋자고 글을 썼는데, 요즘은 독자들의 눈을 많이 의식하게 된다. 그래서 글쓰기가 점점 어려워지고 있다.

우리의 영화, 드라마, 가요가 세계에 많이 수출되듯이 책도 그랬으면 좋겠다. 천연자원이 있는 것도 아니고, 작지만 강한 나라는 결국 문화로 먹고 살아야 한다. 풍부한 문화콘텐츠로 세계시장을 맘껏 누렸으면 좋겠다. 타 분야에 비해 초기 투자금이 적은 책으로 우리나라가 세계시장을 석권하는 꿈을 꿔본다.

전작주의 독서

　　책을 읽다 보면 소위 '꽂히는' 작가가 생기기 마련이다. 그렇게 되면 그 사람이 쓴 모든 책을 찾아 읽게 되는데, 이것을 일러 독서광 조희봉 씨는 '전작주의 독서'라고 일컫는다. (《전작주의자의 꿈》 조희봉, 함께읽는책 참조) 이는 책 좀 읽는 사람이라면 자연스럽게 경험하게 된다. 실제 책을 별로 읽지 않는 사람들도 자신도 알게 모르게 전작주의를 하고 있음을 발견할 수 있다.

　영화를 예로 들어보자. 좋아하는 영화배우가 나오는 영화를 모조리 찾아보는 것과 같은 거다. 믿고 보는 정우성, 믿고 보는 강동원 뭐 이런 거다. 어디 배우만 그런가? 좋아하는 감독의 작품을 찾아보는 것도 같은 맥락이다. 전작주의 독서는 당연할 수밖에 없겠다.

　나에게도 꽂히는 작가가 몇 있다. 공병호가 그랬다. 그가 쓴 책은 거의 다 읽었다. 구본형도 그랬다. 다 읽었다. 이지성의 책도 다 읽었다. 내가 좋아하는 작가들은 이처럼 자기계발서 작가들이다. 나는 자기계발서를 좋아한다. 책을 읽고 하나하나 무기를 내 몸에 장착하는 것을 즐긴다. 그리고 그걸 다른 사람과 나누기를 좋아한다. 또 나름 가공하고 조합하여 나만의 것을 만들어내기도 한다. 안타까운 것은 더 이상 구본형 작가의 글을 볼 수 없다는 점이다. 그는 2013년 폐암으로 사망했다.

반면, 나의 아내는 박완서를 좋아한다. 그분의 책은 모조리 찾아 읽는다. 거기에 끝나지 않고 재독 삼독한다. 그냥 읽는 것 자체를 즐긴다. 공지영도 좋아하는 것 같다. 그분들의 책을 읽으면서 잔잔한 감동이나 공감대를 형성하는 걸 즐기는 것 같다. 나와는 독서하는 이유가 판이하게 다르다. 나는 책을 통해 뭔가를 끄집어내어 배우고 가공하는데 비해, 아내는 독서 자체를 즐기는 쪽이다.

어느 작가를 좋아하는지 알면 그 사람이 보인다. 같이 노는 친구들을 보면 그 사람을 알 수 있는 것과 같은 이치다. 나의 경우라면 책을 써도 자기계발서를 쓰게 될 것이다. 아내는 소설을 쓰게 될 것이다. 자신이 누구의 전작주의자인지 알게 되면 자신을 아는데 도움이 된다. 내가 몰랐던 나를 좀 더 확실하게 그려낼 수 있게 된다. 그것으로 자신을 보다 확실하게 정의내릴 수 있게 되면, 내가 왜 사는지 어떻게 살아야 하는지에 대한 답을 찾을 수 있게 된다. 책을 읽으면 결국 자신을 찾게 되는 이유가 여기에 있다. 책은 거울이다. 책 읽는 모든 과정이 결국은 자신을 찾기 위한 것이다. 읽는 책이 한 권 한 권 쌓일 때마다 내가 누구인지를 점점 알게 된다. 그게 독서의 참 매력이고 궁극의 희열이다.

독서를 계속 해나가다 보면 어느 순간에는 꽂혔던 작가가 시시해질 때가 있다. '아니 내가 왜 이 작가를 이렇게 좋아했지?' 의아해지는 것이다. 나의 경우 앞서 말했던 공병호가 그랬고, 구본형이 그랬고, 이지성이 그랬다. 한창 그들에게 빠졌을 때는 미친 듯이 그들의 사상을 빨아들이려고 노력했는데, 시간이 지나 나만의 경험과 노하우와 그들의 가르침이 혼합되면서 그들의 가르침이 어느 시점부터는 시시해지기 시작했다. 물론 그들의 사상은 아직도 훌륭하다. 내가 그만큼 성장했다고 보는 편이 맞는 표현일지도 모르겠다. 대신 다른 작가가 꽂히기 시작한다. 예전부터는 조정래 선생님의 글을 계속 읽어오고 있다. 요즘 내게 꽂히는 작가는 김삼웅 선생이다. 그분이 쓰신 평전류의 책을 보면 자연스레 역사공부도 되고 역사의식을 고취시킬 수 있다. 이분은 왠지 끝까지 갈 거 같다. 또 한 분은 강신주다. 그분의 책을 읽으면 사고의 깊이에 자연히 고개가 숙여진다. 저런 것이 철학이구나. 철학자란 이런 거구나. 도저히 내가 따라갈 수 없겠구나. 만약 그보다 먼저 시작했어도 도저히 내가 넘볼 수 없는 경지구나. 이런 분들을 만나게 되면 행복해진다. 그분들이 내는 책을 기다리게 된다.

전작주의자가 되면 이런 특혜도 받을 수 있다. 앞서 말한 조희봉 씨는 이윤기 작가의 전작주의자였다. 소설가 겸 번역가인 이윤기는 1947년생으로 2010년에 작고했다. 유명한 책으로는 《이윤기의 그리스 로마 신화》시리즈, 《그리스인 조르바》를 번역하신 분이다. 조희봉 씨는 이윤기 작가의 전작주의자에서 더 나아가 친분까지 맺어, 자신의 결혼식때 주례도 부탁드렸다고 한다. 이 얼마나 영광스러운 일인가. 분명 행복했을 것이다. 두 분 다.

전작주의자가 된다는 것은 그분의 팬이 된다는 의미다. 저자의 입장에서 골수팬이 생기면 기분이 정말 좋을 것이다. 팬 입장에서도 좋기는 마찬가지다. 이런 좋은 글을 써주서서 감사합니다. 존경합니다. 서로 윈윈하는 것이다.

예전에는 존경하는 사람이 전혀 없었다. 꽤 오랫동안 '아니, 나는 나지 누굴 존경해? 나는 존경하는 사람 없어' 라고 생각하며 살았다. 이순신 장군도 별로고, 세종대왕도 별로였다. 과거의 옛날 사람은 더더욱 나에게 와 닿지 않았다. 그 당시 나의 삶을 돌이켜보면, 잘못 살고 있었다.

존경하거나 좋아하는 사람이 없으면 삶은 피폐해진다. 아무리 잘나가는 사람이라도 롤모델이나 존경하는 사람이 있다. 누군가를 존경하고 따르는 삶은 창피한 게 아니다. 잘 살고 있는 것이다. 누구를 따라하고 모방하는 것은 잘못된 게 아니다. 열심히 잘 살고 있는 것이다. 존경하는 사람이 많을수록 좋다. 나처럼 없는 게 문제다. 인생을 살아가는데 존경하는 사람 없이 산다는 것은 라면 끓이면서 스프를 안 넣는 것과 같다. 밍숭맹숭하다. 느끼하다. 없다면 찾아야 한다. 존경하는 사람을 따라 인생을 살아야 한다.

누구나 좋아하는 가수가 있고, 좋아하는 영화배우가 있을 것이다. 그리고? 좋아하는 작가도 있으면 좋겠다.

185

"너, 누구 좋아해?"

"연예인?"

"아니, 작가."

"... 없어."

이러지 말자. 없어 보인다. 누군가 나와야 한다. 이렇게.

"너, 누구 좋아해?"

"김우태 작가."

"누군데?"

"음, 약간 또라이 같은 ㅅㄲ 있어."

여럿이 읽기

●　　　대학교 동아리에서 일명 '대거리' 라는 것을 했었다. 책 한 권을 읽고 와서 토의, 토론하는 것을 뜻한다. 사람마다 맡은 파트가 있어서 그 부분에 대해서는 좀 더 열심히 읽고 사람들 앞에서 얘기하는 형식이었다. 정말 책 읽을 시간이 없으면 자기가 맡은 파트만 읽고 와서 대거리를 했다. 물론 나라는 놈은 전혀 읽지 않았다.

지금도 독서모임이다 독서토론이다 해서 책 읽는 모임들이 즐비하다. 같은 책을 읽은 후 느낀 점을 말하기도 하고, 서로 다른 책을 읽고 와서 책 소개도 해주면서 여러 가지 이야기를 나누는 좋은 모임이다. 술 모임이나 수다 모임보다야 낫지 않은가.

그런데 나는 이런 책 모임을 별로 좋아하지 않는다. 책 읽는 시간도 부족한데 또 무슨 할 말들이 있다고 시간 내서 모이는가 말이다. 그 시간에 다른 책을 더 읽는 게 낫다는 생각이다. 물론 시간이 있는 사람들이라면 다른 모임보다야 나으니 괜찮을 듯싶다.

책 한 권을 여러 명이 읽고 와서 그 책에 관해 이야기하는 형식이었던 대거리는 결국 파토가 났다. 제대로 운영된 적이 단 한 번도 없었다. 책 수준이 너무 어려웠던 것도 이유였고, 자기 파트만 읽고 와서 씨불락거릴려니 앞뒤 내용이 연결이 안 되었기 때문이다. 책 한 권을 다 읽고 와서 이야기해야 뭔가 그럴 듯한 그림이 그려지는데, 자기가 할당받은 부분만 간신히 읽고 와서 대거리하려니 그게 되겠는가. 그나마 자기 할당량이라도 읽어온 이들은 괜찮은 편이다. 나같이 생짜로 안 읽고 온 놈들 때문에 제대로 대거리가 될 수가 없었다. 결국 그 책을 읽은 몇몇과 선배들만 나불거렸으며, 나 같은 족속들은 도대체 내가 여기에 왜 와 있는 건지, 얼른 끝내고 술이나 마시러 갔으면 좋겠다는 생각만 했더랬다. 정말 책을 좋아하는 최정예들로만 묶인 모임이라면 괜찮았을 텐데, 수준이 천차만별인 독서모임이라면 차라리 그 시간에 자기에게 맞는 책을 더 읽는 것이 낫다고 본다. 다른 사람들이 이렇게 생각하는지는 블로그를 돌아다니면서 생각을 엿보면 될 것이지 굳이 모임을 만들 필요가 없다. 왔다갔다 하는 시간에, 여럿이 모이니까 돈도 필요할 것이고, 생각만 해도 별 남는 게 없는 장사다. 물론 내 생각이 전적으로 맞지는 않을 것이다. 나의 취향에 맞지 않다는 것이지, 옳고 그름이 어디 있겠는가.

대신 책 한 권을 둘이서 보는 경우는 찬성한다. '네이버 지식인의 서재'에서 영화감독 장진은 책 한 권을 놓고 형과 같이 읽었다고 한다. "형 다 읽었어?" "어, 다 읽었어." "그럼 넘겨" 이런 식으로 같은 페이지를 같이 봤다는 것이다. 이런 독서는 찬성한다. 바로 같은 자리에서 같이 읽는 것은 독서활동에 도움이 된다. 서로 밀어주고 당겨주는 독서법이다. 그리고 바로 책에 대해서 대거리할 수 있어서 현장감이 살아난다. 서로 간에 선의의 경쟁의식이 생겨 독서에 몰입할 수 있어서 좋다. 서로 의지가 된다. 우의를 다질 수 있다. 책값이 덜 들어간다.

나는 가끔 열한 살이 된 아들과 책을 같이 보곤 한다. 녀석은 집에 TV가 없으니 책을 본다. 내가 책을 볼 수밖에 없는 환경을 구축했기 때문이다. 흐흐흐. 녀석이 책을 볼 때 나는 가끔 껴든다.

"같이 보자. 홀수 쪽은 네가 읽어, 짝수 쪽은 아빠가 읽을게."

그러나 이렇게 시작한 같이 책 보기는 결국 나만 계속 읽는 경우가 많다. 아이 녀석이 내가 책 읽어주는 소리가 좋다면서 계속 읽어달라고 보채기 때문이다. 그러나 나도 계속 읽어주지만은 않는다. 몇 장 읽다가 내 책 보러 쌩하니 도망쳐버린다. 가끔은 아내하고도 책 한 권을 놓고 같이 읽고 싶은데, 영 취향이 달라 그러지 못하는 편이다. 그렇다. 책을 같이 읽으려면 취향이 같아야 한다. 다르면 재미없다. 읽다가 싸운다.

블로그 이웃 중에 독서모임을 잘 꾸려가는 분들이 계신다. 정말 부럽다. 가끔 블로그에 놀러 가보면 같이 하는 사람들의 사진이 올라오는데, 모두들 아우라가 엄청나다. 일단 분위기가 좋아 보인다. 그런 독서모임이라면 얼마나 큰 시너지가 나올까. 서로 다독여주면서 읽다 보면 자신의 취향과 먼 분야의 책도 슬쩍 엿볼 수 있는 기회도 생긴다. 그렇게 독서모임을 잘 참석하다 보면 자연히 다양한 책을 볼 수 있게 된다. 좋아하는 책만 읽는 나 같은 외골수형 독서가가 아닌, 다양한 책을 아우르는 통합적 사고능력을 갖춘 사람이 될 수 있을 것이다. 나도 시간이 나면 꼭 그런 모임을 갖고 싶기는 하다.

또 한 가지, 여럿이 읽기의 다른 방법도 있다. 나보다 더 꼴통인 내 동생과 책 읽던 이야기다. 무협판타지소설《묵향》을 좋아하는 우리 형제는 이 책을 같이 읽었다. 한 권을 놓고 둘이서 읽는 방법이 아니라 각자 한 권씩 읽는데, 내가 2권을 읽으면 동생이 뒤따라 1권을 읽는 방법이다. 동생이 2권으로 넘어갈 즈음 내가 3권을 읽기 시작하면 꽤 궁합이 맞는 독서가 된다. 먼저 읽는 사람이 빨리 읽는 게 좋다. 늦게 읽는 사람의 읽는 속도가 빠르거나, 먼저 읽는 사람의 속도가 느리면 싸움난다.

"형, 다 읽었어?"

"아니, 좀 남았어."

"몇 장?"

"한 40장?"

"아띠, 빨리 읽어! 도대체 뭐 하자는 거야! 빨리 읽고 나 줘!"

이거 가급적 지양한다.

꼬리에 꼬리를 무는 독서

● 첫 책의 시작은 가장 관심 있는 것부터 시작한다. 만화가 당기면 만화로 시작하고 무협이 당기면 무협으로, 판타지가 당기면 그걸로 시작한다. 절대로 남이 추천해주는 책이나 베스트셀러, 그 럴싸한 고전은 고르지 않는다. 왜냐면 5분 만에 책을 덮을 가능성이 농후하기 때문이다. 내가 재미있어 하는 책, 관심 분야의 책으로 독 서를 시작해야 꾸준히 할 수 있다.

좋아하는 책으로 독서를 계속하다 보면, 책 속에서 책을 소개받게 된다. 소개받은 책을 읽다가 꼬리에 꼬리를 무는 독서를 하게 되는 것이다. 무협으로 시작된 독서가 무술로, 무술에서 이소룡으로, 이 소룡에서 헐리우드로, 헐리우드에서 짐캐리로, 짐캐리의 성공에서 자기계발로, 자기계발에서 문학으로, 문학에서 역사로, 역사에서 철학으로 그렇게 꼬리를 물면 된다. 물론 시간은 오래 걸린다. 그러 니 욕심내지 말고 재미있는 책만 골라 읽는다.

베스트셀러나 남들이 추천해주는 책은 그다지 재미없는 경우가 많다. 재미없다면 내가 아직 그 책을 읽을 만한 깜냥을 갖추지 못했다는 뜻이다. 더 읽고 와야 된다는 소리다. 한편, 베스트셀러나 추천도서가 유치해지는 시점이 온다. 이때는 글을 써야 하는 단계다. 그동안 축적된 독서의 양을 바탕으로 글을 써내려가면 된다. 글솜씨가 없어도 계속 써내려가다 보면 괜찮은 글이 되어 나온다.

어떠한 책이고 100% 창작은 없다. 다 조금씩 어디서 따오게 되어 있다. 어떤 책을 읽고 감명받았다면, 이 책을 쓴 저자가 어떤 책을 참조했는지 궁금해질 때가 있다. 참고도서 목록을 보면 그 책 또한 어떤 책을 참조했음을 알게 된다. 다시 그 책을 보게 되고, 이런 과정을 계속 거치는 게 바로 꼬리에 꼬리를 무는 독서다.

꼬리에 꼬리를 무는 독서의 장점은 다른 분야를 넘실댈 수 있다는 점이다. 시를 보지 않던 사람이 시를 보게 되고, 철학을 보지 않던 사람이 철학을, 만화를 보지 않던 사람이 만화를 보게 된다. 그렇게 원류를 따라 올라가면서 책을 읽게 되면 통합적 사고력이 증가된다. 다양한 책을 보니까 가능해지는 거다.

뿐만 아니라 한 분야에 대해 보다 깊이 공부할 수 있게 된다. 예를 들어 미술 분야의 책을 읽다 보면 그와 관련된 미술도서들이 곳곳에 소개된다. 그걸 하나하나 찾아 읽으면 그 분야의 대가가 되는 데 몇 년 걸리지 않는다. 통합적 사고를 할 수 있는 사람 혹은 한 분야의 대가가 되고 싶다면 지금 재미있는 책으로 시작해보자. 누가 알겠는가? 10년 후 위대한 철학자가 되어 있을지.

꼬리 무는 독서를 하다가 어떨 때는 딱 막히는 경우도 생긴다. 흥미가 점점 떨어져서 그런 거다. 재미있었는데, 꼬리를 물다 보니 생각보다 별로인 것이다. 자기계발서를 읽다가 철학으로 넘어왔을 때 그랬다. 자기계발서에 아리스토텔레스나 소크라테스 등 철학자들을 소개하는 책이 있었다. 오호라, 철학자들이 궁금해지네. 그래서 철학을 펴들었다. 근데 웬걸 너무 어려웠다. 한 자기계발서에서 《소크라테스의 변명》이란 책을 소개받았는데, 그게 그랬다. 앞의 몇 장 읽고 그냥 나가떨어졌다. 깜냥 부족이었다. 더 읽고 와야 했던 것이다. 그 책은 우리집에 고이 모셔져 있다가 어디론가 떠나버렸다. 그게 몇 년 전 이야긴데, 아직도 그 당시의 공포로 인해 그 책을 시도하지 못하고 있다. 굳이 재미없는 책 읽을 필요도 없고.

공자의 《논어》도 읽기 힘든 책이었나 보다. 많은 사람들이 《논어》에 관한 책을 쓴 걸 보면 말이다. 《논어》를 읽고도 그 뜻을 이해하지 못하는 사람들을 위해 훌륭하신 분들이 논어를 해석해놓은 책들을 많이 내 놓았다. 《논어》가 힘들면 이 책들을 읽으면 된다. 쉽게 해석해놓은 책들을 하나 둘씩 읽다보면 논어의 본 뜻을 이해할 날이 올 것이다. 또한 내가 생각했던 것과 다른 사람이 생각한 것을 비교해볼 수 있게 되니 더 큰 사고를 할 수 있게 된다. 시골의사 박경철은 논어에 관한 책이 나오면 무조건 본다고 한다. 그는 논어에 관한 책을 모조리 다 봤을 것이다. 그렇게 하나하나 자신만의 논어를 만들어가고 있는 것이다.

책을 읽다가 책속에서 책을 소개받아서 겁도 없이 덤볐다가 나가

떨어지는 것을 두려워하지 말자. 다시 쉬운 것으로 돌아와서 읽으면 된다. 이런 경험을 많이 해봐야 한다. 그래야 세상 무서운 줄 알고 까불지 않는다. 독서를 더 열심히 해야지, 하는 각오를 다지게 된다. 나도 책 좀 읽는데, 라는 거만을 털어버릴 수 있다. 겸손한 자세로 읽다 보면 언젠가는 어려운 책도 술술 읽히는 날이 올 것이다.

한 주제 정해놓고
집중적으로 읽기

●　　　　살다 보면 꽂히는 '단어'가 종종 있다. 그것들은 갑자기
다가오기 마련이다. 젊은이들에겐 사랑일 수도, 어르신에겐 건강이
될 수도 있겠다. 나의 경우엔 '독서'와 '책쓰기'였다. 책을 읽다 보
니 독서에 대한 책들이 눈에 들어왔다. 도서관에 가니 독서에 관한
책들이 생각보다 많았다. 당연히 손이 갔고, 하나씩 탐독해 나갔다.
독서라는 한 가지 주제를 놓고서 여러 작가들이 다양한 소리를 내
고 있었다. A작가는 책은 늦게 읽어라 빨리 읽는 것은 별로다, 라고
말하고 있었고, B작가는 속독을 배워서 많은 책을 섭렵하는 게 좋
다고 말했다. 또한 독서법에 대한 다양한 기법들을 배울 수 있었다.
사진 찍듯이 한 장 한 장 전체적으로 읽는 법부터 시작하여 목차를
읽고 전체를 5분 만에 주루룩 훑은 다음에 다시금 책을 읽는 법까지
다양했다. 저마다 각자의 생김대로 다양한 목소리를 내고 있었다.
다 맞는 이야기였다. 차이가 있다면 그건 취향의 문제였다. 자신의

스타일에 맞는 게 답인 것이다. 책을 빨리 볼 수 있으면 빨리 읽으면 되고, 그게 안 되면 늦게 읽으면 되고, 천천히 음미하면서 읽는 것을 좋아하면 그렇게 하면 된다.

다음으로 책쓰기가 나에게 꽂혔는데, 책을 읽다 보니 책을 내고 싶어졌다. 책쓰는 방법을 배울 길은 책밖에 없었다. 책쓰기에 관해 검색을 해보니, 이 분야에도 많은 책들이 출판되어 있었다. 어디 가서 배울 곳이 없는지라, 나는 책쓰기에 관한 세상에 나온 모든 책을 다 사 보았다. 출판제안서 작성하는 법부터 출판계약 맺는 법까지 다 배울 수 있었다. 역시나 각 작가마다 다양한 소리를 내고 있었고, 공통적으로 강조하는 부분도 보였다.

이렇듯 어떤 주제가 궁금하다면 그 주제에 관한 책을 거의 다 읽어보아야 한다. 단 몇 권 읽고서 판단해서는 안 된다. 정답은 없다. 사람마다 주장하는 바가 다르기 때문에 책 몇 권 읽고서 그것만 믿으면 편협해질 수 있다. 늙은 사람이 쓴 책도 읽고, 젊은 사람이 쓴 책도 읽어봐야 한다. 각기 생각하는 바가 다르다.

다양한 소리를 들어야 한다. 예를 들어, 책쓰기에 관한 강의를 수십만 원 주고 들었다고 치자. 그걸로 끝나서는 안 된다. 왜냐면, 책쓰기에 대한 방법은 엄청나게 방대할 텐데, 강사 한 명의 말만 듣고 그대로 따라하는 것은 어쩐지 외줄을 타는 느낌이다. 강의도 열심히 듣되, 다른 소리를 내는 다른 사람의 목소리에도 귀 기울일 필요가 있다. 가장 쉽게 접근할 수 있고, 가장 저렴한 것이 바로 책이다. 한 주제를 정해서 여러 책을 읽다 보면 그들이 공통적으로 강조하는 것이 눈에 띈다. 그런 것이 정말 중요한 것이다. 그러나 서로 다른 의견을 내는 부분을 만날 때도 있다. 그럴 때는 다른 여러 책을 읽으면서 나만의 생각을 정립해 나가야 한다.

내 기억이 맞다면 세계적인 경영학자 피터 드러커(1909-2005)는 3~4년마다 새로운 주제를 정해서 공부했다고 한다. 그렇게 몇 년씩 한 주제를 정해놓고 공부를 하니 그는 두루 아는 것이 많아졌고, 통섭의 능력을 가질 수 있었다. 한 분야에 3~4년 정도 투자하면 당연히 박사수준은 될 것이다. 다행스럽게도 그는 장수하였다. 97세까지 살면서 여러 방면에 걸쳐 공부를 했다. 우리는 그렇게까지 하지 않아도 된다. 적어도 한 주제에 관해 책 30권 정도만 읽어도 편협해지는 것을 피할 수는 있다. 여기서 조금 더 나아가면 시중에 나와 있는 책을 다 읽어보면 더욱 좋겠다.

한 가지 주제를 정해놓고 다양한 책을 읽다 보면 읽는 속도가 빨라진다. 첫 권은 더디겠지만, 읽으면 읽을수록 비슷비슷한 소리를 계속 듣게 되고, '아, 이 얘기 다 알아, 패쓰~' 하면서 건너뛸 수 있게 된다. 저자들이 공통적으로 말하는 부분은 자동적으로 몸에 흡수된다. 다만 다르게 말하는 부분에 관해서는 고찰이 필요해진다. 나중에는 다르게 말하는 부분을 찾기 위해서 책을 읽는다고도 말할 수 있다. 그래서 책 30권 정도 읽는 것은 생각보다 오랜 시간이 걸리지 않는다.

주제를 잡고 여러 권의 책을 섭렵하다 보면, 자신만의 생각이 발생된다. 여러 사람이 쓴 것들을 종합하고 편집하고 요약하는 과정에서 자신만의 생각이 자동적으로 생기는데, 이것을 글로 적어 옮기면 그게 바로 책이 된다. 세상에 나온 책쓰기에 관한 책을 모조리 다 섭렵한 후 종합적으로 정리하여 나만의 생각을 덧붙이면 그보다 더 좋은 책쓰기에 관한 책은 없을 것이다. 책쓰기에 대한 최종판 완벽정리 책이 되는 것이다. 만약 어떤 분야가 궁금해서 책을 검색했는데, 한 권도 없다면? 바로 그 분야를 개척해서 책을 쓰면 된다. 선구자가 되는 것이다. 행운 잡은 거다.

철학자 강신주는 세상에 있는 책은 내지 말라고 했다. 책을 두루 읽다가 아무도 '그것'에 관해 쓴 책이 없다면 '그것'을 쓰라고 했다. 그게 책 쓰는 방법이라고 말했다. 다른 사람들도 써 놓은 것에 자신의 것까지 보태지 말라는 말이다. 그래서 나도 한때 그렇게 살려고 노력했다. 그런데 세상을 향해 꼭 하고 싶은 말이 있지 않은가, 같은 주제라고 해도 나만의 소리를 내고 싶지 않은가. 그래서 나는 요즘은 '생각'에 꽂혀 있다. 이미 생각에 관해서 수많은 책이 존재하지만, 나는 나만의 목소리로 생각에 관한 책 한 권을 세상에 보태고 싶어졌다. 강신주의 말과 반대되는 행동인 것이다. 강신주를 꽤 존경은 하지만 꼭 그가 하는 말을 따라야 하는 것은 아니지 않은가. 하고 싶은 소리가 있는데 그걸 어떻게 꾹꾹 눌러 참는가 말이다. 그래서 나는 요즘 '생각'을 읽고 있다. 세상에 나온 생각이라는 책은 모조리 흡수중에 있다. 언젠가는 그에 대한 책이 나올 것이다. 쓰레기가 될지 보석이 될지는 독자분들이 판단해주실 터.

내가 생각에 관한 책을 모조리 사 모으기 시작하자 아내가 태클을 걸었다. 나의 책 보는 스타일이 맘에 들지 않는다고 한다. 아내는 내가 책을 대충 본다고 생각하나 보다. 책 값이 무진장 아깝다고 한다. 그도 그럴 테지. 어떤 책은 30분만에 다 읽고 던져두니. 한 번에 10권 이상 주문해서 3일도 안 돼서 다시 주문을 하니 속이 터질 테지. 그래서 얼마 전에는 헌책으로 죄다 구입하려고 했다. 인터넷 헌책방을 돌아다니면서 20권을 주문하려는 찰라, 아내가 막아섰다. 업체가 달라 배송비가 책값의 1/3이 넘었기에 돈이 아깝다는 거다. 나는 싼 책을 찾아 이리저리 돌아다닐 시간이 더 아깝다고 생각하는데, 아내는 시간보다는 돈이 더 중요한가 보다. 정작 돈은 내가 벌어오는데 말이다. 언젠가는 실컷 사 볼 수 있는 날이 올 테지. 기대해본다.

동시에 여러 권 읽기

●   텔레비전에 미쳐 살 때를 회상해보자. 7시에 A드라마 보고, 끝나면 채널 돌려서 8시에 B드라마 보고, 끝나면 C드라마를 시청했다. 여러 가지 드라마를 봐도 헷갈리지 않고 잘 봤다. 이건 책도 가능하다.

책을 읽기 시작하면, 그 책을 다 읽을 때까지 잡고 있을 이유가 없다. 드라마 보는 것처럼 여러 가지의 책을 보면 된다. 내가 아는 어떤 사람은 책 보기를 무슨 영화 보듯이 본다. 책을 한번 손에 들면 그 책을 완독할 때까지 읽는다. 책을 끊어서 못 읽는 것이다. 이런 사람은 20부작 드라마도 하루 날 잡아서 한번에 쭉 볼 것이다. 20부작이면 20시간이면 가능한데, 50부작이면 어떻게 할지 사뭇 궁금해진다. 책도 드라마처럼 볼 수 있어야 한다. 한번에 다 못 읽는다고 해서 그 감흥이 떨어지는 것이 아니다. 조금 읽다 보면 드라마 보는 것처럼 감흥이 또 살아나게 된다.

우리집을 보면, 침실 협탁에 두세 권의 책이 놓여 있고, 거실에 두세 권, 화장실에 한 권, 작은 방에 한 권, 식탁에 한두 권, 자동차에 두세 권의 책이 놓여 있다. 장소를 옮길 때마다 그곳에 있는 책을 읽는 방법이다. 여러 권의 책을 조금씩 읽어도 전혀 헷갈리지 않는다. 이렇게 읽다 보면, 그 중에서 제일 맘에 드는 책이 들어올 때가 있는데, 이런 책을 만나면 계속 들고 다니면서 그 책만 읽기도 한다.

될 수 있으면 여러 권을 동시에 읽을 때는 책의 종류를 달리해주는 것이 좋다. 아홉 권 모두 자기계발서로 고르지 말고, 철학 두 권, 소설 한 권, 수필 세 권, 자기계발서 한 권, 시 한 권, 역사 한 권 이런 식으로 책을 빌리는 것이 바람직한데, 사실 쉽지 않다. 결국 자신이 좋아하는 책만 보고 반납하게 된다. 하긴 아홉 권 모두 소설을 골랐다고 한들 뭐 어떤가. 소설도 소설마다 각기 색깔이 다르다. 그냥 때와 장소에 따라 읽어주기만 하면 된다. 우리 머리가 그리 멍청하지 않다. 보통 스토리가 있는 경우라면 뇌는 거의 헷갈려하지 않는다. 그러니 자신의 뇌를 믿고 여러 가지 책을 읽는데 겁내지 말자.

나처럼 하나를 진득이 못하는 사람들에겐 괜찮은 독서법이다. A책을 조금 읽다가 재미가 없으면 곧바로 B로 갈아탄다. B가 재미가 있으면 계속 읽고, 저자가 이상한 소리를 할 때쯤 C로 바꿔준다. 억지로 머리에 넣으려고 노력하지 않고 그냥 무시하는 작전이다. 그러다 어느 날 갑자기 막혔던 A책을 다시 꺼내든다. 그러면 이상하게도 잘 읽히는 날이 있다. 그땐 A책을 마구 읽게 된다. 억지로 쑤셔넣을 필요가 없는 거 같다. 아직 때가 도래하지 않았을 뿐인 거다.

요즘은 도서관에 갈 시간조차 없어서 스마트폰으로 책을 다량으로 다운받아서 보고 있다. 열 권 정도를 동시에 보곤 한다. 일단 꽂히는 제목의 책은 그냥 다운받는다. 승률은 반반. 어떤 책은 제목만 좋았지 내용이 별로 없다. 그런 책은 조금 읽다 버린다. 아깝지 않다. 아니, 많이 아깝지만 아까워하지 않는다. 다른 좋은 책 만날 거라 기대하는 것으로 보상받는다. 나는 책을 고르는데 많은 시간을 쓰지 않는다. 대충 고르고 읽다가 아니다 싶으면 버린다. 정교하게 책을 고를 시간에 책을 읽는다. 아무리 정교하게 책을 고른들 내 구미에 딱 맞는 책을 고를 수는 없기 때문이다. 그래서 책값이 만만치 않다. 이 책값을 벌기 위해서 열심히 일을 해야 한다. 책이라도 자유롭게 볼 수 있게 돈을 많이 벌어야 한다. 그런 사치라도 부려야지 각박한 세상 어찌 살겠누.

　책 한 권도 제대로 읽지 못하는데 어떻게 여러 권을 동시에 읽을 수 있겠는가, 반문하는 독자들이 있을 것이다. 나와는 전혀 상관없는 세상의 일이라고 치부하며 이 페이지를 그냥 넘길지도 모르겠다. 근데, 내가 책을 읽다 보니까 이 방법이 독서초보들에게는 꽤 괜찮은 방법이라는 생각이 들었다. 책 한 권에 올인하지 않고 그냥 무심한 듯 책을 읽으면 책과 더욱 친숙해지게 된다. 정교하게 이 책을 읽을까 저 책을 읽을까 고민하다가 진 빼고, 책을 사 놓고서 토씨 하나 빠뜨리지 않고 본전 뽑을 생각에 정독하며 진 빼고, 다 읽고서 독서노트 작성하면서 진 빼는 작업을 계속하면 책 읽는 것 자체가 고통스러워진다. 그냥 쉽게 하자. 읽다가 싫으면 그냥 툭 던져버리고 다른 책을 무심히 보는 거다. 싫증나면 다른 책 보면 되는 거다.

그렇게 여러 권을 동시에 읽다 보면 보다 사고가 넓게 확장된다. 내가 몰랐던 분야도 슬쩍 건드려보게 되고, 몰랐는데 그 분야가 정말 나와 맞는 것임을 깨닫게 되는 경험도 할 수 있다. '전자기'에 대해서 전혀 관심도 없고 몰랐는데 여러 권을 대충 읽으며 생각보다 재미있는 분야라는 것을 알게 된다는 말이다.

책은 권투에서 잽을 툭툭 던지듯이 무심하게 읽으면 된다. 정교하게 스트레이트를 멕이려고 노리고 있지 말고 대충 읽는 거다. 세상의 온갖 책들이 성경이나 논어나 법구경처럼 다 가치가 있지 않다. 나 같은 작자들도 책을 쓰지 않았던가. 여러 권을 대충 읽어보자. 그러다 보면 뭔가 건지게 될 것이다.

두꺼운 책은 찢자

●   두꺼운 책들이 있다. 그냥 딱 보기만 해도 읽고 싶은 마음이 전혀 생기지 않는 책들이다. 그런 책을 쓰는 저자들은 도대체 얼마나 수다쟁이길래 저리도 무지막지하게 책을 썼을까 싶을 정도로 정이 떨어지는 책들이다. 이런 책들은 읽기 싫으면 안 읽으면 된다. 하지만, 꼭 읽어야 될 책이라면 좋은 방법이 없을까?

두꺼운 책들은 쪽수만큼 읽는 시간도 많이 걸린다. 두껍기 때문에 어디 들고 다니기도 불편하다. 이를 해소할 좋은 방법이 있다. 분권을 하는 것이다. 챕터별로 찢어도 되고, 10장씩 찢어도 된다. 두꺼워서 책장에 두고 안 읽을 바에는 없어지더라도 찢어서 읽는 게 남는 거다. 가벼우면 가지고 다니기도 편하고, 한결 가벼운 마음으로 책을 대할 수 있다.

한 장을 읽고 나서 박박 찢어서 쓰레기통에 버린다. '이런 쓰레기 같은 내용을 쓰려고 이렇게도 두꺼운 책을 썼어?' 라고 화풀이해도 좋다. 읽고서 입에 넣고 잘근잘근 씹어 뱉어도 좋다. 시간이 지날수록 그 두꺼웠던 책은 점점 얇아진다. 얇아지는 책을 보면서 정복욕을 채워도 좋다.

만약 책을 읽다가 내용이 너무도 난해해서 읽기가 싫어지면 읽지 말자. 이 책 말고도 읽을 책은 세상에 널려 있다. 하루에 출간돼서 나오는 책만 해도 수백 종이 된다고 한다. 아무리 책을 빨리 읽어도 매일매일 서점으로 쏟아져 들어오는 책을 다 읽을 수는 없다. 그리고 이런 재미없고 두꺼운 책들은 절대로 10분 이상 읽지 말자. 머리만 아프고 뭔 내용인줄도 모른다. 10분만 읽고 다른 책을 보자. 매일 10분씩 읽다 보면 1년 후? 또는 몇 년 후면 다 읽을 수 있다.

보통 두꺼운 책들은 난해하다. 난해한 책에 접근하는 가장 좋은 방법은 낭독이다. 소리내어 읽기 시작하면 내용이 머릿속으로 확 들어오는 것을 경험하게 된다. 이때부터는 그냥 눈으로만 봐도 무방하다. 그러다 다시 난해한 문장을 만나면 또 소리내서 읽어본다. 소리를 내서 읽으면 또 내용이 확 들어온다. 처음부터 끝까지 낭독을 할 수 있으면 좋겠지만, 거의 불가능하다. 목소리가 쉰다. 또한 낭독을 계속하면 오히려 내용이 머리에 들어오지 않는 것을 느낄 수 있다. 그저 낭독한다는데 집중이 되어 오히려 역으로 책엔 집중이 되지 않는 것이다. 낭독과 묵독을 병행하면서 읽는 게 좋다.

두꺼운 책이라 가격이 만만치 않을 것이다. 이런 책은 도서관에서 빌려도 2주 동안 다 읽을 수도 없다. 결국 정말 읽고 싶다면 살 수밖에 없는데, 보통 2~3만원으로, 다른 책에 비해 두 배에 해당하니

찢기에 부담이 갈지도 모르겠다. 이런 방법도 있다. 끊어 읽으면 된
다. 독서대에 그 책을 거치시킨다. 독서대가 없으면 책상에 펴 놓는
다. 그리고 매일 조금씩 읽는다. 하루에 1쪽도 좋고, 2쪽도 좋다. 화
장실에서 봐도 좋다. 화장실에 스마트폰 들고 가지 말고, 두꺼운 책
을 놓고서 보자. 아, 화장실에서는 두껍고 어려운 책보다는 밝고 유
쾌한 책이 맞을지도 모르겠다. 하여튼, 찢어서 분권하기 싫으면 한
곳에 거치시켜 놓고 야금야금 읽을 수도 있다.

물론, 다 안 읽어도 좋다. 목차를 보고서 읽고 싶은 부분만 골라서
읽어도 된다. 우리는 남과 이야기할 때 그 이야기를 100% 전부 다
새겨듣지 않는다. 학교에서 수업을 들을 때 선생님의 말씀을 100%
다 듣지 않는다. 중간중간 딴 생각도 들고, 옆사람과 잡담도 하고,
다른 곳을 응시하기도 한다. 이와 마찬가지로 책의 모든 글자를 읽
어야 한다는 강박을 버리고, 읽고 싶은 부분만 골라서 읽어도 좋다.
책값이 아까우니 본전 생각에 다 읽으면 더 좋은 거구.

요즘은 스마트폰으로 책을 볼 수 있는 세상이다. 두꺼운 책도 기
꺼이 폰에 넣어 쉽고 간편하게 볼 수 있게 되었다. 굳이 분권하지 않
아도 되는 좋은 세상이 온 것이다. 아무리 무겁고 두꺼운 책이라 해
도 스마트폰에 넣으면 그 무게를 느낄 수 없다. 책의 무게에서 벗어
날 수 있다. 스마트폰에 책을 20권 저장하든 1,000권을 저장하든 무
게는 똑같으니 이 얼마나 획기적인 세상이란 말인가. 화면에 보여
지는 대로 야금야금 읽기만 하면 된다.

예전에 학교 다닐 때에는 두꺼운 책은 세 권, 네 권으로 분권해서 다녔다. 책들이 많아서 일일이 갖고 다니기에 무거웠기 때문이다. 요즘 학교엔 캐비닛이 있어서 편한데, 내가 학교 다닐 때는 그냥 다 짊어지고 다녔다. 분권은 자연스러웠다. 분권의 단점은 앞의 내용을 살펴볼 수 없다는 데 있다. 이 점만 없으면 분권으로 책에 대한 부담감을 줄이는 것도 독서에 도움이 될 것이라 생각한다.

분권을 좋아하다 보면 극한으로 치닫게 되는데, 이때는 한 장씩 갖고 다닌다. 한 장 북 찢어서 주머니에 넣고 다니면서 틈날 때마다 본다. 휴대하기도 좋고 가독성도 좋아진다. 언제든지 후딱 읽을 수 있고 가볍게 버리기도 편하다. 이렇게 읽으면 고도의 집중력이 생긴다. 이 페이지를 나중에 볼 수 없다고 생각하면 집중해서 책을 읽게 된다. 책을 다 읽은 후엔 그 책을 다시 사서 집안에 고이 모셔둔다. 그때 그때 찾아볼 때나 생각을 불러올 때 필요하기 때문이다. 아니면 독서노트를 작성해서 기억을 잡아놓는 방법도 있겠다.

그런데 이상하게도 두꺼운 책들은 난해하다. 아직 내가 그런 책들을 읽을 깜냥이 안 되든지 아니면 그러한 책을 쓴 저자들이 이상하든지 둘 중 하나일 것이다. 나는 순전히 내 책임이라는 생각으로 두껍고 어려운 책을 대하곤 한다. 언젠가는 술술 읽히겠지, 언젠가는 잘 읽어나갈 수 있겠지 하는 희망을 갖는다. 그러나 큰 기대는 하지 않는다. 안 읽히면 읽히는 책 읽으면 되니까. 책 읽는 것조차 스트레스 받아가면서 읽고 싶지는 않다. 그래도 10년이 지난 후에 다시 만나게 되면 술술 읽을 수 있지 않을까 하는 희망을 가져본다.

어떤 책은 처음부터 끝까지
읽지 않아도 된다

● 　책을 다 읽을 필요는 없는 것 같다. 책에도 80대 20의 법칙이 성립되기 때문이다. 물론, 문장 하나하나에 혼신을 불어넣는 문학작가들의 문학작품들은 예외로 한다. 한 문장을 가지고 석 달 동안 고민하는 게 문학작가들이다. 문학작품에 80대 20의 법칙을 적용해서 읽는다는 건 말이 되지 않는다. 스토리가 있고, 서사가 있기 때문이다. 처음부터 끝까지 한줄 한줄 음미하면서 읽어야 하는 문학작품은 여기서 제외하기로 하자.

　문학작품을 제외한 책들의 거의 대부분은 80대 20의 법칙에 적용된다. 80대 20의 법칙은 파레토의 법칙이라고도 하는데, 전체의 20%가 나머지 80%를 대표한다는 의미다. 또는 전체 결과의 80%가 전체 원인의 20%에 의해 일어난다는 얘기다. 전체의 20%는 핵심이고 나머지 80%는 껍데기라는 뜻이다. 예를 들어, 습관이라는 주제로 글을 쓰게 되면, 작가는 습관에 관한 자신의 핵심 주장을 말하기 위해 80%의 신변잡기적인 이야기로 책의 분량을 만든다. 즉, 책이 300쪽이면 핵심인 60쪽을 빼고 나머지는 책의 분량을 만들기 위해 여기 저기 다른 말들을 따서 분량을 채우거나, 여러 신변잡기적인 이야기로 책의 분량을 채운다는 말이다. 따라서 이런 책을 읽을 때는 핵심만 파악해서 읽으면 된다. 정말 이 책의 저자가 말하고 싶어하는 게 무엇인지 그 내용만 발췌해서 읽으면 된다. 발췌는 어렵지 않다. 목차를 쭉 읽으면서 저자가 정말로 하고 싶은 말이 뭔지 찾아보면 톡 튀어나온다. 그것만 읽어도 책 한권 뚝딱 읽을 수 있다. 사실 그 이외의 내용들은 앞서 말했지만 책의 분량을 채우기 위해 쓴, 별로 중요하지 않은 80%의 글들이다.

책의 종류에 따라 다르겠지만 어떤 책들은 문학작품이 아님에도 불구하고 처음부터 끝까지 놓지 못하게 만드는 힘을 가진 책이 있다. 챕터별로 각각의 주제로 채워진 책들이 여기에 속한다. 예를 들어 100가지의 이야기를 하는데, 모두 각각의 다른 내용을 담은 책들이 그렇다. 이런 책들은 하나하나가 다른 내용이어서 여기에는 파레토의 법칙이 성립되지 않는다. 다만, 각 챕터별로는 성립될 수 있는데, 꼭지별로 내용이 그리 길지 않기 때문에 크게 걱정할 필요는 없다. 챕터별로 각각의 다른 주제를 가지고 이야기하는 책은 절대로 하루에 끝내려고 하지 말자. 이런 책들은 두고두고 봐야 할 책이다. 이런 책을 하루 혹은 이틀에 끝내려고 하는 건 어리석은 짓이다. 이런 책들의 저자도 독자가 하루아침에 뚝딱 해치우는 걸 좋아하지 않는다. 천천히 음미하는 게 좋다.

문학작품을 파레토의 법칙을 적용해서 읽으려는 얼간이를 봤다. 나다. 문학작품에서도 작가가 말하고 싶어 하는 내용은 분명히 존재한다. 하지만 제목만 보고 챕터별로 그걸 파악하기란 정말 쉽지가 않다. 문학작품은 서사이기 때문이다. 서사는 곧 이야기를 말하는데, 이야기를 쭉 들어야지, 한 단면만 읽고서 진의를 파악하기란 쉽지 않다. 무엇을 주장하거나 무엇을 조언하는 책이 아닌 문학작품에서는 전체적으로 통독을 한 뒤에야 그 뜻이 스멀스멀 기어나오기 마련이다. 문학작품은 한 줄 한 줄 읽으면서 감상하는 것이지, 핵심을 파악하려고 띄엄띄엄 읽는 게 아니다.

파레토의 법칙 이야기가 나왔으니 좀 더 해보자. 80%는 껍데기, 20%는 알맹이다. 그 20% 안에는 또 파레토의 법칙이 성립된다. 즉, 300쪽의 책에서 20%인 60쪽이 작가가 정말로 하고 싶은 말인데, 그 60쪽 안에서도 파레토의 법칙이 성립된다는 얘기다. 20%인 12쪽이 정말 핵심이고, 나머지 48쪽은 껍데기라는 말이다. 더 들어가 보면 12쪽에서도 파레토의 법칙이 성립된다. 2.4쪽이 알맹이고 나머지는 껍데기가 된다. 이렇게 들어가다 보면 300쪽 책에서 정말 핵심 엑기스를 뽑아낼 수 있는데, 이렇게 뽑아낼 수 있다면 책 한 권 잘 읽었다고 할 만하다. 이런 재주는 책을 많이 보면 자연히 생기는 능력이고, 책 읽는 시간을 굉장히 단축시켜준다.

그러면, 책 읽는 시간을 단축시킬 수 있는 방법을 알아보자. 사실 어떻게 보면 출판사에서 광고하는 한 줄의 카피가 책의 전부를 나타내는 말이 된다. 그게 신통치 않으면 책의 날개에 쓰여 있는 글들이 책의 핵심이다. 날개가 부족하다 싶으면 목차를 살피면 된다. 목차를 읽다가 뭔가 강하게 뇌리를 때리는 부분이 있다. 그 부분만 완전히 자기 것으로 만든다면 그 책은 온전히 자기 것이 된다. 다 읽을 필요가 없다. 자신의 뇌리를 때리는 부분을 완전히 이해하고, 자기 것으로 체화하면 그게 바로 제대로 된 책읽기다. 처음부터 끝까지 꼼꼼히 다 읽고 나서 끝내는 독서보다는 백번 낫다. 책읽기의 완성은 사색과 행동화에 있다. 어떤 책이든 뇌리를 강하게 때려줄 부분은 반드시 하나 정도는 있다. 이것만 챙겨 봐도 책을 잘 읽는 것이다. 아무리 허접쓰레기같은 책이라도 반드시 하나 정도는 뇌리를 때려줄 부분이 있다. 바로 이런 부분을 찾아 읽고 자기 것으로 체화하는 것이 올바른 책읽기 방법이다. 재미있게도 '습관'에 관한 책에서 '노력'의 중요성에 대해 배웠다 해도 책을 잘 읽은 것이다. 뭐든 하나 배우면 주제가 달라도 잘한 독서가 된다.

독서초보들은 책을 한 글자도 빠뜨리지 않고 처음부터 끝까지 읽는다. 참 열심이다. 그리고 나서 책이 무엇을 말하는지 알지 못한다. 열심히 했는데 결과가 없는 것이다. 문맥을 이해하지 못하고 그냥 글자만 읽어서 그렇다. 초보때는 누구나 그렇다. 그러니까 너무 염려하지 않아도 된다. 다 그런 과정을 겪은 후 책도 잘 읽게 되는 것이다. 그런 식으로 책을 계속 보다 보면 나중엔 단어(혹은 띄어쓰기)로 책을 읽게 된다. 한 글자씩 보던 것보다 시야가 넓어진 것이다. 이런 과정을 겪으며 나중에는 구문(혹은 구절)으로 보게 되고, 나중에는 문장으로 보게 된다. 더 시간이 흐르면 문단으로 볼 수 있으며 더 시간이 흐르면 쪽으로 볼 수 있게 되고 시간이 더 흐르면 그냥 딱 펴자마자 책의 핵심구절을 찾을 수 있게 된다. 우스갯소리처럼 들리지만 그렇게 된다.

보통의 단행본을 한 권 읽는데 빠르면 1~2시간, 보통 5~6시간, 늦어도 3일이면 다 읽을 수 있다. 빠르게 읽고 느리게 읽고는 사실 중요한 게 아니다. 문제는 제대로 읽었느냐다. 밥을 빠르게 먹는 것과 느리게 먹는 것의 차이가 무슨 의미가 있겠는가. 단지 얼마나 소화를 잘 시켜서 몸에 이롭게 영향을 미쳤느냐가 중요한 것이다. 음식이야 모든 것이 다 피가 되고 살이 되겠지만, 독서는 다 먹을 필요는 없다. 정말 영양가 가득한 몇몇 개만 먹어주면 된다.

파레토의 법칙을 명심하고 읽으면 보다 효율적으로 독서할 수 있게 된다. 그런 면에서 나는 책을 쓸 때 파레토의 법칙대로 쓰지 않으려고 노력한다. 모든 꼭지의 글들이 다 중요하게끔 쓰고자 한다. 파레토의 법칙대로 영양가만 쏙 빼먹고 도망가는 독자를 잡기 위함이다. 저자 입장에서야 독자가 자신의 글을 토씨 하나 빠뜨리지 않고 다 읽어준다면야 얼마나 감격스럽겠는가. 그러나 독자로서 별 영양가도 없는 책을 그렇게 읽을 필요는 없을 성싶다.

003

지극히 개인적인
양계장 김씨의
독서에 대한 잡생각

능동적 행위

● 　　독서야말로 능동적이며 적극적인 행위다. 자꾸 텔레비전을 예로 들어 미안한데, 텔레비전은 수동 그 자체다. 푹신한 소파와 더불어 텔레비전은 우리를 완전 수동형 인간으로 만들어준다. 누워서 이리조리 채널만 돌려주면 된다. 멍하니 그냥 그들이 하는 쇼나 구경하면서 웃어주면 된다. 별 생각도 필요 없다. 생각할 시간을 주지도 않지만 생각할 필요성도 못 느끼게 만든다.

그러나 독서는 얼마나 사람을 능동적이며 적극적으로 만드는가. 딴 생각을 하면서 절대로 책을 읽을 수 없다. 편하게 누워서 읽더라도 책장만큼은 내가 넘겨야 한다. 돈 많으면 조수 하나 두고 책장 넘기라고 하면 되겠다! 집중력이 떨어지면 책 내용을 이해하지 못해 다음 장으로 넘어갈 수도 없다. 책이란 놈은 사람을 피곤하게 만들 줄 안다. 그냥 쉽게쉽게 얻어가지 못하게 한다. 그래서 대다수의 사람들이 책보다는 편하게 텔레비전을 택하는 것이다.

아무리 미디어가 판을 치는 세상이어도 책 읽을 사람은 읽는다. 미디어가 줄 수 없는 책만의 고유한 것이 있기 때문이다. 아무리 자동차 시대라도 꼭 걷는 것을 고집하는 사람들이 있는 것과 같다. 세상이 점점 편해지고 수동적이 되더라도, 그것을 거부하고 사서 고생을 하거나 능동적인 삶을 살아가기 위한 사람들이 있다. 바로 이들이 책을 읽는다. 책 읽는 것이 얼마나 피곤한 작업인가. 책장 넘겨야지, 책 보면서 대화할 수 없지, 딴 생각이 들면 책 내용이 들어오지 않지, 막히는 부분이 있으면 잠시 책장을 덮고 생각해줘야지. 책은 매순간 골통을 굴려주지 않으면 절대로 이해할 수 없는 작업을 강요하고 있다. 책의 매력이다.

텔레비전에서 나오는 영상은 잠시도 틈을 주지 않는다. 만든이 마음대로 편집해서 계속 내용을 보내준다. 잠시 생각하고 싶다가도 다음 장면이 나오기 때문에 생각할 겨를이 없다. 무한한 정보만 쏟아져 나오게 된다. 생각할 시간이 없으니 그것을 온전히 내것으로 받아들이기에는 한계가 있다. 그냥 왔다가 그냥 나간다. 그러나 책은 어떤가. 뭔가 껄쩍지근한 부분이 있으면 읽는 것을 멈추면 된다. 책장을 덮고 잠시 생각할 시간을 확보할 수 있다. 내가 주인이 될 수 있는 거다. 텔레비전 영상도 중간에 끊고 볼 수 있지만, 그러는 사람을 본 적이 없다. 그냥 흘러가는 대로 내버려둘 뿐이다. 다분히 수동적이다.

책을 많이 읽는 사람은 능동적인 사람이다. 자연스레 그렇게 된다. 능동적이지 않고서는 책을 읽을 수가 없다. 그에 비해 텔레비전을 많이 보는 사람은 수동적인 사람이다. 자연스레 그렇게 된다. 텔레비전을 보는 데는 능동적일 필요가 없다. 책 읽는 사람은 능동적이며, 적극적이 되고, 생각하며 인생을 산다. 반면 텔레비전 보는 사람은 점점 수동적이 되며, 소심해지고, 생각 없는 삶을 살게 된다. 물론 좋은 교양 프로그램도 꽤 많다. 그러나 대부분 교양 프로그램만 보고 텔레비전을 끄지 못한다. 이것저것 보다가 텔레비전 속으로 쏙 빨려 들어간다. 그게 문제다. 그냥 가만 있으면 알아서 생각해주고, 재미있게 해주니 능동적일 필요가 전혀 없는 것이다. 삶의 자세가 점점 그렇게 된다. 악순환이다.

세상을 적극적이고 능동적으로 살고 싶다면 책을 읽어야 한다. 책을 읽으면 그런 태도가 자연스레 몸에 밴다. 선순환의 고리에 발을 들여놓아야 한다. 세상에서 제일 쓸데없는 걱정이 연예인 걱정하는 거다(세 번쯤 말한 거 같다). 이런 쓸데없는 걱정까지 안겨주는 텔레비전을 계속 봐야 하겠는가. 물론 다 그렇다는 것은 아니다. TV를 보고 나서 그것에 관해 생각을 하기는 한다. 오랜 감흥을 느낄 수도 있고, 나온 장면을 기억하면서 창의적인 아이디어를 도출할 수도 있다. 독서도 마찬가지다. 생각할 시간을 주지 않고 읽기에 급급한 나머지 계속 읽기만 한다면 TV보는 것과 별반 다르지 않다. 책 한 권 뚝딱 읽고 나서 뭘 읽었는지 모를 때가 있는데 바로 그런 경우다. 속독이나 다독의 함정에 빠지게 되면 이런 경험을 자주 하게 된다.

책을 읽는 사람이 능동적이기는 하지만 다 그렇지도 않다. 책 읽는 것 자체가 어찌 보면 가장 게으른 행위일 수도 있다. 다른 일은 안 하고 방구석에서 책만 읽는 사람이 능동적인 사람이겠는가. 책 읽는 게 좋아서 사람 만나는 거 싫어하고, 학교 가기 싫어하고, 회사 가기 싫다면 그건 분명히 능동적인 사람이 아닐 것이다. 독서도 적당히 해야 한다. 독서에 파묻힌다고 해서 그 사람이 멋져보이기만 하는 건 아니다. 할 일도 해가면서 독서해야 멋져보인다. 만약 내가 생계도 내팽개치고, 허구한 날 집구석에서 책만 붙들고 있어봐라. 3 일도 못가서 아내가 어떻게 변할지 안 봐도 뻔하다.

나는 TV에 대해서 부정하는 편인데, TV도 프로그램 나름이다. 시사, 교양, 다큐멘터리, 강의 같은 프로그램은 매우 유익하다. 책이 도저히 따라갈 수 없는 매력이 존재한다. 어떤 면에서는 책보다 강력하다. 배울 점도 충분하다. 어떤 유식한 일본인은 이런 말을 했다.

"내가 이렇게 유식해진 이유는 다 TV시청 때문이었다."

이 사람처럼 TV를 잘 이용하면 충분히 독서를 대신할 만하다. 그러나 내가 TV를 끝까지 긍정할 수 없는 부분이 있는데, 그건 쓸데없는 프로그램이 우리를 유혹하기 때문이다. 좋은 교양 프로그램만 보고 TV를 끌 수 있다면 계속 TV를 애용하면 된다. 그러나 보통 그렇지 못하다. 다른 프로그램에 현혹되어 자신도 모르게 시간을 낭비한다. 그 점 때문에 나는 TV를 경계한다. 나 같이 의지박약하거나 유혹에 절대취약한 사람들에게 TV는 약보다는 악이 될 가능성이 크다.

예전에는 TV를 더 혐오했었다. 어느 날 교장선생님으로 계시던 아내의 큰아버지를 만나게 되었다. 존경스러운 교육자셨다. 나와 아내와 큰아버지가 같이 있던 자리였다. 무슨 말을 하다가 우리집에는 TV가 없다는 걸 말하게 되었는데, 나는 내심 큰아버지에게 칭찬을 받으리라는 기대를 했다. 그러나 내 의도와는 다른 말씀이 돌아왔다.

"TV도 잘 보면 좋지. 안 본다고 능사가 아니지."

그분이 돌아가신 지 몇 해 되었지만 아직도 그 말씀이 생생하다. 곱씹을수록 맞는 말씀이다.

그러나 아직 내게는 그런 공력이 없다. TV를 집안에 놓는 이상 우리집 사람들은 분명 TV의 마력에 푹 빠지게 될 것이 분명하다. 대화는 단절되고, 단편적인 웃음소리만 자작하겠지. 추운 겨울날에 TV를 베란다로 옮겨봐라. 그 추운 날에도 TV 앞에 앉아서 손 호호 불면서 볼 것이다. 똥 냄새 나는 화장실에 놔봐라. 아무리 냄새가 지독해도 거기서 밥 먹으면서 TV 볼 것이 뻔하다. 그래서 나는 앞으로도 TV를 집에 놓을 생각이 추호도 없다.

꼰대

● 책을 잘못 읽으면 점점 고집불통이 되어간다. 자신이 좋아하는 책만 읽다 보면 딱 이 꼴이 난다. 책을 읽으면서 어떤 사고가 정립되었는데, 그에 관한 책을 계속 읽으면서 점점 그 사고를 확립해 나가게 된다. 반대되는 얘기도 들어봐야 하는데 점점 자신이 세운 사고를 확고하게 할 내용들의 책만 접하게 된다. 자신이 정립한 논리에 사로잡혀, 반대되는 얘기는 아예 거부하거나 읽어도 나름의 논리를 대가며 반대하고 한쪽으로 치워버린다. 이는 책을 읽으면 읽을수록 더욱더 강해진다. 책을 잘못 읽고 있는 거다. 이럴 때의 독서는 바람직한 것이 아니라 '악(惡)'이 된다.

책을 넓게 봐야 한다. 여러 사람의 의견을 듣고서 종합적이고 체계적으로 사고를 정립해야 된다. 철학자 니체의 말만 듣고 모든 것을 거기에 잣대를 맞추는 것은 바람직하지 않다. 괴테도 읽어보고, 칸트도 읽어보고, 공자도 읽어보고, 예수도 읽어봐야 한다. 여러 가지 다양한 목소리를 들을 줄 알아야 한다.

　나에게도 그런 경험이 있었다. 나는 론다 번이 쓴 《시크릿》이라
는 책을 읽고서 크게 감명받았다. 이런 진기한 책이 존재하다니, 내
용이 너무도 달콤하고 놀라웠다. 반복해서 읽기도 많이 했고, 아껴
가며 읽기도 했고, 남들에게 소개도 해주고, 가까운 사람들에게는
일일이 선물해주기도 했다. 다들 이 책을 읽고 소망을 이루기를 원
했다. 이 책에서 말하는 것을 절대적으로 신뢰했고, 나도 이 책에
서 말하는 방법으로 성공하고 싶었다. 책에서는 '끌어당김의 법칙'
을 말하고 있다. 자기가 원하는 것을 생각하고 상상하면 그게 자석
처럼 나에게로 딸려온다는 내용이었다. 좋은 자동차를 원한다면 그
차 사진을 찍어서 매일 보면서 내가 실제로 그 차를 타고 있다는 느
낌을 생생하게 상상하면 된다고 했다. 몇 달간 심취했다. 극성스러
울 정도로.

　나는 2008년 8월 29일에 이런 글을 썼다.

요즘 내가 하고 있는 시크릿

결국 시크릿은 된다. 바로 100억 부자가 되는 것이다. 시크릿은 한
계가 없다고 한다. 그래서 1억도 10억도 아닌 100억을 잡은 것이다.
1000억까지는 필요 없다. 사실 100억만 해도 엄청나게 큰돈이지 않
은가. 60평 아파트를 구매할 것이며, 아우디 S8 금색을 구매할 것이
다. 또한 골프도 배워볼 것이며 각종 스포츠에 심취할 것이다. 그리
고 내가 가장 좋아하는 독서에 돈 걱정 없이 푹 빠져 지낼 것이며,

도서관을 하나 건립할 것이다. 또한 이 시크릿 성공으로 말미암아 나는 성공학 강연자로서도 명성을 날릴 것이며, 책도 써서 베스트 셀러 작가가 될 것이다. 그리고 이름을 알리지 않은 독지가가 되어 많은 사람을 도울 것이다. 나의 건강은 매우 좋아 100세까지 살 것 이다. 나는 2076년에 내 삶을 마감할 것이다. 부유하고 건강하고 다 른 사람을 돕다가 갈 것이다.

얼굴이 화끈거린다. 이걸 공개해야 되나 말아야 하나 무진 고민 했다. 다행스러운 것은 '독서에 푹 빠져 지낼 것'이라는 부분이다. 이 부분을 빼면 사실 창피하다. 지금 꿈꾸라고 하면 이렇게는 못 꿀 것 같다. 유치하기도 하고 허황되기도 하다. 《시크릿》이란 책에 심 취했기에 가능한 꿈이겠다. 《시크릿》을 읽고 그에 관련된 책을 얼 마나 많이 읽었던가. 결국 결론은 실천이 빠진 상상은 과대망상증 일 뿐이라는 것이었다. 그러나 당시엔 얼마나 희망에 부풀어서 기 뻤는지. 심지어 이런 꿈도 꾸었다.

나는 키가 작다. 남자라면 180은 넘어야지. 그래 180을 꿈꾸자. 그리 고 팔이 두 개로는 부족하다. 팔을 네 개 달아달라고 끌어당겨야지.

꿈꿨다. 열심히. 책에서 말하는 것처럼 실제로 이루어진 것처럼 생생하게 꿈꿨다. 그러나 성경을 읽고, 다른 여러 책을 읽으면서 그 허황됨을 서서히 깨닫기 시작했다. 실천력이었다. 그 아무리 생생하게 상상해서 멋진 자동차를 끌어당긴다 해도 그 차를 사는 행동을 하지 않으면 차를 가질 수 없다. 그 아무리 로또 1등 당첨을 빌어도 로또를 사지 않으면 당첨될 수 없다. 차를 사기 위해서는 돈을 모아야 하는데, 돈도 모으지 않고 그냥 상상하는 것만으로는 절대로 차를 살 수 없다. 그리고 자연스럽지도 못하다. 가을에 쌀을 수확하려면 봄에 모내기를 하고 시시때때로 풀도 뽑아줘야 하고, 태풍이 불면 세워줘야 하는 등 노력을 해주어야 가을에 쌀을 얻을 수 있는데, 그냥 앉아서 쌀을 아무리 당긴들 쌀을 얻을 수 있겠는가.

책을 읽다 보면 '꽂히는' 책이 있다. 그런 책은 두고두고 읽고 싶어진다. 그렇다고 해도 그 책만 절대시할 필요는 없다. 그 책만 읽어서도 안 된다. 다양한 소리를 듣고 조합해서 자신의 것으로 재창조하는 것이 좋다. 절대적으로 맞는 말도 없고, 절대적으로 틀린 책도 없다. 괜찮은 부분들만 쏙쏙 끄집어내서 나에게 맞는 것으로 새롭게 만드는 작업을 꾸준히 할 필요가 있다.

나이가 들면 꼰대가 된다. 자신의 가치관이 굳어진 결과다. 한 번의 경험이 두 번의 경험이 되고 세 번의 경험이 똑같이 이루어지면 확신으로 굳어진다. 살면서 이런 경험들이 자연스레 생기게 되고 자신의 군건한 가치관으로 만들어진다. 누가 뭐라고 해도 경험을 통해 만들어진 가치관은 죽을 때까지 변하지 않는다. 그걸 진리로 알고 살게 된다. 나이가 들면서 통합적 사고력이 생겨야 멋지게 늙는 것인데 대부분의 사람들은 그렇지 못하다. 늙을수록 자신의 생각을 바꾸지 않는다. 보통 이렇게 말한다.

"놔둬, 이렇게 살다 죽게. 지금까지 이렇게 잘 살아왔고, 이제 와서 고칠 마음도 없어."

꼰대가 된 거다. 책을 다양하게 읽지 않으면 점점 꼰대가 되어간다. 같은 주장만 하는 책을 읽으면 꼰대가 될 수 있다. 남의 말은 다 헛소리로 들리고, 특히 나보다 어린 것들이 말하는 것은 맞는 말이라도 틀렸다고 생각되면 꼰대가 되어가고 있는 것이다. 공자만 30년 공부하면 꼰대가 될 수 있다. 니체만 30년 공부해도 꼰대가 될 수 있다. 공자를 바탕으로 다른 철학을 겸해야 꼰대를 피할 수 있다. 그러나 대부분의 전문가들은 그게 싫다. 꼰대가 편하기 때문이다. 한 분야에 30년 공력은 아무나 세우는 것이 아니기에 더욱 꼰대가 되어간다. 3~4년마다 분야를 바꾸어 공부하다 돌아가신 피터 드러커처럼 하면 꼰대를 피할 수 있다.

오디오북

●　　세상이 너무 좋아졌다. 애써 안 읽어도 되는 세상이 도래했다. 팟캐스트에서도 읽어주지 못해 안달난 사람들이 쌔고 쌨다. ebook 어플리케이션에서는 '읽기' 기능이 생겨 내가 안 읽어도 된다. 귀로 읽을 수 있는 오디오북도 시중에 쫙 깔렸다. 이 얼마나 신비로운 세상인가. 책 읽고자 하는 사람에겐 천국과도 같은 곳이다.

　책을 많이 보면 눈이 딱딱해진다. 눈이 굳는다. 글자에 초점을 맞추려 해도 눈이 피곤해한다. 더 읽고 싶어도 읽지 못하는 순간이 온다. 그럴 때는 쉬어야 한다. 그래도 읽고 싶을 때 나는 '읽기' 기능을 사용한다. 컴퓨터음성이 읽어준다. 요즘은 더욱 발달하여 전혀 어색하지 않다. 99% 자연스럽다. 나는 보통 이동할 때 내가 손수 차를 모는데, 이때도 책을 읽고 싶다. 그때 오디오북을 사용하거나 스마트폰으로 e북 읽어주는 기능을 사용한다. 운전하면서 책을 읽을 수 있다니. 아, 멋진 세상이다.

어려운 책을 읽을 때도 '읽어주기' 기능을 사용한다. 여성목소리, 아동목소리, 남성목소리를 선택할 수 있다. 나는 남성목소리를 선호한다. 그놈이 읽어주는 대로 눈을 따라 같이 읽는다. 녀석의 읽는 속도는 일정하여 이해하기 어려운 부분이 나오면 잠시 녀석을 꺼둔다. 다시 내 목소리로 읽고서 이해가 되면 다시 녀석을 살려 읽는다. 귀와 눈을 동시에 사용하니 이해가 빨리 된다. 물론 낭독만 못하다. 내 목소리를 내는 것이 더 좋지만, 낭독은 오래할 수 없다. 금세 목이 피로해지니까 녀석을 대신 사용하는 거다. 하지만 집중해야 한다. 자칫 잘못하다간 녀석의 목소리를 놓칠 때가 있다. 딴생각은 시시때때로 나의 의식의 틈바구니를 노리고 있기에 긴장을 늦춰서는 안 된다. 그래서 귀로 읽는 오디오북은 눈으로 읽는 책보다 실제로 이해율이 많이 떨어진다.

그럼에도 불구하고 오디오북(읽어주는 기능이 있는 e북)은 실용적이다. 책을 읽고 싶은데 잘 읽지 못하는 사람들이 나처럼 사용하면 큰 도움이 된다. 어렸을 때를 생각해보자. 글자를 잘 모르던 어린 시절, 어머니가 책을 읽어준다. 어머니의 음성을 들으면서 글자를 보며 책 읽는 법을 배운다. 책 잘 읽어주는 어머니 밑에서 자란 아이는 책벌레로 성장하였고, 그렇지 못한 환경에서 자란 아이는 책과는 담을 쌓고 자라게 되었다. 이제 나이 서른, 마흔이 되어서 어머니에게 책 읽어달라고 떼를 쓸 수는 없다. 그러니 e북에게 부탁해보자. 책 좀 읽어주세요. 음성 선택에서 '어머니 목소리' 기능을 추가하면 더 좋을 듯싶다.

읽어주는 기능을 최대한 활용하려면 눈도 같이 읽어야 한다. 5분만 테스트해보면 안다. 귀로만 들으면 곧 다른 생각에 빠져 허우적거리게 된다. 읽는 속도가 일정하여 딱 잠 오기 좋은 음악 같다. 눈과 귀를 같이 활용하면 이해 속도도 빨라지고, 읽는 재미도 생긴다.

한편으론 얼마나 요즘 사람들이 책을 안 읽으면 이런 기능이 생겨났을까 싶다. 이렇게 입에 갖다 떠먹여줘도 먹을 생각들을 안 하니 그게 안타깝다. 스마트폰의 출현으로 책 좋아하는 사람들에게는 더 많은 책을 읽을 수 있는 세상이 온 것이고, 안 읽는 이들에게는 더더욱 읽을 수 없는 환경을 제공받게 된 것이다. 독서의 세계에도 양극화 현상이 심해질 것이다.

언젠가 어디선가 무엇을 봤다. 바쁜 CEO들을 위해 한 권의 책을 요약해서 제공해주는 서비스였다. 400페이지 책을 단 20~30페이지로 줄여서 제공하는 거다. 하긴 회사 운영하느라 바쁜 CEO들이 편히 책 읽을 시간이 얼마나 되겠는가. 회사 운영해야지, 책 봐야지, 그래서 나온 서비스리라. 처음엔 피식 웃었다. '저게 도움이 될까? 저자가 공들여 쓴 책을 돈으로 날로 먹으려고 하네?' 거부감이 들었다. 책을 요약한 것만 쏙 뽑아먹는 건 바람직하지 않다. 책 읽기 능력이 떨어지고, 요약집만 보게 된다. 이는 마치 아~ 하고 입만 벌리고 있으면 옆에 있는 사람이 떠먹여주는 것과 비슷한 모습이다. 입만 쫙쫙 벌리면 된다. 씹기조차 싫으면 옆사람이 씹어서 넣어주면 되겠다. 소화력이 떨어진다. 사고력이 떨어진다.

오디오북도 요약서비스도 사실 편법일 뿐이다. 책은 눈으로 입으로 읽는 게 좋다. 오디오북은 자신만의 흐름이 있다. 인간의 뇌는 그 흐름을 기계적으로 따라가지 못한다. 산길을 걷다가 예쁜 꽃이 보이면 바라보고 싶은 것이고, 돌에 걸려 넘어져서 무릎 잡고 쉴 수도 있는 것이다. 근데 어찌 일정한 속도로 걷기만 할 수 있겠는가. 요약서비스의 그 요약이란 것이 누구의 것일까? 나는 제비꽃이 좋은데 길 안내하는 사람은 그게 아닐 수도 있지 않은가. 수학여행으로 제주도에 갔다. 버스에 탔고 30분 후에 내렸다. "여기 좋습니다. 여기 보세요." 그리고 다시 버스를 타고 40분 가서 내렸다. "여기도 일품입니다." 버스기사의 안내였다. 제주도를 갔다온 거 같기는 한데 뭘 봤는지 통 기억이 나질 않는다.

그러나 한편으로는 다 필요하다고 생각한다. 필요하니까 생긴 거겠지. 나도 이용하고 있지 않은가. 얼마나 좋은 세상인가 말이다. 편법으로 많은 것을 얻을 수는 없지만 그래도 어떤 생각의 단초나, 발심, 열정 등을 불러올 수는 있다. 다 필요 없고, 스마트폰으로 게임하는 것보다 낫다.

e북 vs. 종이책

● 　　　세상이 변했다. 옛날에는 책을 대나무나 양피지에 글을 써서 묶었다. 그러던 것이 종이가 생겨나면서 종이책이 만들어졌고, 이제는 전자책(e북)이 나오는 세상이 되었다. 대나무책이나 양피지책은 그 불편함으로 인해 사라졌지만, 종이책은 e북이 나왔어도 결코 없어지지는 않을 것이다. e북이 따라가지 못할 것이 몇 가지 있기 때문이다.

첫째, 손으로 직접 책장 넘기는 맛을 느낄 수 없다. e북도 그걸 느끼라고 책장 넘기는 소리와 넘기는 모습을 재현하지만 다 쇼일 뿐, 진짜는 아니다. 한 장 한 장 넘기면서 책 읽는 맛이 얼마나 일품인가. 책장을 넘기며 손가락으로 탕 튕기는 맛도 좋다. 아니면 휘리릭 책장을 넘기면서 부채질하는 것은 또 얼마나 멋진가. 갓 나온 책에서는 잉크향이 나는데, 그 냄새는 공업용이지만 정겹다.

둘째, 책 전체를 파악하기 힘들다. 전자책을 다운받고 보면 이게 도대체 몇 페이지나 되는지, 그 무게가 어떤지, 책의 전체적인 규모를 알 수 없다. 종이책은 그냥 눈으로 딱 보면 분량이나 전체적인 맥락이 드러나는데 전자책은 꼭꼭 숨어있어 알아내기가 힘들다.

셋째, 눈이 아프다. 많이 좋아지긴 했지만 확실히 종이책 보는 것보다 눈이 피로하다. 조금 읽을 때는 모르겠는데, 오래 읽으면 눈이 더 빨리 딱딱해진다.

넷째, 던질 수 없다. 책 읽다가 벽에다 던지는 맛이 꽤 일품인데, 그짓을 할 수 없다. 리더기는 수십만 원씩 하는 고가라 고이 모셔야 하는 존재다. 책은 함부로 대해야 제맛인데 상전 모시듯 하려니 부아가 치민다.

다섯째, 메모 기능이 있기는 하지만 연필로 자유롭게 쓰는 맛이 없다. 정형화되어 그림이나 문양 같은 것을 그려낼 수 없다. 밑줄 기능은 그럭저럭 쓸 만은 하다.

여섯째, 리더기 자체가 책장이라 어딜 가든 책장을 통째로 들고 다니는 효과가 있다. 만약 리더기를 잃어버리면 가지고 있던 책을 모두 잃게 된다. 리더기를 사라고? 돈이 한두 푼인가.

일곱째, 빌려줄 수가 없다. 다 본 책을 친구에게 빌려주기도 하는데 그럴 수 없으니 교우관계가 원만해질 수 없다.

여덟째, 충전을 해줘야 한다. 전기가 없는 곳에 가면 보고 싶어도 볼 수 없다. 3일 정도는 버틸 수 있지만 무인도에 갇히면 큰일이다.

여러 가지 단점이 있지만 장점 또한 강하다.

첫째, 무게가 늘 일정하다. 두껍고 무거운 책이 있을 수 없다. 그래서 쪽수가 많은 무거운 책도 전자책으로는 누워서 볼 수 있다. 종이책 같으면 어림없다. 몇 번이고 누워서 읽다가 얼굴에 책을 떨어뜨리기 일쑤다. 휴가 갈 때도 전자책 리더기 한 대만 챙기면 된다. 책을 바리바리 싸매고 갈 필요가 없다. 간편하다.

둘째, 글자 크기를 조정할 수 있다. 종이책의 글자는 정해져서 나온다. 그러나 전자책은 활자를 내 마음대로 골라 볼 수 있다. 노안이 와도 돋보기 없이 크게 볼 수도 있고, 반대로 작게도 가능하다.

셋째, 불 끄고 밤에 볼 수 있다. 옆사람이 자는데 불을 켜고 책을 볼 수는 없다. 전자책은 불빛이 없는 깜깜한 밤에도 읽을 수 있다.

넷째, 대신 읽어준다. 내가 안 읽더라도 전자책의 음성이 책을 대신 읽어준다. 누가 이 책 좀 읽어줬으면, 할 때 딱 좋다.

다섯째, 찾기가 편하다. 책을 읽다가 앞의 내용을 찾아볼 때가 있는데 종이책은 이게 어렵다. 여기저기 뒤적이다 못 찾는 경우도 많다. 그러나 e북은 검색기능이 있어 찾기가 참 쉽고 편하다.

여섯째, 고가의 장치를 가지고 있으니까 폼 난다. 카페나 공항에서 리더기로 책 읽는 사람을 보면 괜히 멋져 보인다. 나만 그런가?

일곱째, 책장을 살 필요가 없다. 좁은 집에 살아도 된다. 이사 갈 때 책을 나를 필요가 없다. 이삿짐센터 직원들은 책이 많은 집을 꺼린다. 이들의 일손을 편하게 해줄 수 있다.

여덟째, 책 보고 여기저기 흩어놓는다고 아내에게 핀잔을 듣지 않아도 된다. 읽은 책을 정리할 필요 없이 리더기만 챙기면 땡이다.

아홉째, 무료e북을 다운받아 볼 수 있다. 어떤 사이트는 매일 하루에 한 권씩 공짜로 제공한다. 이것만 챙겨봐도 리더기 본전은 그냥 뽑는다.

라디오 시대에 텔레비전이 나타났다. 다들 라디오는 없어질 거라고 예상했다. 그러나 아직도 라디오는 존재한다. 라디오만의 강점이 있기 때문이다. 종이책도 그럴 것이다. 인터넷의 발달로 신문을 집에 배달하여 보는 사람들이 줄었다. 그럼에도 불구하고 아직도 신문을 배달받아 보는 사람들이 있다. 돈까지 내면서 말이다. 종이 신문만의 장점이 있기 때문이다.

과대포장

    ●   요즘 과자봉지는 질소가스로 가득 채워져 있어서 정작 까놓고 보면 과자가 별로 없다. 물놀이 할 때 튜브로 사용해도 될 정도다. 심지어 어떤 과자는 상자 빈 공간 비율이 80% 이상 차지하기도 한다. 부피만 컸지 내용물은 20%밖에 안 되는 것이다. 아니, 여기에도 파레토의 법칙이 통용되는가. 안의 내용물을 보호하려고 소비자를 이리도 실망시키다니.

  이것이 책에도 비슷하게 적용된다. 일단, 종이질이 너무나 고급지다. 살짝 코팅이 되었는지 반들반들 하다. 형광등 불빛에 각도를 잘못 잡으면 반사가 되어 책 보는데 방해될 정도다. 책을 몇 번이나 본다고 그렇게 만들었을까? 아이들책은 더 심하다. 숫제 유리로 코팅을 한 것 같다. 빛에 반사되어 책을 읽을 수가 없다. 또한 얼마나 날카로운가. 손이 베일 정도다. 이게 칼날인지 책장(冊張)인지. 그렇게 과대포장하다 보니 책값이 올라가야 한다.

두 번째로 너무 무겁다. 대부분의 책들이 종이질을 높이다 보니 당연히 무거움이 따라올 수밖에 없다. 외국서적과 비교해보면 현저히 차이가 난다. 외국서적들은 얼마나 가벼운가. 또한 책장의 질감이 얼마나 좋은가. 그들은 예전에 우리가 사용하던 '갱지'로 책을 만든다. 신문지나 시험지로 사용하던 종이다. 빛에 반사되지도 않는다. 잘 찢어지지도 않는다. 책으로 묶여 있기에 낱장으로 되어 있을 때보다 잘 찢어지지 않는 것이다. 때로는 집에 화장지가 떨어졌을 때 찢어서 뒷일보는 데도 쓸 수 있는 특장점이 있다. 가벼우니까 누워서 책 보기에도 좋고, 들고 다니기도 편하고, 여행 시 책을 많이 챙겨도 부담이 적다. 근데 요즘 나온 책들 봐라. 도서관에서 책을 빌려 나오면 두 손이 부족하다. 무겁다. 팔운동 하기에는 좋다.

다음으로 표지를 보자. 특히나 양장으로 된 책들은 너무 심하다. 두꺼운 합지에 종이를 붙여 속표지(일명 싸바리)를 만들었으면 그걸로 끝내야지 거기다가 한 겹 덧씌운다. 그러니 양장책을 읽을 때면 겉표지(일명 커버)가 벗겨져서 자꾸 신경 쓰인다. 아니 책을 얼마나 보호하려고 이 짓을 하는가. 책 읽을 때마다 짜증이 난다. 나는 처음부터 겉표지를 빼놓고 읽는다. 걸리적거리기만 하고 전혀 도움이 되지 않는다. 겉표지도 모자라 띠지를 또 만들어 붙인다. 이건 아예 독자들을 괴롭힐 심산이다. 겉표지로 어느 정도 책에 대해서 설명했으면 됐지 또 뭘 설명하려고 띠지까지 끼워넣는가 말이다. 다 쓰레기일 뿐이다. 그거 아껴서 책값이나 좀 빼주면 어디 덧나는가. 내 생각에는 겉표지나 띠지에 들어가는 문구도 속표지에 배치하는 게 좋을 듯하다. 유실되지 않기 때문이다. 특히 도서관에서 책을 분류하고 정리할 때는 겉표지와 띠지를 모두 제거한다. 보통 겉표지 안쪽면(일명 앞날개)에 저자소개가 있는데, 이걸 벗겨내버리니 저자에 대해 알 길이 없다. 이거저거 여간 불필요한 게 아니다.

자, 결론내자. 이렇게 책 내는 출판사는 사람들이 책 못 읽게 하는 걸로 보자. 책 읽는 사람이라면 절대로 이렇게 만들지 않을 것이다. 가뜩이나 책 안 읽는 세상인데 이건 숫제 책 읽는 거 방해할 심산이지 않은가.

그래 대놓고 얘기하자. 나는 보리출판사에서 나온《아름다운 삶, 사랑 그리고 마무리》같은 책을 좋아한다. 현대문학에서 나온《길들은 다 일가친척이다》같은 책이 좋다. 박종철출판사에서 나온《박종철 평전》같이 속내용 알차고, 겉은 수수한 책이 정말 정말 좋다. 최근에 나온 유유출판사의《책 먹는 법》도 짱이다.

서점에 갔을 때 깜짝 놀랐다.《해리포터》영어판이 잔뜩 놓여있었다. 책을 한 권 들었는데, 손이 훅 위로 올라갔다. 내가 생각했던 책 무게보다 훨씬 가벼웠기 때문이었다. 더군다나 영어로 된 책은 한 권인데 비해, 그걸 한국어책으로는 두 권으로 분권시켰다. 가벼운 책 한 권짜리를 돈 벌 속셈인지 두 권짜리 무거운 책으로 만들다니, 화가 솟구쳤다. 이렇게 가벼운 책을 왜 무겁게 만드는가. 우리나라 국민들 팔운동 시켜주려고 그러는가. 우리나라가 나무가 많아서 양질의 종이를 다량으로 만들어낼 수 있는 나라였던가.《해리포터》

만이 아니었다. 거의 모든 영문본은 가벼웠다. 같은 책을 읽어도 늘 무겁게 봐야 하는 대한민국 국민들이 불쌍해졌다.

나는 양장책은 거의 거들떠보지 않지만 간혹 사기도 한다. 혹은 띠지가 붙어있는 책을 사 본다. 사자마자 띠지를 찢어버린다. 그러면서 "아니 왜 책에 이렇게 쓰레기를 끼워 파는 거야. 이건 내돈 내고 영화관 가서 10분 동안 광고 보는 것과 똑같은 거잖아"라고 말한다. 이런 나를 보고 아내는 말한다. "그냥 버리면 되지, 성격 참 못됐다." 그래, 나는 그런 놈이다. 나는 띠지를 보면 박박 찢는다. 양장은 어떤가. 안쪽면에 작가 소개만 따로 잘라서 책에 풀로 붙인다. 그리고 나머지는 찢는다. "이따위 것을 왜 만들었어"라고 말하면서 출판사를 욕하고, 사장을 욕하고, 저자를 욕하고, 편집자를, 마케팅, 디자이너를 욕한다. 만약 양장에 띠지까지 같이 있는 책을 보면 일단 찢고 시작한다. 홀딱 벗긴 다음에 취한다. '아! 이제 알았다. 벗겨먹는 맛을 알라고 책을 이렇게 만들었구나!' 큰 깨달음을 얻었다.

나중에 띠지의 목적을 알았다. 띠지에 대해 분노조절이 안 되는 나를 위해 아내가 어느 날 말해주었다. 띠지를 하는 이유는 책에 대해서 홍보를 해야 하는데 차마 표지에는 하지 못할 말을 쓴다는 것이다. 예를 들어, '세계 최고의 작가가 쓴 아마존닷컴 1위 책' 'ㅇㅇ분야의 최고 권위자가 쓴 책 1위' 같은 거다. 이걸 위해 문구를 새기고 띠지를 접어 끼우는 작업을 굳이 사람을 사서 하는 것이다. 앞으로는 하지 마시라. 그냥 책표지에 대놓고 쓰시라. 뭐라고 할 사람 아무도 없다.

가장 멍청한 바보

● 　　아침 일찍 일어나고 저녁 9시에 잠자리에 드는 사람이 있다. 예전에 한 친구가 그랬다. 그는 건전한 사람이어서 술도 모르고 노는 것도 잘 몰랐다. 그래서 회사, 집, 회사, 집만 왔다갔다 했다. 저녁에 퇴근해서 집에서 밥 해먹고, TV 잠깐 시청하다가 9시면 잠자리에 들어갔다. 다음날 아침 8시에 출근하기 위해 평일은 그렇게 보내는 친구였다. 회사의, 회사를 위한, 회사에 의한 사람이었다.

　바람직하지 않다. 회사를 자신의 삶에 전부로 두고 있는 것은 결코 바람직하지 않다. 회사를 위해 주말도 내팽개치고 출근하는 사람들은 인생을 잘 살고 있는 것이 아니다. 그렇게 해서 회사에서 임원으로 승진하면 보상이 될까? 회사를 왜 다니는가? 생계를 위해 다닌다. 더 발전된 사람은 자아실현을 위해 다닌다고 말할 수도 있겠고, 꿈을 향해 뛴다고도 말할 수 있을지 모르겠으나, 주말도 내팽개치고 가족도 내버려두고 회사만을 위해서 사는 사람들은 결코 바람직한 삶을 살고 있는 게 아니다.

　내 생각은 이렇다. 회사? 열심히 다녀야 한다. 그러나 정도껏 해야 한다. 우리는 회사인으로서만 사는 게 아니다. 가족에 있어서는 남편으로도 살아야 하고, 아버지로도 살아야 하고, 사위로, 아들로, 친목단체의 구성원으로도 살아야 한다. 즉, 나를 위해서 살아야 한다. 내가 서두를 이렇게 길게 뺀 이유는 이 말을 하기 위함이다. 나를 위해서 살려면 나를 잘 알아야 한다. 나를 잘 알려면 책을 읽어야 한다. 이런 작업 없이 회사만 열심히 다니게 되면 나중에 공허해진다. 내가 무엇을 위해 살았지? 내 가족은 다 어디로 갔지? 나는 정말 열심히 산 거 같은데, 왜 이렇게 외롭지? 내가 인생을 헛산 건가? 벌써 이만큼 늙어버렸는데, 뭔가 잘못 산 거 같다, 라는 생각에 빠지게 된다. 이런 후회를 하지 않기 위해서는 반드시 자신을 돌아보는 작업을 꾸준히 해주어야 한다.

　책을 읽어도 회사에서 정해주는 책으로 만족하면 안 된다. 회사에서 정해주는 책은 회사를 위한 책일 뿐이다. 혹시 이런 회사가 있다면 괜찮은 회사다. 소설을 준다든지, 시를 준다든지, 자기를 돌아볼 수 있는 자아성찰에 관한 책을 주는 회사라면 좋은 회사다. 그러나 회사에서 주는 책은 대부분 그런 책이 아니다. 말은 직원능력개발이라고 하지만 다 회사의 성과를 위한 미끼일 뿐이다. 그런 책을 읽었다고 "나는 책 읽는 직장인이야" 라고 말하지 말자. 내가 말하는 책은 본인 스스로 원하는 책을 말한다. 회사 업무와 전혀 관계없는 책이라야 한다. 무협을 읽고 싶으면 그걸 읽어라. 시를 좋아하면 시를, 로맨스 소설을 좋아하면 그걸 읽어야 한다. 그래야 나를 돌아볼 수 있게 된다. 나만을 위한 시간을 가질 수 있게 된다. 이런 시간들이 차곡차곡 쌓이게 되면 자신에 대해 보다 잘 알 수 있게 되고, 인생을 어찌 살아야 할지, 왜 사는지에 대한 답을 얻을 수 있게 된다. 그래야 나중에 공허해지지 않는다. 후회하지 않는다. 회사에서 시키는 대로만 살지 말자. 회사를 내 인생의 주인으로 모시지 말자. 본인이 회사 오너라면 그렇게 살아도 된다. 회사가 곧 자신의 꿈이니까. 회사의 부품으로 살지 말자. 반드시 하루에 조금의 시간이라도 챙겨서 생각하고 느끼는 인간으로 살자. 그러기 위해서 책을 읽어야 된다.

전직 대통령 중 한 명은 이런 말을 했다.

'적성을 자신의 일에 맞춰라.'

무식한 표현이지만 사실 맞는 말이기도 하다. 자신이 무엇을 좋아하는지 모른다면 현재의 업을 운명이겠거니 생각하면서 자신을 맞춰나가는 것이다. 그렇게 하다 보면 정말 일이 좋아지게 된다. 처음에는 좋아하지 않던 일도 열심히 하다 보면 몰두하게 되고 그러다 보면 '어? 이게 정말 내 천직인가?' 하는 희한한 경험을 하게 된다. 나도 정확히는 잘 모르겠지만 정말 열심히 일을 하다 보면 그 일이 좋아지게 된다.

나는 양계장에서 일을 하고 있다. 축산학과를 나와서 병아리감별사를 좀 하다가 양계회사에 들어와서 10여 년간 닭을 부쳐먹고 있다. 내 적성에 맞는 일이었을까? 전혀다. 나는 동물을 그다지 좋아하지 않는다. 요즘은 자동화라 기계시설들이 잘 되어 있다. 그래서 기계수리나 전기일도 좀 할 수 있어야 한다. 나는 그런 것을 좋아하지 않는다. 못질도 잘 못하는데 무슨 수리까지. 그러나 그냥 하다 보니까 이제는 꽤 제법 한다. 휀 모터를 고치고 나서의 후련함, 암탉 급이기의 고장을 해결했을 때의 성취감, 밤 늦게까지 일을 하고 샤워하고 나오는 길에 달빛을 바라보면 뭔가 뿌듯함이 느껴진다. 이게 진정 내 일인가? 하는 착각이 든다.

　　그러나 나는 꽤 적절하게 거리를 유지하는 편이다. 내 심연에서는 양계일을 아직도 거부하고 있다. '넌 좋아하는 게 따로 있잖아. 어쩔 수 없는 일 하면서 좋아하는 척 하지 마.' 라고 내면의 목소리가 소곤거린다. 그런 소리를 놓치지 않는다. 아직까지 나는 나를 속일 마음이 없다. 내 적성을 일에 맞추면서 살라고 하면 그냥 편히 살 수 있을지도 모른다. 일에 꽤 재미를 느껴본 적도 많으니까. 그러나 나는 심연의 목소리를 무시할 수 없다. 만약 내가 책을 읽지 않았더라면 '고민없이 편하게' 양계를 했을 것이다. 그러나 책이 나를 가만 두지 않는다. 그러니 어쩌겠는가. 두 가지 일을 해야지. 두 마리 토끼를 잡아야지. 둘 다 놓쳐도 할 수 없다, 뭐.

우리나라 출판시장

●   우리나라 어른들은 정작 본인들은 책을 읽지 않으면서 자신의 아이들은 독서광이 되길 바라는 것 같다. 집근처 도서관에 가보면 알 수 있다. 아이들을 위해서 책을 빌려다가 대주고 어른은 스마트폰을 꺼낸다. 서점에 가보면 어떤가. 엄마들이 아이들책 골라주려고 안달이다. 정작 본인은 읽지도 않으면서.

각 집집마다 책장을 보면 아주 가관이다. 아이들책으로 넘쳐 흐른다. 백 만원이 훨씬 넘는 문학전집에, 전래동화전집에, 과학전집 등등 헤아릴 수 없이 호화찬란하다. 정작 자신은 읽지 않으면서 아이들만큼은 많이 보길 원한다. 물론 전부가 그렇다는 것은 아니다. 교육열 높은 극성스러운 한국의 엄마들이 그렇다는 거다.

이런 극성스런 엄마들의 성원에 힘입어 아동서적은 그 몸집을 불렸다. 아동서적과 교과서 등 학습서적을 만드는 출판사들이 탑10에 포진되어 있다.

순위	기업명	매출액	업종
1	웅진씽크빅	6,488억	교과서 및 학습서적 출판업
2	교원구몬	6,227억	교과서 및 학습서적 출판업
3	천재교육	2,558억	교과서 및 학습서적 출판업
4	재능교육	2,240억	교과서 및 학습서적 출판업
5	와이비엠	1,724억	교과서 및 학습서적 출판업
6	두산동아	1,636억	교과서 및 학습서적 출판업
7	미래엔	1,540억	교과서 및 학습서적 출판업
8	삼성출판사	1,390억	교과서 및 학습서적 출판업
9	예림당	1,381억	기타 서적 출판업
10	비상교육	1,349억	교과서 및 학습서적 출판업

※2013년 기준. 출처 : 사람인
(http://www.saramin.co.kr/zf_user/career-information/professional-tip-view?category_cd=106&jikjong_bcode=&searchfield=&searchword=&page=1&doc_idx=14077)

전 세계적인 규모로 봤을 때 2014년 기준으로 우리나라 1위인 웅진씽크빅은 세계에서 31위를 차지했다. 5억 6000만 달러 매출을 올렸다. 2위 교원은 세계순위 44위를 차지하였다. (출처 : Publishers Weekly 2015년 6월 29일자)

외국의 출판동향은 어떤지 모르겠지만, 물론 외국도 우리와 크게 다르지 않을 것이다. 위 표를 보면 교육, 학습을 다루는 출판사들이 탑10 중 9곳이나 포진되어 있다. 어른들은 아이들이 공부한다고 책 사 달라고 하면 다 사 주는 것이다. 특히 눈에 띄는 건 '김영사'라는 출판사는 277억 매출로 28위를 차지하였다는 점이다. 김영사는 정말 굴지의 출판사 아닌가. 고작 277억 정도의 규모였던가. 창비는 어떤가? 243억으로 32위를 차지하였다. 이에 비해 수위권에 포진되어 있는 학습, 교육서를 만드는 출판사는 얼마나 큰 공룡이란 말인가. 김영사의 매출은 웅진씽크빅의 4.26%밖에 되지 않는다. 이는 한 집안에 애들 책이 100권이라면 어른들 책이 4권 정도의 비율이라고 생각하면 오버일까. 이는 한 집안에 학습지가 집안 책장을 전부 채우고 있다고 생각하면 오버일까.

어른들도 책을 많이 봤으면 좋겠다. 어렸을 때 엄마가 억지로 사준 수많은 책에 질려 나중에 책을 안 읽는 사태가 더 이상 벌어지지 않았으면 좋겠다. 책은 그냥 책으로서의 가치를 지니는 것으로 끝났으면 좋겠다. 거기에 독후활동이다 뭐다 해서 아이들에게 책 읽는 재미를 빼앗지 않았으면 좋겠다. 시를 그냥 시 자체로서 느낄 수 있는 자유를 주었으면 좋겠다. 한용운의 《님의 침묵》에서 '님'이 꼭 무엇을 뜻하는지 4지선다로 묻지 않았으면 좋겠다.

저자의 입장에서 본다면 어른책 써서는 밥 벌어 먹고 살기 힘들다는 결론이 나온다. 애들을 공략해야겠다는 생각이 든다. '어른책 열심히 써봤자 읽지도 않는 걸. 쉽게 써서 애들이나 공략하자. 어미들이 애들책은 잘 사주니까.' 문학도 아동문학으로, 자기계발서도 아동자기계발서로 가는 거다. 애들 책이니까 쉽게 쓸 수 있고, 많이 쓸 필요도 없고, 대충 삽화가 한 명 꼬서서 그림 몇 개 넣어서 팔면 되겠다 싶은 거다.

어릴 때부터 책을 읽기 시작한 애들은 얼마나 좋을까 생각해본다. 성장기의 아이들, 무럭무럭 자라는 뇌세포들, 거기에 계속 해주는 독서… 뭔가 가공할 만한 힘이 느껴진다. 내가 서른두 살부터 책을 읽기 시작해서 마흔한 살이 된 지금. 많은 변화를 몸으로 직접 경험해 왔는데, 습득속도가 더욱 빠른 성장기의 어린아이들에게는 얼마나 큰 영향을 미칠 것인지 생각하면 아찔해진다.

여기서 중요한 것은 끝까지 가야 한다는 거다. 어미의 극성에 의한 아이들의 독서는 바람직하지 않다. 어미를 이길 수 있는 힘이 생기게 되면 독서를 하지 않게 될지도 모른다. 아이가 어른이 되어서도 책을 읽을 수 있게 자연스럽게 유도해야 한다. 방법은 딱 한 가지. 책 읽는 모습을 아이에게 보여주면 된다. 그럼 아이는 자동적으로 따라오게 되어 있다. 아이들은 어미 등을 보고 자라기 때문이다. 그러다 보면 어른 출판시장도 커지게 되는 덤이 생기지 않을까.

독서편식

사람마다 얼굴이 다르듯이 독서 관심사도 제각각이다. 보통 여자들은 소설류를 좋아하고, 남자들은 무협이나 자기계발서를 좋아한다. 우리집만 봐도 그렇다. 아내는 자기계발서를 거의 안 읽는다. 재미가 없는 데다, 이거해라 저거해라식의 '~해라'체가 제일 마음에 들지 않는다는 거다. 군대를 다녀오지 않아서 그런 거 같다(――;). 우리 남자들은 그런 식으로 딱딱 명령(?) 내려주는 게 오히려 더 낫다. 명쾌한 해답을 보여주지 않는가. 나만 그런가(――;). 반면 나는 소설류를 거의 읽지 않는다. 특히 여성들이 쓴 소설은 거의 안 읽는다. 내 감수성이 그들과의 교집합을 찾지 못하기 때문이다. 이런 나를 보며 아내는 감성이 메마른 사람이라고 치부해버린다. 어떻게 만날 그 얘기가 그 얘기인 자기계발서만 읽느냐는 거다. 그럼 나는 반대로 얘기해준다.

"소설 읽으면 뭐하냐? 몇 시간씩 공들여서 다 읽고 나서 만약 허

무한 결말을 짓게 되면 그게 무슨 시간 낭비냐?'

옹졸한 생각이다.

내가 소설류를 별로 좋아하지 않는 이유는 한번 크게 당했기 때문이다. 몇 시간 읽었는데 끝이 허무했다. 다 읽고 나서 '그래서? 그래서 뭘 말하려는 건데?' 당한 느낌이 너무 컸다. 소설류는 일단 다 읽어봐야 그 내용을 알 수 있다. 그러고 나서 판단하게 된다. 근데 끝이 허무하거나 감동이 없거나 교훈이 없으면 짜증이 솟구치기 시작한다. 내가 이걸 보려고 내 시간을 쏟은 것인가. 저자에 대한 분노가 치밀어 오른다. 이런 경험이 몇 번 쌓이다보니 소설류와는 친하지 않은 것이다. 물론 때론 아내가 강력 추천하는 소설을 읽으면서 주체할 수 없는 격한 감동에 휩싸이기도 한다.

소설은 남의 인생을 통해서 배울 수 있는 좋은 교재가 된다. 그렇지만 서사가 너무 길다. 성질 급한 사람들에게는 맞지 않는 방식이다. 나처럼 서사를 즐길 줄 모르는 녀석들에게는 별로다. 그러나 영향력은 크다. 감정이입이 되기에 오래 남게 된다. 그 맛을 아는 이들은 계속 소설을 읽는 것이고, 그 맛을 모르는 사람들은 나처럼 이러고 있는 것이 아닐까 싶다.

도서 사이트에 들어가면 카테고리가 뜬다. 소설, 시, 자기계발, 경영경제, 아동, 인문철학, 역사 등등 엄청나다. 밥도 편식하지 말고 두루 먹어야 좋듯이 독서도 마찬가지다. 두루 읽어야 한다. 편식하게 되면 고루 성장할 수 없다. '그래, 책도 여러 가지 읽어야지' 그런 압박이 있었다. 근데 그게 잘 안 됐다. 읽기 싫은 분야는 그냥 읽기 싫은 것이다. 좋아하는 분야의 책도 읽을 게 태산인데, 읽기 싫은 것까지 어떻게 읽을 수 있겠는가. 그래도 여러 분야의 책을 읽어야 지, 읽어야지 마음을 고쳐먹기도 했지만, 결국 나는 독서를 편식할 수밖에 없었다.

그러나 시간이 지나면서 알게 되었다. 독서편식을 오래하게 되면, 자연스레 다른 분야를 넘실거리기 시작한다는 것이다. 좋아하던 분야가 이젠 좀 지겨워진다고 할까. 어느 정도 책량이 쌓이게 되면 그 소리가 그 소리라는 생각이 들고, 나도 저 정도는 생각할 수 있어, 라는 자신감이 생기게 된다. 한 분야의 책을 다량으로 섭취하면 나름 공력이 생긴다. 웬만한 이론이나 내용은 이미 다 섭렵했기에 감흥이 신통치 않아지는 것이다. 이럴 때쯤 다른 분야가 눈에 보이기 시작한다. 예전에는 보지 않았던 책들에 관심이 가기 시작하는 것이다. 바로 이렇게 독서편식을 조금씩 깰 수 있다. 그동안 읽은 책으로 독서력이 늘어서 다른 분야의 책도 읽을 수 있게 된 것인지도 모른다.

내가 책읽기를 시작했을 때 제일 먼저 접했던 분야는 '자기계발'이었다. 나는 세상에 이런 책들이 있는지 몰랐다. 책이란 그냥 교과서, 잡지, 소설이나 시, 수필, 이론서, 철학, 역사책들만 있는 줄 알았다. 그런 책들은 나에게 맞지 않아서 나는 '책은 읽을 필요가 없다'라고까지 생각하면서 책을 전혀 읽지 않았다. 그러다가 자기계발 분야의 책을 탐하게 되었다. 책 읽는 재미에 빠지게 된 것이다. 그런 책을 읽으면 위로가 되고, 용기가 생기고, 힘이 생겼다. 그렇게 자기계발서에 미쳐 몇 년을 살았다. 골치 아픈 철학서, 외기 힘든 역사서, 왜 읽는지 모르는 문학 등과는 완전히 등을 졌다. 그러던 것이 어느 정도 시간이 지나니까 그런 것들에 관심이 가기 시작했다. 자기계발서들이 시시해지기 시작한 거다. 어느 날인가 서점에 가서 산 책들을 보니 죄다 인문학 서적이었다.

그러니 걱정하지 말자. 독서편식? 해도 된다. 계속 편식하자. 그렇게 먹다 보면 나중에 질리게 된다. 질리면 다른 것을 맛보면 된다. 편식이라도 하는 게 좋다. 그마저도 없으면 곤란하다. 안 읽는 게 문제지, 편식이 문제가 되지는 않는다. 질릴 때까지 편식해보자. 아무리 맛있는 음식도 그것만 먹다 보면 질리게 되어 있다. 이와 똑같다. 다른 게 더 맛있어 보인다. 그러면 그때 다른 것을 읽어주면 된다.

예전에 옆집에 한 아저씨가 살았다. 그 아저씨는 한 음식에 꽂히면 그 음식만 주구장창 먹는 스타일이었다. 한번은 같이 추어탕을 먹으러 갔다. 아저씨는 벌써 며칠째 추어탕집을 들락거렸는데, 하도 맛있어서 나에게도 소개해주려 했던 것이다. 먹어보니 맛있었다. 몇 번이고 올 만하다고 생각했다. 그러나 아저씨는 좀 지나쳤다. 나와 먹은 다음날도 또 그 다음날도 그 추어탕집을 찾았다. 그러길 한 1주일쯤 했을까. 그제서야 추어탕을 끊고 다른 음식을 찾았다. 약간 골수적인 면이 있는 아저씨를 보면서 생각했다. '아, 저렇게 먹으면 질리지 않을까? 아무리 음식이 맛있어도 그렇지 어떻게

저렇게 먹을 수 있지? 안 질리나? 너무 폐인같잖아.'

　기우였다. 아저씨는 아저씨만의 시간이 필요했던 것이다. 정말 질릴 때까지 쪽쪽 빨다가 질리면 다른 것을 찾는 것이다. 질리는 정도가 보통 사람보다 좀 긴 편이지 죽을 때까지 추어탕만 먹는 것은 아니란 말이다.

　맛 좋은 책이 있는가? 그럼 이 아저씨처럼 질릴 때까지 쪽쪽 빨아보자. 음식은 골고루 먹어야 한다는 강박을 버리고 그냥 추어탕만 먹듯이 그렇게 읽어보자. 언젠가는 질린다. 쪽쪽 빨다가 질리면 다른 거 먹으면 된다. 아무리 소설이 좋다고 평생 죽을 때까지 소설만 읽을 수 있을 거 같은가. 질리게 되어 있다. 그러면 자기계발서도 읽자. 편식해도 된다. 편식이라도 하는 게 좋다. 계속 읽는 게 중요하지, 편식하는 건 나쁜 게 아니다. 편식이라도 해서 먹는 게 좋은 거지, 거식증 환자처럼 아무것도 안 먹는 게 더 나쁜 것이다.

책 속에 길이 있다

● 　인생이 답답하고 혼란스러울 때, 신이 있다면 명쾌하게 답을 알려주면 얼마나 좋을까? 나의 수호천사는 어디서 무엇을 하길래 내가 이렇게 힘들어하는데 해결책을 알려주지 않는 것일까? 어느 누가 되더라도 답 좀 알려줬으면 싶지만, 신께 빌어도 어쩔 때는 함흥차사요, 점쟁이를 찾아가도 속 시원한 대답을 듣지 못할 때가 많다. 속 시원한 답을 들어도 그게 진짜일까 반신반의하게 되어 오히려 더 혼란스러울 수도 있다.

　인생에 있어 답을 찾을 때 경험으로는 시간이 너무 많이 걸리고 시행착오를 범할 우려가 있다. 경험주의는 이래서 매력이 없다. 기도도 그렇다. 답이 한 번에 확 오지 않는다. 나중에 겪어봐야 '이게 답이었구나' 알게 된다. 오래 참고 기다릴 줄 모르는 사람에게는 환장할 일이다. 그러나 책은 다르다. 책은 한 번에 속 시원하게 답을 해준다. 의심의 여지도 없다. 나는 이런 경험을 많이 했다.

의문이 생겼을 때 그 의문을 풀기 위해 의도적으로 독서를 하지 않는다. 의문을 풀기 위해 오랜 시간 고심도 하지 않는다. 그냥 잠시 접어둔다. 그냥 의문은 의문으로 내 안에 묵혀둔다. 그러다가 어느 날 내가 읽는 책에서 그 의문에 대한 해답을 얻게 된다. 나는 이를 '생뚱맞다'라고 표현한다. 내가 답을 구하려고 책을 찾아본 것이 아니고 정말 아무 뜻 없이 읽는 책에서 내가 가졌던 의문을 풀게 되니 생뚱맞다고 표현할 수밖에 없다. 더군다나 너무도 신기한 것은 의문에 대한 답을 구하는 데는 그리 오랜 시간이 걸리지 않는다는 점이다. 아무리 늦어도 몇 달 안에는 답을 얻게 된다. 내가 믿는 하느님께서 가르침을 주시는 것인지도 모르지만, 내가 하느님을 믿기 전부터 이런 경험은 수두룩했으므로 하느님께서 해주시는 일은 아닌 것 같다. 나는 그냥 책의 마력이라고 부르고 싶다.

예전 경험을 들어보자. 나를 너무도 힘들게 하는 사람이 있었다. 그와 함께 있으면 숨이 턱턱 막힐 정도였다. 나만 그런 게 아니었다. 그를 상대하는 많은 사람들이 나와 비슷한 상태였다. 그러니 일단 내 문제는 아니었다. 그러나 내 문제든 아니든 어차피 그와 상대를 해야 하니 힘들기는 마찬가지였다. 어떤 해결책이 없을까? 그냥 피할까? 이런 상황에서는 정말 어떻게 해야 하지? 의문이 생겼다. 그에 대한 해결책을 의도적으로 찾지는 않았다. 언제나 그랬듯이 답이 책을 통해 스스로 올 것임을 알고 있었다. 그렇게 100일 정도 시간이 흘렀다. 어느 날《항상 나를 가로막는 나에게》라는 책을 읽었는데, 그 속에서 길을 찾게 되었다. 나를 힘들게 하는 사람에 대한 심리

상태를 너무도 명쾌하게 설명해주었고, 나는 많은 부분을 이해하고 공감하게 되었다. 내 고통이 많이 사그라들었던 것이다. 그가 왜 그래야만 했는지 알게 되자 오히려 측은지심이 생겼다. 예전처럼 화가 나지 않고 오히려 그를 이해할 수 있게 되었다.

이렇듯 책을 꾸준히 읽으면 질문에 대한 답을 자연스레 얻을 수 있다. 의도치 않아도 언제나 내 앞으로 떡 하니 답이 제발로 찾아온다. 그런 경험이 쌓이면 책 읽는 재미가 제법 쏠쏠해진다. 그러나 가끔 읽어서는 이같은 경험을 하기 힘들다. 굳이 답을 찾기 위해 독서를 한다고 해도 답이 톡 하고 튀어나오지 않는다. 매일 꾸준히 읽었을 때 이와 같은 경험도 할 수 있는 것이다.

책이 좋은 점은 다양한 사람을 만날 수 있다는 데 있다. 그것도 아주 손쉽게 만날 수 있다. 단돈 만 얼마에 좋은 선생님을 초빙하는 거다. 내가 겪지 못했던 것, 내가 생각지도 못했던 것을 책을 통해 알게 된다. 목소리도 아니고, 음악도 아니고, 그림도 아니고, 동영상도 아니고 그냥 문자일 뿐인데 그 문자로 인해 내가 뭔가를 깨닫고 느끼고 배운다고 생각하니 너무도 신기한 일이 아닌가. 누군가 써 놓은 글을 읽고 공감하고 깨닫는 이가 생긴다는 일은 마법에 가깝다.

많은 사람들이 어제도 책을 읽었고, 오늘도 읽고, 내일도 읽을 것이다. 하루 24시간을 전 지구적으로 봤을 때 단 1초도 책 안 보는 사람이 없을 것이다. 끊임없이 지구상에서는 독서의 과정이 이루어지고 있다. 누군가 써 놓은 책을 다른 이가 읽고 도움을 받는다면 이 얼마나 신비롭고 인류공영에 이바지하는 일인가. 작가는 독자를 위해서 글을 쓴다. 누가 읽을지 모르지만, 자신의 글이 누군가에게 도움이 되었으면 하고 바란다. 책을 읽은 독자가 그 책으로 인해 살아갈 힘이 생겼다거나 희망을 품게 되었을 때 작가로서 얼마나 영광스럽겠는가. 종이 위에 문자로 이루어지는 진기한 일들이다.

세상에 책이 없다면 인류의 발전 속도는 매우 더딜 것이다. 진시황이 책을 불태웠듯이 세상의 책을 다 없애버린다면 사회는 엄청난 혼란에 빠지게 되겠지. 책은 공간과 시간을 초월해서 존재할 수 있다. 옛날 사람이 쓴 글을 후손이 읽을 수 있고, 아프리카에서 쓴 글이 한국에서 읽힐 수도 있다. 우리는 시간과 공간을 초월하여 여러 가지를 배우고 익힐 수 있다. 이러한 책들이 인류사가 진행되면서 더욱 많이 쌓이게 될 것이고, 후손들은 더 많은 기회를 얻을 수 있게 된다. 인류의 발전 속도가 점점 빨라질 수밖에 없다.

공자시절에는 책이 얼마 없었다. 몇 권 갖다놓고 백 번 천 번 반복해서 읽을 수밖에 없었다. 그러나 요즘은 어떤가. 엄청나다. 다양한 목소리를 내는 책들을 너무도 쉽게 공급받을 수 있다. 너무 많아서 고민이다. 이런 좋은 세상에 살면서 책 한 권 안 보는 생활을 하는 건 인류발전을 저해하는 행위다. 보다 행복하고 발전된 인생을 살려면 독서를 해야 한다. 다양한 소리를 듣고 깨달아야 한다. 한 달에 한 번 읽어서는 그런 깨달음을 얻기 힘들다. 매일 읽어야 한다. 여러 소리를 듣다 보면 딱 하고 다가오는 글이 있다. 그런 것이 피가 되고 살이 된다. 그러면 자연스럽게 이런 말을 하게 될 것이다.

"책 속에 길이 있구나."

문맹처럼 살 것인가

●   과거에는 독서가 특권층의 전유물이었다. 피지배계층에게는 독서가 허락되지 않았다. 책을 못 읽게 하였다. 왜 그랬을까? 책을 읽으면 생각하게 되고 생각하게 되면 지배계급이 만든 구조적 모순을 깨닫게 되어 사회가 전복될 것을 우려했기 때문이 아니겠는가. 쉽게 말해, 부려먹기 위해서였다.

그러던 것이 이제는 많은 사람들이 쉽게 책을 접할 수 있는 시대가 되었다. 이는 가히 청천벽력 사태라고 할 수 있다. 모든 인간이 책을 읽을 수 있는 시대라니, 정보의 소통과 속도 면에서도 과거에 비해 엄청나게 증진했다. 고로 지배계급은 피지배계급을 다루기가 좀 버거워졌다. 애들이 똑똑해진 것이다. 그러니까 자꾸 자신들에게 엉기게 되고, 예전 선조들은 신경도 안 쓰던 것까지 신경을 써야 할 지경에 이르렀다. 이런 놈들을 어떻게 하면 다시 멍청하게 만들어서 부려먹기 편할까 고심하게 된다. 그래, 올커니 텔레비전이 있지! 이들은 텔레비전을 100% 이상 활용하게 된다. 엄청난 채널을 만들어 전 국민 바보만들기 캠페인을 벌인다. 책 좀 읽지 마라, 텔레비전만 봐라. 우리가 주입해주는 사상만 받아들여라. 책 읽고 똑똑해지지 마라. 그냥 우리가 부려먹을 정도로만 똑똑해져라. 그래야 내가 더 부자가 되고 더 권력을 누리게 되는 것 아닌가.

이 글을 읽고 있는 당신이 지배층이 아니라면 당장 텔레비전을 꺼버리고 책을 읽어야 한다. 지배계급이 만들어놓은 노예 되는 시스템 안에 갇혀 있어서는 안 된다. 하루 일과를 끝내고 집에 와서 스트레스 푼답시고 누워서 텔레비전을 보다가 잠이 드는 삶은 지배계층의 손아귀에 놀아나고 있다는 증거다. 스트레스 푼답시고 술 마시고 곯아떨어지는 것도 마찬가지다. 그래서는 자식세대도 똑같아질 수밖에 없다. 자식들을 사랑한다면, 당장 술 끊고, 텔레비전 버리고 책을 읽어라. 그것이 최고의 자식 사랑이다. 우리세대야 그랬다 치더라도 자식세대에게까지 이런 삶을 물려주어서는 안 된다. 나의 사고가 다소 과격하여 위에서처럼 묘사를 했지만, 딱히 부정도 못할 것으로 믿는다. 그래도 조금이라도 동의하는 독자가 있다면 사태의 심각성을 받아들이고 개선하려고 노력해야 한다.

우리에겐 책 읽을 수 있는 기회가 널려 있다. 우리의 선조들이 우리에게 선물을 준 것이다. 그들의 투쟁으로 인해 우리는 크나큰 선물을 받게 된 것이다. 그런데도 아직까지 그 선물을 누릴 줄 모르면 쓰겠는가. 그분들이 목숨을 바쳐 만들어준 세상인데 우리가 제대로 누려야 하지 않겠는가.

　책을 읽고 자신을 조금씩 개선해 나가야 한다. 사고를 확장시켜야 한다. 세상의 부조리를 제대로 볼 줄 알아야 한다. 그것을 깨기 위한 용기도 책을 통해 얻어야 한다. 투쟁 없이 역사적 발전은 이루어지지 않았다. 권리 위에 자는 자에게는 권리가 주어지지 않는다. 자기에게 주어진 것도 누리지 못하는 사람은 적극적으로 본인 스스로 노예의 길을 걸어가고 있는 것이다. 책 하나 구하기 힘든 전쟁통에서 어렵사리 구한 책을 읽고 또 읽는 자세로 삶을 살아보자. 그런 간절함이 없으면 책을 제대로 읽을 수 없고, 자식들에게 좋은 세상을 물려줄 수도 없다. 다소 과격하게 글을 적어 독자들을 불편하게 만들었지만, 그다지 다시 쓰고 싶은 마음도 없다.

　좀 더 가보자. 우리와 동시대를 살아가고 있는 철학자 강신주는 자신의 책《나는 누구인가》에서 이런 말을 했다. 자본주의에 대한 고찰이다.

　오늘날의 우리는 내가 하고 싶은 일을 하는 경우보다 타인의 요구에 따라 움직이는 경우가 허다합니다. 모두가 노예의 삶을 살고 있는 것이 자본주의의 현실입니다.

　자본주의는 우리를 그렇게 하도록 내버려두지 않습니다. 돈을 벌지 못하면 누구에게도 사랑받지 못합니다. 돈을 못 버는 아버지와 남편을 가족은 더 이상 사랑하지 않습니다.

　그는 경매와 임대업에 관심을 갖고 있다고 했습니다. 삼성의 이건

희 회장처럼 되는 것이 꿈이라고 했습니다. 그런데 자신과 뜻을 같이하는 수많은 직원들을 위해 그리고 자신이 이루고자 하는 세계를 향해 나아가는 것이 그릇된 꿈인지 묻더군요. 당연히 잘못된 길입니다. 경매에 나오는 집들이 어떤 사연을 가지고 있는지 조금만이라도 안다면 그런 방법으로 부를 축적할 생각은 할 수 없을 것입니다.

자본주의는 영원하지 않을 것이다. 자본주의가 가장 인간의 습성에 맞는 체제라고 하지만 속속들이 불편한 진실들이 쏟아져나오고 있다. 영원한 건 절대 없어, 라고 빅뱅의 지드래곤이 노래했듯이 자본주의도 끝이 있다. 대다수 민중들의 의식이 점점 고도화됨으로써 그 속도에 맞춰 세상은 변해갈 것이다. 열심히는 살고 있는데, 뭔가 찜찜한 기분이 드는 민중이 많아질수록 자본주의는 급속히 스러져갈 것이다.

지배자들 입장에서는 교육수준이 높아지는 민중들이 꽤나 불안할 것이다. 요것들이 좀 멍청해져야 하는데 자꾸만 똑똑해지니 말이다. 다루기가 점점 어려워지는데, 그렇다면 요것들을 어떻게 요리한다? 그래 텔레비전을 이용하자. 채널을 300개로 늘리고, 24시간 볼 수 있도록 만들어라. 텔레비전 속에 빠져 생각할 겨를을 주지 마라. 정치에 관심 없게 만들어 버려라. 그래야 오래도록 내가 해먹지 않겠는가. 지배계급들이여 뭉치세. 그리고 만만대대 누리세. 우리의 권력을. 그래도 간혹 똑똑한 놈들이 솟아나오기는 한다. 뭐 그런 것쯤이야 크게 걱정하지 않는다. 어느 시대나 그렇게 튀는 놈들이 한둘은 있었으니까. 고놈들만 잘 처리하면 된다. 대다수의 민중 쓰레기들만 움직이지 못하게 하면 된다. 흐흐흐. 대학가기 힘들게 만들어 버리자. 서울대학교는 우리 지배계급만 갈 수 있도록 제도 적으로 고쳐놓자. 돈 있는 우리들만 법을 다룰 수 있도록 제도를 바 꿔놓자. 돈 없는 놈들이 우리 바운더리에 들어오지 못하도록 제도 를 굳혀놓자. 어디 건방지게 민중쓰레기들이 우리 자릴 넘본단 말 인가. 우리자리는 대대손손 세습해야 할 것들인데, 저런 것들이 자 꾸 들어오면 우리 자리가 모자란단 말이야. 그러니 우리끼리 합심 해서 좋은 세상 만들어 보세나. 대학가기 힘들게 만들어 버리자. 그 러니까 애들이 학교공부만 하게 만들자. 영어라는 것을 과대포장해 서 그걸 못하면 바보 취급을 해버리자. 영어 잘 한다고 우리에게 해 가 될 것은 없지 않은가. 영어공부, 학교공부에 몰입하게 만들어 이 세상 시스템이 어떻게 돌아가지는 알아채지 못하게 만들어 버리자. 지들끼리 지지고 볶게 만들어 뒤에서 조종하는 우리의 존재를 알아 채지 못하게 만들자. 그래, 우리 가진 거 많으니까 조그마한 선물은 하나쯤 주자. 지지고 볶는 것들 중 몇몇에게만 우리의 권력을 조금 나눠주자. 그 정도는 해야 참다운, 훌륭한, 바람직한 지배층이라 역 사에 기록되지 않겠는가. 이것들아, 어서 싸게싸게 굴러라. 니들끼 리 경쟁해서 나 좀 더 편하고, 더 배부르게 만들어줘라.

이 꼴 당하지 않는 유일한 방법은 독서뿐이로다.

쓸모없는 책

● 　　나는 책 예찬론자다. 하루의 낙을 독서로 삼고 있는 사람이다. 책을 통해 행복을 느낀다. 그래서 오랫동안 세상에 쓸모없는 책은 없다고 생각해왔다. 책은 유익한 것이고, 다른 어떤 것과 비교해도 손색이 없다고 생각했다. 포르노책도 그 나름의 존재 이유를 인정했고, 무협지, 만화, 잡지에 대해서도 부정하지 않았다. 그런데 요즘 들어 그 생각이 바뀌기 시작했다. 이덕일 선생인 쓴《우리 안의 식민사관》을 읽고 생각이 바뀌었다.

　　이른바 '침략삼서'라는 것이 있다. 기쿠치 겐조의《조선왕국》, 쓰네야 세이후쿠의《조선개화사》, 시노부 준페이의《한반도》를 뜻한다. 이를 '침략삼서'라고 부르는 이유는 저자들이 모두 대한제국에 직접 건너와서 침략의 행동대 노릇을 했다는 공통점이 있기 때문이다. 특히 기쿠치는 명성황후를 살해한 을미사변을 모의했던 당

사자였는데, 그답게《조선왕국》에서 임나일본부를 사실로 전제하고 청일전쟁에서 일본이 승리함으로써 조선이 청나라로부터 독립되었다고 썼다.

'침략삼서'는 조선을 극도로 미개하게 묘사하면서 사대성, 정체성, 일선동조론 등을 뒤섞어 설명하고 있었다. 논리는 혼재되어 있지만 초점만은 조선은 미개하고 자체 발전 능력이 없으니 같은 조상을 뿌리로 둔 일본이 점령해야 행복해진다는 궤변에 맞춰져 있었다.

이처럼 책은 누가 썼느냐가 중요하다. 왜곡된 사실을 진실처럼 포장하는 사람이 있고, 역사를 오역하는 사람들도 있다. 이런 책이 쓸모없는 책이다. 세상에 나오지 말았어야 할 책인 것이다. 어차피 책이란 것도 사람이 하는 말을 문자화시킨 것뿐이다. 강도도 쓸 수 있고, 친일파도 쓸 수 있고, 파렴치범도 쓸 수 있는 거다. 그런 이들이 쓴 책을 읽는다는 것은 그들이 하는 말을 듣는 것과도 같다. 따라서 책을 고를 때는 반드시 저자를 확인해야 한다.

그래서 책 읽는 것을 때론 이렇게 표현하기도 한다. '누구를 읽느냐' 혹은 '나는 요즘 누구를 읽고 있다'라고 말이다. 책의 제목을 말하는 것이 아니라 책을 쓴 저자의 이름을 대는 것이다. 강신주가 쓴《다상담》이란 책을 읽을 때 '나는 요즘 강신주를 읽고 있다'고 표현한다. 물론 네임밸류가 있는 저자를 말할 때만 사용한다. 사람들에게 알려지지도 않은 사람 이름을 대면서 말한들 누가 알아먹겠는가. 보통 고전을 읽을 때 이런 표현을 쓴다.

이제 알았다. 책과 독서는 나에겐 절대적인 경배의 대상이었다. 하지만 책은 수단이란 사실을 이제야 깨닫게 되었다. 책은 목적이 될 수 없다. 누군가 하고 싶은 말을 글로 적은 것뿐이다. 말로 녹음한 테이프와 같다. 모습과 말을 비디오로 찍은 영상물과도 같다. 따라서 더 이상 수단인 책을 절대시하지 않기로 했다.

그러나 독서행위는 아직까지도 나에겐 찬양의 대상이다. 문자를 읽고 머리로 해석하는 행위를 경배한다. 문자가 머리를 통해 이미 지화되는 것 자체가 너무 환상적이지 않은가. 인간만이 누릴 수 있는 신의 선물이다. 다만 책은 잘 골라야 한다. 저자의 이력을 먼저 파악한 뒤 읽는 게 좋겠다. 어떤 책인지 모르고 다 읽고서 경도되어 나쁜 길로 갈지도 모르기 때문이다. 진실을 말하지 않는 책이 바로 쓸모없는 책이다. 사람을 평가할 때 보통 진실된지 아닌지를 판단한다. 진실되면 좋은 사람, 그렇지 않으면 나쁜 사람이다. 책도 마찬가지다. 진실된 사람이 진실되게 쓴 책이 좋은 책이고, 거짓을 적어놓은 책이 쓸모없는 책이다. 우리는 이를 악서라고 부른다.

일본은 자국민들에게 왜곡된 역사를 가르치고 있다고 한다. 국가에서 거짓을 포장해서 진실인 듯이 가르치고 있는 것이다. 세계적으로는 인정해주지도 않는 역사를 마치 진실인 양 국민들에게 교육시키는 나라가 일본이다. 진실은 언젠가는 밝혀지게 된다. 일본 정부로부터 왜곡된 역사를 배운 지식인들이 나중에 자신들이 배운 것이 거짓이라는 사실을 알았을 때 얼마나 황당할까. 물론 지식인들만 그걸 깨달을 것이다. 대다수의 국민들은 그것이 진실인 양 죽을

003. 지극히 개인적인 양계장 김씨의 독서에 대한 잡생각

때까지 그렇게 알다가 갈 수도 있다. 이 얼마나 슬픈 인생인가.

자, 정리하자. 거짓을 말하는 책은 쓸모없는 책이다. 아니 위험한 책이다. 거짓말하는 사람치고 착한 사람 없다. 거짓말은 나쁜 것이다. 거짓을 말하는 자의 말을 들어서는 안 된다. 당연히 그가 쓴 책도 봐서도 안 된다. 오히려 더욱 싸워야 한다. 그런 말을 못하게 만들어야 한다. 대다수 평범한 사람들을 그 사람으로부터 지켜내야 한다. 세상에는 이상한 종교들이 많지 않은가. 옴 진리교도 그 중 하나였다. 교주는 거짓말로 신자들을 꼬드겨 못된 짓을 저질렀다. 세상에 해(테러)를 끼쳤다. 정상적인 사람들도 그 종교에 경도되었다. 왜 이런 일이 발생했을까? 잘못된 사람에게 현혹되었기 때문이다. 이런 꼴 당하지 않기 위해서는 다양한 사람들의 목소리에 귀를 열어야 한다. 한 사람 이야기만 듣고 그게 진짜라고 믿어서는 안 된다. 다양한 목소리를 듣기 위해서는 다양한 독서가 최적이 아닐까. 한 권만 읽고 경도되어 꼰대가 되지 말자.

자기개발

● 　　회사에서 종용하는 것도 그렇고, 본인이 스스로 느껴서도 그런 듯, 많은 사람들이 자기개발에 열을 올리고 있다. 물론 그냥 탱자탱자 하루를 보내는 사람도 많지만 점점 그 수가 줄어드는 것 같다. 과학이 발달하면서 기대수명이 길어졌으니 늙어서까지 돈을 벌어야 하고, 그냥 직장 하나만 바라보고 있기엔 왠지 불안하기 때문일 것이다.

직장후배 중 한 명은 양계장 근무에 걸맞게 굴삭기 자격증에 도전한다는 얘기를 들었다. 근무하고 시간을 쪼개서 자격증 취득을 하는 것이리라. 굴삭기 자격증을 따려면 들어가는 돈도 만만치 않을 것이다. 어떤 사람은 매일 영어공부를 하느라 학원에 등록한다. 학원비도 만만치 않으리라, 또 왔다갔다 하는 시간은 어떻고. 또 어떤 부류는 자격증 따는 것에 재미를 들였는지, 굴삭기 따면, 지게차에 도전하고, 이루면 ○○관리사니 뭐니를 또 따고, 트레일러에 도전하고 등등 열을 올린다. 가만히 그네들의 삶을 바라보고 있으면 왠지 나만 뒤쳐져 있다는 느낌이 든다. '다들 열심히 사는 구나. 나는 도대체 뭐하고 있는 거지?' 위기감마저 드는 것도 사실이다.

그런 위기감을 느꼈다면 스스로 뭔가를 실행해야 한다. 그러면 된다. 남들 얘기만 듣고 나에게 맞지도 않는 자격증 따느라 헛수고할 필요는 없다. 영어에 젬병인데 굳이 영어를 배우려고 할 필요도 없는 것이다. 본인에게 맞는 것을 하면 된다. 음악을 좋아하면 악기를 배우면 되고, 사진을 좋아하면 사진을 찍으면 된다. 직장 다니면서 자기마음대로 할 수 있는 게 거의 없는데, 자기개발마저 입맛 안 맞게 남들 하는 대로 할 필요가 없다. 그래서 나는 나에게 제일 맞는 '독서'를 한다. 나는 독서로 자기개발을 한다. 그게 나에게 맞다.

자기개발을 하긴 해야 하는데 도저히 뭘 할지 모르겠다면 나처럼 책을 읽자. 학원 다닌다고 왔다갔다 하기 귀찮거나, 학원 다닐 정도로 경제적 여유가 없거나, 시간이 없다면 그냥 책을 읽으면 된다. 기능을 습득하기가 싫다면 책을 통해 통찰력이나 얻어보자. 영어는 기능이다. 굴삭기도 기능, 사진도, 낚시도 다 그렇다. 그러나 독서는 기능이 아니다. 통섭과 통찰의 고차원적인 사고력을 키우는 것이다. 본인이 몸치라면 머리나 굴리자. 그래도 된다.

눈에 보이지 않는 것들을 다루는 것이 독서다. 현물이 아니다. 머릿속 생각의 결과물이다. 손으로 잡을 수 없다. 그냥 머리만 굴려주면 된다. 게으른 사람이 딱 하기 좋은 자기개발이다. 그렇다면 어떤 책을 읽어야 할까? 당연히 좋아하는 책을 읽으면 된다. 자기개발할 때는 자기가 좋아하는 것을 해야 한다. 늘 등 떠밀려서 억지로 사는데, 이것마저 포기할 수는 없지 않은가. 자기개발을 할 때는 행복해야 한다. 그렇지 않으면 그건 자기개발이 아니고 자기학대가 될 것이다. 드라마를 좋아하면 소설을 읽으면 되고, 짤막한 글을 좋아하면 시를 읽으면 된다. 자기계발 서적이 당기면 그것을 읽고, 역사를 좋아하면 역사를, 철학이 꽂히면 철학을 읽으면 된다. 자신이 좋아하는 분야의 책을 읽는 과정에서 쾌감을 느끼게 되고, 독서가 계속될수록 그 분야에서 점점 자신의 입지를 세울 수 있게 된다. 저렴하게 자신을 만들어보자.

"사람 많은 곳에 가지 마라"는 옛말이 있다. 불난 곳에 불구경 가면 방화범으로 몰릴 수 있고, 도둑맞은 집에 구경 가면 도둑으로 오해받을 수 있다고 한다. 남들이 다 좋아하는 곳에 가면 무한경쟁체제 속에 들어가는 꼴이니 얼마나 인생이 피곤해지겠는가. IT가 유행이면 그 대열에 끼고자 하고, 전기전자가 유행이면 그 대열에 끼려다 보니 스스로 몸값을 낮추는 꼴이 된다. 이는 자기개발에도 그대로 적용된다. 다들 영어하니까 나만 안 하면 뭔가 뒤처지는 느낌이 들어 하기도 싫은 영어공부에 매달리게 되니 그게 잘 될 리가 있겠는가.

자기개발은 말 그대로 자기를 위한 개발이다. 자신을 위해야 한다. 이기적으로 생각해야 한다. 남을 위해서 자기를 개발하는 것이 아니라 자기를 위해서 하는 거다. 그런데 많은 사람들이 자기를 위해 개발을 하지 않고 남을 위해 개발을 한다. 그건 개발이 아니다. 소발이다. 아니 닭발이다. 자신이 좋아하는 일을 해야 진정한 자기 개발이다. 우리가 많이들 착각하는 것이 자기개발에 대한 정의다. 밥벌이 수단으로써의 자기개발, 커리어를 높이려는 자기개발, 스펙을 위한 자기개발은 자기개발이 아니다. 자기학대일 가능성이 높다. 밥을 버리고 생각하자. 왜 우리는 늘상 밥 때문에 살아야만 하는가. 밥은 밥대로 내버려두고 진정 나를 위한 것을 해보자는 거다. 밥은 먹을 만큼만 벌면 된다. 얼마나 많이 벌어야 배가 부르겠는가. 밥에 그리도 목숨 걸며 살고 싶은가. 전쟁이 터지지 않는 한 다 먹고는 산다. 밥은 그대로 두고 나를 위한 일이 뭔지 생각해보는 거다.

나를 위한 시간, 나를 위한 행위, 나를 위한 생각을 해본 적이 있는가. 사회적으로 인정받는 거 말고 진짜 내가 원하는 것을 해본 적이 있는지 자문해보자. 밥타령은 이제 그만두자. 내가 진짜로 해보고 싶은 것을 개발해보자. 학창시절 연극을 하고 싶었는데 여차여차 해서 꿈을 접고 그냥 밥벌이로 직장을 다닌다면 연극을 자기개발로 삼는 거다. 가수가 꿈이었는데 어찌어찌 하다 보니 포기했다면 이제 그걸 자기개발로 해보자. 이런 게 진정한 자기개발이다. 자신이 진정으로 원했던 일, 정말 하고 싶었던 일을 해보는 거, 노력하는 거, 힘 써보는 거, 그런 게 자기개발이다.

밥의, 밥을 위한, 밥에 의한 것은 더 이상 자기개발이 아니다. 밥벌이개발일 뿐이다. 무엇을 원했는지, 이루지 못한 꿈이 무엇인지,

나는 무엇을 원하고 있는지 오늘밤 곰곰이 생각해서 결론을 내보자. 더 이상 미루면 안 된다. 지금 이 순간도 시계는 우리를 죽음으로 인도하고 있다. 멈추지 않는다. 죽는 순간 후회하고 싶지 않다면 오늘밤을 넘기기 전에 결단을 내려야 한다. 이 글을 읽는 순간이 마지막 기회가 될 것이다. 이 마지막 기회를 절대로 놓치지 말자. 나는 무엇을 원했던가? 나는 뭐가 되고 싶었던가? 나는 무엇을 원하고 있는가?

독서는 수단이다

●　　　독서는 목적이 아니다. 독서를 하는 이유는 인생을 보다 잘 살기 위해서다. 물론 독서 자체가 주는 궁극의 기쁨이 있지만, 그것도 다 잘 사는 범주 안에 들어간다. 책을 읽고 감동받는 것, 기뻐하는 것, 슬퍼하는 것 등등 모두가 잘 살고 있다는 뜻이다. 독서는 만능이 아니다. 독서가 좋은 점이 많지만 폐단도 분명히 있다. 많은 장점이 있고, 인간을 인간답게 살 수 있도록 만들어주는 데는 최고의 도구이지만, 독서가 만능이라고는 말하고 싶지 않다.

난독증 환자들에게 어떻게 독서를 권하겠는가? 글만 보면 눈알이 팽글팽글 돌아 머리가 띵해지는데 독서를 마냥 권할 수만은 없다. 독서를 한다고 해서 다 성공하는 것도 아니다. 성공확률이 높아질 수는 있겠으나 다 성공한다는 보장도 없고, 또 독서를 안 한다고 해서 모두 실패한다는 법도 없다. 영국의 버진그룹 회장 리처드 브랜슨은 난독증이 있어서 책을 보지 못한다. 그럼에도 불구하고 그는 성공한 CEO가 되었다. 시스코 시스템즈의 존 체임버스도 그렇고, 투자회사를 경영하고 있는 찰스 슈왑도 그렇다.《어떻게 차별화를 할 것인가》, 북씽크, 김병완) 꼭 책만 고집할 수 없는 이유다.

독서가 좋긴 한데, 참 좋은데 독서를 못할 형편이라면? 꼭 책을 통할 필요는 없다. 자신에게 맞는 것을 선택하면 된다. 미디어를 최대한 이용하면 된다. 참 좋은 세상이다. 인터넷을 돌아다니다 보면 명강사들의 강의자료가 널려 있다. 대부분 공짜다. TED, 강연 100℃, 세상을 바꾸는 시간 15분 등등 자료가 많다. 또한 도움이 되는 다큐 프로그램이 얼마나 많은가. EBS 사이트에만 들어가도 좋은 자료들이 널려 있다. 심지어 책을 읽어주는 팟캐스트들은 얼마나 많은가. e북으로 책 읽어주는 기능도 있고, 오디오북도 널려 있다. 책을 못 읽으면(읽고 싶지 않으면) 이런 것들을 충분히 이용하면 된다.

그럼에도 불구하고 나는 독서가 최고라고 생각한다. 미디어로 보는 것과 텍스트로 보는 것에는 미묘한 차이가 있다. 미디어는 나만의 새로운 해석을 내릴 겨를이 별로 없다. 그냥 주어진 화면을 따라가기 바쁘다. 하지만 독서는 반드시 뇌를 굴려야 하는 수고로움을 동반한다. 기왕 같은 정보를 받아들여도 뇌를 굴리는 게 낫지 않겠는가. 난독증 환자라면 어쩔 수 없다. 독서 말고 다른 방법을 차선으로 찾으면 된다. 어차피 책이란 것도 무언가를 전달하는 매개체일 뿐이다. 독서가 절대적인 목표는 아니다. 뭔가를 얻기 위한 수단일 뿐이다.

성공하려면
책을 읽어야 한다

● 　　게리 해멀이 쓴 책《꿀벌과 게릴라》에는 이런 말이 있다.

"책 읽지 않는 사람은 평생을 똑같은 수준으로 부지런히 꿀벌처럼
일할 수는 있지만, 게릴라처럼 갑자기 출세하거나 사업에 성공하지
는 못한다."

〈화두잡이〉꼭지에서도 이 문구를 인용했는데, 나는 너무도 이
문구를 좋아하여 한 번 더 인용하여 독자분들을 괴롭힐 것이다. 나
에게 힘과 용기를 주는 문구다. 나처럼 비빌 언덕이 없는 사람에게
희망을 주는 말이다. 돈도 없고, 빽도 없고, 정말 혼자만의 힘으로
살아가야 하는 나에게 이 문구는 위로가 되고 용기를 준다. '그래,
책을 읽자! 내가 할 수 있는 유일한 일은 독서밖에 없다.'
　나는 이 문구를 수시로 보면서 생각하고 음미한다. 암기력이 약

해 금방 잊지만 그 뜻을 늘 기억하려고 노력한다. 어떤 사람들은 밑줄 노트를 작성하여 가지고 다니면서 암송한다고 한다. 세뇌시키는 거다. 세뇌되면 행동화를 끌어낼 수 있고, 행동화되면 삶을 더 빨리 변화시킬 수 있다.

나는 평생을 꾸준하게 살고 싶은 사람이다. 열심히는 아니고 꾸준하게 착실하게 벽돌을 하나하나 쌓듯이 살고 싶다. 꿀벌처럼 부지런히 일을 하고 싶다. 그러나 평생 똑같은 수준으로 살고 싶지는 않다. 어제보다는 나은 오늘이길 원하고, 오늘보다 나은 내일이길 바란다. 게리 해멀의 말대로 책을 읽지 않으면서 평생 똑같은 수준으로 일하는 꿀벌이 되고 싶지는 않다. 꾸준히 살되 행운, 출세, 성공을 원한다.

반대로 되새겨보자. 갑자기 출세하거나 사업에 성공하고 싶다면 책을 읽어야 한다. 책을 읽지 않으면 성공할 수 없다. 책을 읽어야 성공할 수 있다. 평생 고만고만한 인생을 살 것인가, 아니면 남들 부러워할 만한 출세를 하고 싶은가. 선택은 본인의 몫이겠다.

그런데 왜 책을 읽어야 성공할 수 있을까? 견문을 넓혀주니까? 많은 정보를 얻을 수 있어서? 나보다 잘난 사람들이 한 말에서 뭔가를 얻을 수 있어서일까? 내가 생각하기엔 그건 부차적인 것이다. 책을 읽는 가장 큰 이유는 '생각하는 힘'을 길러주기 때문이다. 바둑도 생각의 힘을 길러주고, 장기도 그렇지만 책보다 세지는 않다. 바둑이나 장기는 일정한 범위 안에서 일정한 형식을 갖고 하기에 그 깊이가 책보다 깊을 수가 없다. 그러나 책은? 형식이 없다. 범위도 없다. 이 세상과 이 세상 밖의 모든 것을 다룬다. 그리고 우리에게 생각할 것을 던져준다. 책을 읽고 생각하면서 우리는 조금씩 나아지는 것이다. 그러다 보면 성공도 오는 것이요, 출세도 오는 것이다. 일종의 '뽀나스'인 것이다.

글을 인용한 김에 몇 개 더 인용해보자.《독서를 통한 자기계발》이라는 책에 보면 다음과 같은 글이 나온다.

작가가 공급하는 재료와 당신이 내어놓을 수 있는 재료가 서로 딱 맞지 않으므로 조정을 해야 한다. 바로 여기서 상상력이 필요하게 된다. 서로 잘 어울리지 않는 것을 한데 놓으려고 할 때 우리는 상상력을 이용한다. 상상력을 활발하게 가동시키기에 가장 좋은 방법은 시와 소설을 열심히 읽는 것이다. 시와 소설을 읽으면서 그 내용을 이해하려면 쉴 새 없이 상상력을 가동해야 하기 때문이다.

이런 과정을 통해 자연스레 생각의 힘이 길러질 수밖에 없다.

하나 더 인용해보자. 공병호 박사는 '네이버 지식인의 서재'의 인터뷰에서 이렇게 말했다.

마지막에 나를 지켜줄 수 있는 것은 창조성이다. 그 창조성은 생각할 수 있는 능력에서 나온다. 생각할 수 있는 능력은 읽고 사유하는 독서력에서 나온다.

책 읽는 게 나쁘다고 말하는 사람을 한 사람도 보지 못했다. 독서는 좋은 거다. 하다 보면 출세도 성공도 자동 따라오게 되어 있다. 그 시스템 속으로 퐁당 빠져보자.

업무를 예로 들어보면, 매일 똑같지는 않겠지만 주기적으로 보면 업무가 반복된다. 시간이 지나면서 처음에는 1시간 걸리던 일이 30분이면 할 수 있게 된다. 업무의 속도는 빨라지겠지만 관련 분야에 대한 독서를 하지 않으면 획기적인 발전은 없다. 내가 일하는 양계만 해도 그렇다. 지속적으로 닭의 육종이 개발되고, 거기에 따른 사양관리법이 새롭게 나오는데 책을 읽지 않으면 모른다. 과거의 것에만 집착하면 꼰대로 전락하고 만다. 물론 세미나나 교육을 통해서도 가능하겠지만, 돈과 시간이 많이 든다. 이에 비해 책은 얼마나 빠르고 저렴한가. 결국 세미나나 교육도 책을 통해서 이루어진다.

오늘 나는 영화를 보고 저녁을 먹고 서점에 갔다. 많은 사람들이 책쇼핑을 하고 있었다. 사실 내가 서점에 간 목적은 나의 첫 책이 잘 진열되어 있나 보고 싶어서였다. 예전부터 내가 꿈꿔오던 일이었다. 가족과 함께 서점에 가서 내가 쓴 책이 진열되어 있는 모습을 감상하는 것. 늘 꿈꿔오던 것이었다. 오늘 그 꿈을 이루었다. 신간서적 코너에 내 책이 놓여 있었다. 흥분이 됐다. 행복했다. 양계장 김씨로 일하는 내게 이런 일이 벌어졌다. 어떻게 해서 나에게 이런 일이 일어날 수 있었겠는가. 책을 읽었기 때문이다. 다른 이유는 없다. 나는 책을 읽은 거밖에 없다. 9년 전 책을 읽기로 결심하고 꾸준히 책을 탐독했다. 그랬더니 이름 석 자 딱 박힌 내 책이 전국 서점에 쫙 깔렸다. 게리 해멀의 말처럼 책을 읽지 않았다면 나는 꿀벌처럼 양계장에서 계속 일만 했을 것이다. 그러나 나는 지금 양계장에서 일도 하지만 책쓰는 작가도 되었다.

　서점에서 내 책을 보고서 나는 책 주위를 맴돌았다. '내 책을 누가 사주지 않을까? 저 남자가 내 책 근처로 가는구나. 내 책을 봐줄까? 어, 저 여자가 내 책은 안 보고 다른 책만 보네. 내 책도 좀 봐주지. 관심 좀 가져주지.' 그렇게 30분을 서성였다. 그러나 단 한 사람도 내 책에 관심을 가져주지 않는 진기한(?) 경험을 하게 되었다. 신입작가로서 가슴 아픈 경험이었다. 가족과 함께 내 책을 서점에서 구경하는 꿈이 이루어진 날과 동시에 팔리지 않는 작가가 된 경험을 하게 된 것이다.

　그래도 어쨌든 꿈이 이루어졌다. 학창시절 백일장 같은 데는 나가본 적도 없고, 글을 써본 적도 없는 내가 책을 내다니 이게 어디 가당키나 한 일인가. 갑자기 출세를 하거나 사업에 성공하지는 못했지만 한 가지 확신은 있다. 책을 읽으면 반드시 대가가 돌아온다. 그 어떤 투자보다 확실하다. 손해 없는 투자다. 투자실패율이 제로다. 글만 읽을 줄 알면 된다. 책은 절대로 배신하지 않는다.

TV의 무차별 공격

● 　　통계청에서 발표한 '2014년 생활시간 조사' 결과에서 재미있는 점을 발견하였다. 우리나라 10세 이상 국민들 중 80% 이상이 TV시청을 한다고 했고, 평균 시청시간은 2시간 남짓이라고 한다. 반면, 책 읽는 10세 이상 국민은 10%였고, 이들의 독서시간은 1시간 정도였다. 5년 전에 비해 책 읽는 국민의 비율이 감소했다고 한다.

　정보수집 측면에서야 TV보다 빠른 게 어디 있겠는가. 뉴스도 24시간 무제한 제공된다. 물론 했던 얘기 또 하고 또 하지만, 신속성 측면에서 따라올 게 없다. 미디어 시대라 온갖 미디어로 넘쳐나는데 어디 책 읽을 시간이 있겠는가. 채널만 해도 수백 개다. 나 어릴 적만 해도 TV 채널은 고작 대여섯 개였다. KBS1, KBS2, MBC, EBS, AFKN이 전부였다. 그러다가 SBS가 가세한 게 다였다. 그것도 한낮에는 방송을 하지 않았다. 5시쯤 되어야 '동해물과 백두산이~' 애

국가가 방송되면서 TV시작을 알렸고, 밤 12시가 지나면 다시 애국가가 나오면서 방송의 끝을 알렸다. 더 보고 싶어도 더 볼 수 없는 '행복한(?)' 상황이었다. 그러나 지금은 어떤가? 24시간 무한 방송이다. 정말로 할 거 없는 사람들은 하루 종일 TV만 켜놓고 있어도 심심하지 않다. 나도 백수시절 얼마나 TV의 도움을 많이 받았던가. 본 거 또 보고 또 봐도 질리지 않는 마약과도 같았다. 채널은 또 얼마나 많은가. 박명수 얼굴을 엄마 얼굴보다 더 많이 본 것이다.

방송사가 많아지고, 채널이 늘고, 방송시간이 24시간이니까 당연히 국민들 TV시청이 늘 수밖에 없다. 현대인들은 TV 앞에서 모여서 TV가 말해주는 것을 본인들 스스로의 의지에 의해 그대로 받아들이고 흡수한다. 좌편향적 방송이든, 우편향적 방송이든 처음에야 비판적 시각을 가질지 모르지만, 꾸준한 흡수로 인해 그마저도 마비되어 그저 그들이 들려주는 대로 점점 세뇌되어 간다. 내가 통치자라면 똑똑한 국민보다 멍청한 국민이 많았으면 좋겠다. 그래야 다루기 편하고 해쳐먹기 편하지 않겠는가. 내가 친일파의 후손인데, 국민들이 역사의식을 너무 가진 나머지 우리 조상들의 비리를 파헤치자고 운동이라도 일으키면 어떻게 하나, 에잇 방송국 늘리고 방송 늘려서 재미있는 쇼오락 프로그램이나 스포츠를 쫙 깔아라. 그거나 보면서 시간 보내게. 똑똑해지면 다루기 피곤해진다. 요즘 것들은 다들 대학 나와서 똑똑해져서 피곤하다. 이런 놈들 다루기엔 TV만한 게 없다. 독일국민을 좌지우지하며 전체주의로 이끌고 갔던 히틀러는 이런 말을 했다.

"우리 리더들에겐 얼마나 좋은 일인지 몰라."

히틀러는 자기 측근들만 모인 자리에서 이렇게 말하곤 했다.

"사람들은 생각이란 걸 안 해. 그러니까 뻥을 크게 치라고. 쉽고 간
단하게 말해. 계속 말하는 거야. 그러다 보면 어느 순간 사람들은
그걸 믿는단 말이지."

–《1100만 명을 어떻게 죽일까?》앤디 앤드루스

TV 채널이 느니까 현대인들이 바빠졌다. 드라마만 하더라도 예
전에는 고작 2~3개만 관리하면 됐는데, 이제는 5~6개를 봐야 한다.
시간이 안 맞아도 상관없다. 자기가 보고 싶은 시간에 언제든지 볼
수 있는 시스템까지 만들어졌다. TV시청시간이 늘 수밖에 없는 시
스템 속에 현대인들은 갇히고 말았다. 물론 TV가 이렇게 활성화되
기 전 시대에도 책 안 읽는 사람은 읽지 않았다. 대신 다른 생산적인
일을 할 가능성이 있었다. 지금은 주구장창 가만히 앉거나 누워서
시간만 때우고 있다. 단편적이고 말초적인 자극만 받으면서 점점
생각할 시간을 도둑맞고 있는 것이다.

이를 깨달은 몇몇 부인네들은 TV 없는 집을 만들기 위해 노력한
다. 그게 안 되면 옛날 TV처럼 여닫이문이 있는 TV를 구매해서 보
고 싶을 때만 문을 열어 보고 다시 닫아 놓는다. 전혀 안 볼 수야 없
으니까. 이렇듯 이제는 TV의 무차별 공격에서 스스로 살아남으려
고 노력해야 한다. 그냥 그대로 방치했다간, 자신도 모르게 점점 자
신의 소중한 시간과 생각을 어느 누군가에게 도둑맞을지 모른다.

나는 옛날이 좋다. 낮에는 TV가 나오지 않아 백수들이 정말 할 짓이 없어 무협지라도 빌려다 읽던 시절이 더 좋다. 친구에게 전화를 걸고 싶으면 집전화로 전화를 걸어 먼저 자기소개를 하고 친구를 찾던 그 시절이 더 좋다. 보고 싶은 프로그램이 있으면 그 시간 맞춰서 TV앞에 앉아 보는 맛이 좋았고, 전화로 약속을 하고 약속장소에 늦지 않기 위해 헐레벌떡 뛰던 시절이 더 좋았다. 게임을 하려면 꼭 오락실에 가야만 했던 시절이 좋았다. 지금은? 24시간 무제한 TV의 폭격으로 백수들은 더욱 백수가 되기 위해 TV에 빠져들고, 친구에게 곧장 카톡을 날려 안부를 묻고 이 친구가 내 메시지를 봤나 안 봤나까지 염탐할 수 있게 되었다. 보고 싶은 프로그램은 언제든지 버튼 몇 번으로 정주행할 수 있고, 약속시간에 조금 늦을 듯하면 전화를 걸어 좀 늦는다고 말하면 그만이다. 요즘은 이게 폰인지 게임기인지 언제든지 누워서도 할 수 있는 시대가 되고 말았다.

　정말 정신 똑바로 차리지 않으면 안 되는 세상이다. 무차별적인 TV의 융단폭격 속에서도 살아남아야 하고, 그 잘난 스티브 잡스가 만든 스마트폰(나는 역으로 이디어트폰 idiot phone이라고 부른다)에 전방위적으로 포위당해 살아가고 있다. 호랑이 아가리 속에서 살고 있는 격이다. 호랑이굴에 들어가도 정신만 바짝 차리면 된다는데, 호랑이 아가리 속에서 태어나고 자란 우리들은 정신 차릴 생각조차 못하는 바보가 되었다. 이 글을 읽은 독자들은 그래도 조금은 깨어 있는 분들이시겠지만, 안심하지 마시라. 방심하는 순간 TV에, 이디어트폰에 두세 시간 빼앗기는 건 식은 죽 먹기다.

자기 것을 잘 지키며 살아야 하는 시절이다. 순간의 방심으로 자신의 시간을 도둑맞기 딱 좋은 세상이다. 앞으로 더 그렇게 될 것이다. TV를 통해, 게임을 통해 사람들의 머리는 순간순간 팍팍 도는 잔머리 지수는 발달할 것이다. 그러나 예전처럼 진득하고 깊이 있고 느긋한 사고의 맛은 점점 줄어들 것이다. 역사는 돌고 돈다는데 어쩌면 제2의 히틀러가 또 등장할지도 모른다. TV와 이디어트폰을 무기 삼아...

어려운 책을 읽어야
성장한다

● 　　　　독서습관을 잡는 초기에는 쉬운 책으로 시작해야 된다. 만화책도 좋고, 추리소설, 무협지가 딱이다. 그러나 어느 정도 습관이 잡혔다는 느낌이 들면 방향을 선회해야 한다. 계속 그것만 잡고 있어서는 안 된다. 물론 시간이 오래 흐르면 자연스럽게 다른 분야로 갈아타기는 하지만, 좀 더 성장하고 싶다면 의도적인 노력이 필요하다. 책을 1,000권 넘게 읽었는데도 그 자리인 것 같다면 지금까지 읽었던 책을 검토해보자. 쉬운 책으로 놀이만 한 것이 아닌지 말이다. 성장을 원한다면 머리 아프게 하는 책을 읽어야 한다.

　무협지만 보는 어떤 사람이 있다. 그는 시중에 나온 무협지를 거의 다 읽을 정도로 무협광이었다. 그러나 그는 다른 책을 보지 못한다. 도저히 이해할 수 없기 때문이다. 무협지는 그리도 술술 잘 읽는데 다른 책을 전혀 보지 못한다. 쉬운 책만으로 독서를 했기 때문이다. 문제가 있는 것이다.

쉬운 책은 아무리 많이 읽어도 큰 발전을 이루기 힘들다. 그 좋은 독서는 했지만, 발전에는 큰 도움이 되지 않았다. 이것은 궁극적으로 우리가 말하는 독서와는 차원이 다르다. 그냥 놀이에 준한다. 유희에 준하고, 마음 상하게 말하면 그냥 시간낭비한 꼴이다. 그건 독서가 아니다. 진정한 독서는 자신을 성장시킬 수 있어야 한다. 그럴려면 머리 아픈 책을 읽어주어야 한다.

책이 어렵다는 것은 생소하기 때문이다. 자신의 관심분야가 아니고, 처음 대하는 것을 말한다. 단어 뜻도 모호하다. 뭐가 뭔지 모른다. 황당하다. 이게 글인지, 내가 그동안 읽은 책이 얼만데 도대체 이해가 가지 않는다. 바로 이런 책을 읽어야 성장할 수 있다. 책이란 얼마나 좋은가. 우리는 새로운 곳에 갔을 때 주변 사람들의 눈을 의식한다. 멍청해 보이고 싶지 않고, 얼떠 보이고 싶지도 않다. 그래서 대개 어색한 곳을 피한다. 그러나 책은 어떤가. 눈치 볼 게 없다. 그냥 툭 까놓고 '그래, 나 여기에 대해서 잘 몰라. 그래서 배우려고 왔어. 뭐 어쩔건데?'라고 말해도 들어주는 사람이 없어서 편하다. 그냥 다 내려놓고 기초부터 차근차근 밟을 수 있다. 그것도 매우 저렴한 가격으로 말이다.

나를 성장시켜주는 책만 보는 것도 문제가 될 수 있다. 그동안 들였던 독서습관이 싸그리 뭉개질 수 있기 때문이다. 그래서 쉬운 책을 읽다가 자신감이 붙으면 어려운 책에 도전해보는 게 좋다. 그러다가 나가떨어지고 다시 쉬운 책으로 갔다가 다시 도전하는 것을 반복해보는 거다. 그러다 보면 어려운 책도 하나하나 정복할 수 있고, 서서히 그 분야가 익숙해진다. 그렇게 분야를 하나하나 깨부수게 되면 그야말로 통찰력, 통섭력이 생겨나게 된다.

창의적이고 싶고, 창조적이고 싶다면 다소 생소한 분야의 책을 읽는 게 좋다. 익숙한 분야와 생소한 분야의 접점이 생기면, 바로 거기에서 창의력과 창조력이 나오게 된다. 그런 접점들이 많이 생기고, 농밀해지게 되면 보다 뛰어난 창의력과 창조력이 탄생되는 것이다. 책으로 놀지만 말고 성장도 해보자. 물론 노는 것도 좋은 거지만.

나에게도 어려운 책은 많다. 아직 독서력이 상당 수준에 이르지 못했기 때문이다. 고작 9년 읽고 뭘 바란단 말인가. 9년의 기간은 독서습관을 들이는 기간이었다고 보는 편이 맞겠다. 이제 슬슬 책을 읽을 준비가 되었다고 보면 되겠다. 이제부터 본격적인 독서가 될 것이다. 처음엔 소설도 못 읽었다. 공감능력이 완전 바닥이었다. 등장인물들의 이름도 헷갈려서 메모해가면서 읽던 기억이 난다. 소설을 별로 좋아하지 않아서 그렇기도 하다. 가장 정점을 찍었던 소설은 마르케스의 《백년동안의 고독》이었다. 등장인물들이 대를 거쳐 나오는데 계속 겹친다. 이름도 남미쪽이라 잘 들어오지 않았다. 이런 식이다. 아버지가 호세 아르카디오 부엔디아이고, 큰아들은 호세 아르카디오다. 둘째아들이 아우렐리아노인데 이 이름들이 손자대에서도 나온다. 그러니 완전 돌아버리는 거다. 나는 오기로 가계도를 그려가면서 이 소설을 완독한 후로 남미쪽 소설은 거들떠보지 않게 되었다.

가계도 하니까 생각이 난다. 무협소설《호위무사》가 있다. 등장 인물이 자못 많았다. 그래서 가계도를 그렸다. 당시 그렸던 것을 공개해보면 다음과 같다.

1대	용중군		
2대	용공공 부인들 1.공효림 2.야묘아 야시랑 3.해금영		
3대	용무성*유소소	용대성*만금련	용화성*당호령
4대	용설아	용설향	용천우*남궁연
	용철우*팽예린	용지우	

무협지를 보면서 가계도를 그리는 나를 본 아내는 허리가 꺾여라 웃어댔다. "무슨 무협지를 보는데 가계도까지 그려? 푸케케켈." 아니, 이해가 가지 않는데 정리하면서 읽는 거야 당연하지 않은가. 앞의 내용이 자꾸 헷갈려서 진도를 나갈 수가 없는데 어쩌란 말인가. 참고서가 따로 있는 것도 아니고 결국 내가 정리하면서 읽어야 하지 않겠는가.

이렇듯 어려운 책을 읽을 때는 정리하면서 읽으면 도움이 된다. 앞의 내용이 잘 들어오지 않을 때도 필요하다. 앞으로 책장을 넘겨 쉽게 찾을 수 없기 때문이다. 하나하나 정리해가면서 찬찬히 읽으면 어려운 책도 정복할 수 있다. 나는 알게 되었다. 내가 왜 자기계발서를 좋아하는지 정확히 이 순간 알게 되었다. 자기계발서는 따로 정리할 필요가 없다. 이미 정리되어 나온 책이다. 자기계발서 저자들의 특징이다. 정리하는 것을 좋아하고 요약하고 핵심을 뽑아내는 것을 업으로 하는 사람들이 쓴 책이니 그렇지 아니하겠는가. 얼마 전에는 《까라마조프 씨네 형제들》에 도전했었다. 이놈의 러시아식 이름들은 왜들 긴지. 저자 이름만 해도 그렇다. 표도르 미하일로비치 도스토예프스키. 한 보름 읽었나 보다. 주인공인 알렉세이 표도로비치 까라마조프의 이름은 아직도 기억이 나지 않는다. 드미뜨리, 뾰뜨르 알렉산드로비치 미우소프, 라끼찐, 까쩨리나 이바노브나, 리자베따 스메르자쉬차야, 으악! 토나올려고 한다. 오늘부로 내 러시아식 이름을 짓겠다. 빠까빠까빠까 곤자일로 표도로쒜키.

불안한 인생 해결법

● 　　책을 잡고 있으면 잡념을 없앨 수 있다. 물론 어려운 책보다는 재미있는 책이라야 한다. 현실이 고통스러울 때 책의 도움을 간혹 받곤 한다. 현실을 잊고서 무협소설의 주인공이 되어 중원바닥을 평정하기라도 하면 그 얼마나 통쾌한가. 유머집을 보면서 키득거려도 그만이다. 어떤 사람들은 현실을 잊기 위해 게임에 빠지기도 한다. 이왕 빠질 거 게임보다야 책이 낫다. 게임은 남는 게 없다. 캐릭터 레벨이나 오를 뿐이다. 아, 요즘은 게임으로 돈을 벌 수 있다고 하는데 그저 푼돈일 뿐이다. 게임에서는 말초적 단순쾌락을 얻을 뿐이다. 그걸로는 현실을 잊을 수는 있어도 이겨낼 수는 없다. 그에 반해 책은 현실을 이겨낼 수 있는 힘을 준다.

　책을 통해 위로도 받을 수 있다. 앞서 간 사람들로부터 조언도 들을 수 있다. 이보다 더 힘든 시대를 살아냈던 구한말 독립운동가의 삶을 통해 새로운 용기를 얻기도 한다. 원하는 것을 얻을 수 있는 비법은 모두 책을 통해 가능해진다. 돈이면 돈을, 건강이면 건강을, 사랑, 명예, 출세 등등 이 모든 것을 책으로 배울 수 있다.

　요즘은 정년이 없는 시대다. 평생직장의 개념이 사라진 지 오래다. 회사가 잘 나갈 때야 모르지만 불경기가 닥치면 언제 짐 싸서 집에 가야 할지 모른다. 회사는 우리를 끝까지 책임져주지 않는다. 결국 홀로 살 길을 개척해야 하는데 무엇으로 할 것인가? 무기도 없이 무림천하를 주유할 수 있겠는가? 관우도 청룡언월도를 갖고 다녔고, 장비도 장팔사모를 사용했다. 우리는 무엇을 갖고 있는가? 우리는 책이면 된다. 청룡언월도나 장팔사모 같은 명기는 구하기 어렵지만 우리의 책은 다행스럽게도 구하기 쉽다. 사방에 공짜로 널렸다. 책으로 우리는 무림을 평정할 수 있다.

　제일 많이 생겼다 제일 많이 없어지는 게 치킨집이라고 한다. 퇴직금에 대출 조금 보태서 만만하게 할 장사가 치킨집이다. 잘 다니던 직장 그만두고 자기 사업하는 거야 모든 직장인의 꿈 아닌가. 혹은 회사에서 잘려 제일 할 만한 게 치킨집이 아니던가. 개업도 많고 폐업도 많은 게 치킨집이다. 왜 그들은 불나방과 같이 치킨집으로 덤빌까. 많은 사람들이 모이는 곳은 과다경쟁이 불 보듯 뻔하고 소비자를 현혹시킬 특별한 것이 없으면 당연히 망하는 거 아닌가. 장사를 하더라도 그 분야의 책을 모조리 섭렵한 후에 '뎀벼도 뎀빌'일이지 무턱대고 남의 말만 듣고 하기엔 그 용기가 너무도 가상하지 아니한가. 안철수는 바둑을 배울 때 50권의 바둑책을 먼저 읽었다고 한다. 어떤 사람은 취미도 이렇게 하는데, 어떤 사람은 생사가 달린 일도 그냥 덥석 문다.

앞으로의 인생은 더 빠르고 당혹스러울 정도로 혼란스러울 것이다. 한 치 앞을 예상하기가 더욱 힘들어질 것이다. 이 말은 사업하는 사람은 망할 확률이 더 높아진다는 뜻이고 직장인은 잘릴 확률이 더 높아진다는 의미다. 그러니 가진 것 없는 우리가 할 수 있는 일이란 책 읽는 것밖에 없다. 책을 읽지 않고는 시대의 흐름을 앞서기는커녕 따라가지도 못할 것이다. 재미도 주고 깨달음도 주고 위로도 주고 꿈도 주고 희망도 주는 책. 불안한 시대의 인생의 동반자로 책을 택하는 것은 이젠 필수다.

게임은 현실을 잊게 해주는 것만 가능한데 왜 책은 현실을 이겨낼 수 있게 해줄까? 정보가 우리 뇌에 입력되면 제일 먼저 후두엽으로 간다고 한다. 그리고 우리가 머리를 쓰는 부분은 이마부분인 전두엽이다. 후두엽으로 갔던 정보가 전두엽에서 뱅뱅 돌아줄 때 우리는 생각한다고 말한다. 게임은 정보가 후두엽으로만 갈 뿐, 전두엽까지는 미치지 못한다. 스피디한 화면 따라가기 바쁘다. 전두엽까지 오기 전에 이미 손이 먼저 마우스를 움직인다. 즉, 게임을 하게 되면 전두엽을 전혀 쓸 필요가 없는 것이다. 이에 반해 책은 다르다. 책을 읽는 행위는 후두엽으로 갔던 정보가 다시 전두엽으로 와야만 한다. 책을 읽고 이해했다는 것은 전두엽을 굴려줬다는 말이다. 책을 읽으면 생각할 수 있게 된다. 생각하는 법을 꾸준히 연습하는 것과 말초적 쾌락만을 느끼는 것과의 차이는 시간이 지날수록 점점 커질 것이다.

생각할 수 있는 힘을 길러주는 것으로 책 만한 게 없다. 책을 읽는 다는 것은 생각한다는 것이다. 생각하는 연습이 잘된 사람이 불안한 시대를 사는데 더 유리하지 않겠는가. 만날 게임만 하는 사람은 캐릭터 레벨만 높일 뿐, 자신의 가치를 높이지는 못한다. 책이야 말로 현실세계에서 자신의 레벨을 올릴 수 있는 방법이다. 가상의 세계에서 자신의 분신의 레벨을 올릴 것인지, 현실 세계에서 본인 자신의 레벨을 올릴 것인지 선택해보자.

나도 한때 게임중독자였다. 레벨 올리는 맛이 아주 좋았다. 프리스타일이라는 농구게임이었는데, 내 캐릭터에 옷도 사다 입혀서 능력치도 올리면서 잘 가꾸었다. 레벨을 올리고 싶어서 계속적으로 게임을 했다. 근데 그게 다 헛거였다. 남는 게 전혀 없다. 시간 낭비, 시력 낭비, 돈 낭비다. 어디 가서 자랑하지도 못한다. '내 캐릭터 40 레벨이다!'라고 마흔 먹고 어디 가서 자랑할 수 있겠는가. 그럴 바엔 현실의 나 자신의 레벨을 올리는데 열을 올리고 싶다. 책 한 권 정복할 때마다 능력치가 조금씩 상승하는 거다. 눈에 보이지도 않고, 수치화되지도 않고, 아주 적은 양의 능력치가 올라갔지만 그렇게 계속 하다 보면 어느 날 갑자기 자신이 발전한 모습을 보고 놀라지 않을까. 이런 건 어떨까. 책 100권에 능력치 1레벨. 1000권 읽으면 10레벨이 되는 거다. 최종 목표로 만렙 100레벨을 잡아보는 것은 어떨까. 100레벨이 되면 천하무적 초능력자가 된다고 믿고 한번 해보는 건 어떨까.

아무리 꼴통이라도 책을 읽으면 변할 수 있다. 아이큐 80도 책을 읽으면 훌륭한 사람이 될 수 있다. 책은 생각할 수 있는 힘을 길러주니까 그런 거다. 멍청하다고 포기하지 말자. 나는 지난 30년간 게임을 하면서 머리를 전혀 쓸 줄 몰랐다. 점점 멍청해지고 암기력도 떨어지는 것을 경험하였다. 책을 한 자도 읽지 않으니 당연한 결과겠다. 한 9년 읽었는데, 9년 전의 나와 비교했을 때 많이 발전되었다. 책을 읽으면서 생각하는 힘을 계속 길렀기 때문이다. 책 읽고 생각하고 그것을 밖으로 표출(글쓰기 혹은 말하기)하는 행위를 지속적으로 하면 사람은 반드시 변하게 된다. 일단 자신감이 생긴다. 능력치도 올라간다.

세상 정말 살기 힘들다. 물론 내 삶도 마찬가지다. 상사 때문에 힘들기도 하고, 일에 치여 하고 싶은 일을 못하기도 하고, 이번 주 일요일은 쉴 수 있을까 같은 허접한 고민을 한다. 그럼에도 불구하고 책 읽기 전 같으면 그냥 쓰러졌겠지만, 지금은 그렇지 않다. 버티는 힘이 생겼다. 그러다 또 당해서 쓰러지면 책을 통해 용기와 희망을 얻는다. 그리고 계속 생각하는 힘이 길러지니까 나는 더욱 강하게 발전할 수 있다. 이게 바로 책의 힘이 아니겠는가.

어떤 책이든
배울 게 하나는 있다

●　　　가족과 함께 도서관에 책 읽으러 갈 때 나는 아무 책이나 골라잡는다. 닥치는 대로. 책상에 한아름 놓고서 책을 읽기 시작한다. 목차를 살피다가 이거다 싶은 대목만 골라 읽는다. 책 한 권에서 딱 한 개의 배울 것만 고른다. 두세 개 더 있겠지만, 하나를 고르면 곧바로 메모하고 다른 책으로 넘어간다. 나의 이런 독서법 때문에 도서관에서 일하시는 분들은 짜증을 낼 것이다. 다 본 책을 놓는 곳에 내가 본 책들이 수북이 쌓이니까 말이다. 그것을 일일이 정리하려면 얼마나 피곤하겠는가. 그래서 나는 될 수 있으면 내가 직접 꽂아 넣는다. 이런 식의 독서는 글을 쓰기 위한 소재 거리를 찾을 때 한다. 좋은 문장이나 구절을 따다가 나름의 내 생각을 버무려서 한 편의 글을 완성시키기 위함이다. 따라서 책을 고를 때는 그냥 아무거나 느낌 가는 대로 고른다. 그리고 반드시 어떤 책이든 배울 게 하나는 있다는 심정으로 찾기 시작한다. 얼마 전 전동조 작가의 무협

판타지 소설 《묵향》을 읽었는데, 그 속에서도 배울 점을 찾았다.

> "돌아가시면 뭘 하시는데요?"
> "뭘 하긴, 매일같이 수련이지. 너도 나 같은 고수가 될 수 있어. 매일 잠자는 시간을 빼고는 죽자고 수련만 한 30년 하면 돼."
> "저는 그럴 수가 없어요. 어떻게..., 아무리 무공을 좋아하는 언니도 그 정도까지는 안 한다구요."
> "나는 태어나서 지금까지 그렇게 해 왔어. 일이 끝났으니 가서 또 다시 수련을 해야지."
>
> -《묵향1》전동조, 스카이book, 2007년

하찮게 보이는 무협에서도 이렇듯 배울 게 있다. 무협판타지 소설 《묵향》의 주인공 묵향은 당대 최고의 고수다. 그가 하는 일은 매일 밥 먹고, 잠 자고, 수련하는 게 전부다. 태어나서 40년 넘게 계속 그 짓만 해왔다. 그랬더니 당대 최고의 무공고수가 되었다. 그는 처음부터 고수도 아니었고, 영약 한 알 먹고 뚝딱 고수가 된 것도 아니다. 그는 노력형 인재였다. 고수의 삶은 얼마나 단순한가. 밥 먹고, 잠 자고, 수련하는 게 전부다. 그는 결혼도 하지 않았다. 여자도 모른다. 무공에만 미쳐서 무공연마만 하였다. 그래서 그는 당대 최고의 실력자가 되었다. 얼마나 아름다운 이야기인가. 남들이 놀 때 그는 무공연마를 했고, 남들이 쉴 때도 무공연마를, 남들이 까불 때도 무공연마를 했다. 옥령인이 무공을 좋아하는 언니도 그 정도까지는 안 한다고 했지만, 너무나도 멋있게 묵향은 이렇게 답변했다. 나는 태어나서 지금까지 그렇게 해 왔어. (그러니까 내가 세계 최고의 실력자가 된 거야. 하면 되는 거야. 못한다고 하니까 못하는 거지. 좋아하는 것 이상으로 신심으로 무공을 연마해봐. 나처럼 될 테니까) 라고 말하는 것 같다. 이 책을 통해 고수의 삶을 배울 수 있었다. 하나에 매진하는 삶. 그것을 위해 다른 모든 것을 포기할 수 있는 삶. 우리와는 경지가 다른 사람의 모습이다. 그런 사람의 1/10만이라도 따라할 수 있다면 얼마나 좋을까 생각해본다.

나는 책을 읽을 때 보통 '배우려고' 읽는다. 저자에게 한 수 배우려는 심정으로 책을 읽는다. 저자는 나를 가르쳐주는 사람, 즉 스승이라고 생각하고 읽는 편이다. 비판하거나 까기 위해 책을 읽지 않는다. 저자와 나를 평등선에 놓고 읽지 않는다. 고개를 숙이고 들어간다. 저자가 나보다 어리든 경험이 없든 상관없다. 일단 공신력 있는 출판사를 통해 책을 냈다는 것만으로 스승을 대하듯 한다. 이런 자세로 읽어야 배울 게 보인다. 한 수 아래로 보거나 평등한 입장에서 보려 하면 비판할 거리만 눈에 들어오고 배울 게 잘 안 보인다. 그래서 간혹 나를 실망시키는 책이 있으면 나는 가차 없이 벽에 집어던진다. 배신감 때문이다.

책을 읽을 때 객관적인 자세를 유지하고 읽으라는 사람들도 있다. 그래야 편향되지 않고 비판적인 시각을 가지고 책을 받아들일 수 있다는 주장이다. 책 한 권 잘못 읽고서 경도되어 나쁜 길로 빠질 수 있음을 방지하자는 것이다. 그러나 나는 반대로 생각한다. 책을 읽을 때는 무조건 받아들이는 자세로 읽어야 한다. 비록 나쁜 책을 읽고 경도되었어도 다른 책을 통해 바로 잡으면 되기 때문이다. 친일파가 쓴 책을 읽고 '또라이'가 되었어도, 애국인사가 쓴 책을 읽고 바로 잡으면 된다는 의미다. 책을 여러 권 읽으면 자동적으로 해결되니 이를 걱정할 필요는 없다.

쓰레기같은 책이라도 배우려는 저자세를 취하고 들어가면 한 가지는 건질 수 있다. 물론 처음부터 그 책이 쓰레기인지 모르고 들어갔는데, 들어가봤더니 쓰레기였더라, 해도 배울 거리를 찾아 이리저리 뒤적거린다. '어라, 봤더니 쓰레기네? 어디 한 가지라도 건지고 돌아가자. 책으로 나왔으니 뭔가는 있겠지.' 그렇게 모래 속에서 보석을 찾는 심정으로 헤맨다. 결국 하나라도 찾고 돌아간다. 저자의 말이 도통 안 들어올 때는 인용한 명언이라도 건지고 나온다.

책에서 배울 때는 저자의 의도와는 반대되는 것을 배워올 때도 많다. 저자는 A를 주장했는데 나는 생뚱맞게도 F를 배워오는 것이다. 저자의 의도에 따르지 않은 독자가 되는 셈이다. 예를 들어, 최근에 읽은 사이토 다카시가 쓴 《곁에 두고 읽는 니체》에서 나는 니체보다는 박수의 세 가지 효능에 대해서 배웠다.

박수에는 세 가지 효용이 있다.
첫째, 분위기를 띄운다. 박수라는 단순한 행위로 공기가 뜨거워지고, 그 자리에 있는 사람들의 관계가 순식간에 가까워지게 된다.

둘째, 박수 받는 쪽의 기분이 좋아진다. 칭찬을 받은 사람은 자신감을 갖게 되고, 칭찬해주는 사람에게 자연스레 호감을 느끼게 된다.

셋째, 이것이 최대의 효용인데, 박수를 치면 분노나 질투의 진흙탕에서 탈출할 수 있다는 것이다.

책을 통해 때론 감동도 받고, 희망을 엿보기도 한다. 또한 재미를 얻을 수도 있다. 사람마다 다르다. 심심해서 책을 읽으려는 사람도 있고, 위로받으려고 책을 보는 사람도 있다. 그게 책의 역할이다. 나는 주로 '배우려고' 읽는다. 뭐 하나 건질 거 없나? 오늘은 월척을 건져올리려나? 하는 심정으로 본다. 책을 본격적으로 읽기 시작한 시점이 사회생활을 시작하면서여서 그런 거 같다. 만약 어렸을 때부터 책을 봤더라면 아마도 그냥 즐기기 위해서 읽었을 것이다. 사실 이게 더 고수의 독서법이라 생각한다. 뭔가를 얻어내려고 읽는 것보다 그냥 좋으니까 즐기려고 읽는 게 더 멋져보인다.

책보

● 　　내가 20년 전으로 돌아간다면 나는 절대로 대학에 들어 가지 않을 것이다. 차라리 대학 다닐 돈으로 책이나 실컷 퍼볼 것이 다. 친구를 사귀지도 않을 것이고, 연애를 한다든지, 술을 마신다든 지, 여행을 간다든지, 내가 생각해서 쓸데없는 일을 전혀 하지 않고 오로지 책만 파고들 것이다. (물론 지키지도 못할 말을 하고 있다) 대학 다니면서 썼던 4년치 등록금에, 술값에, 밥값에, 기타 여러 가지 용 돈의 10분의 1만 있어도 4년 내내 책만 파고들 수 있을 것이다. 오히 려 남는 것도 많을 것이고, 대학 나온 4년 후보다 더 큰 사람이 되어 다시 태어날 것만 같다.

이 생각은 지금도 마찬가지다. 나는 결코 스펙을 쌓기 위해 대학 원에 들어가서 석사를 따지 않을 것이며, 박사는 더더욱 따지 않을 것이다. 자기소개하면서 "저, 박사입니다"라고 말하기는 쉬울지 몰라도 요즘 진정한 박사가 어디 있는가. 사실 돈만 있으면 다 되

는 게 박사 아니던가. 껍데기일 뿐이다. 남들 앞에 서기도 싫을 뿐
더러, 박사라는 감투로 나를 포장하고 싶지도 않다. 오로지 책만 읽
으며 내실을 다질 것이다. 어찌 보면 차라리 초등학교만 나와서 책
만 읽어 성공한 사람이 남들에게 해줄 말이 더 많을지도 모르겠다.
유명 대학 박사보다는 자신들과 친숙한 사람이 성공하여 하는 말에
사람들은 더 관심을 가지지 않을까.

　현재 가진 게 없고, 배운 것 없는 사람이 있다면 더 이상 시무룩하
지 말자. 공무원 시험에 매년 낙방하여 삶의 희망을 잃고 대한민국
을 증오하는 사람이 있다면, 나이는 많고 벌어놓은 돈이 없어서 매
일 매일 삶이 고단한 사람이 있다면, 직장 상사에게 매일 혼나서 정
말 죽을 만큼 회사 가기 싫은 사람이 있다면, 하는 일마다 실패를 해
서 더 이상 일어날 힘도 없는 사람이 있다면, 이제부터는 더 이상 시
무룩하지 말자. 우리에겐 '책'이 있다. 책 속에 길이 있다고 우리 조
상들이 누누이 말해왔다. 그 말을 명심하고 진짜 책 속에 길이 있는
지 한번 들여다보기나 하자. 불교든 기독교든 이슬람교든 종교에
귀의할 마음이 들지 않는다면 책을 들자. 힘든 사람들은 결국 종교
를 찾게 된다. 그러나 체질적으로 종교가 싫은 사람들도 많다. 이런
사람들은 그럼 무엇을 붙잡고 살아야 하겠는가. 그냥 죽을 수도 없
지 않은가. 이런 사람들은 책을 잡으면 된다. 인생이 힘들어서 당장
죽고 싶지만 그래도 그냥 죽기에는 아쉬운 사람이 있다면 당장 책
을 들자. 그 속에서 삶의 희망을 찾을 수 있다.

　인간으로 태어나 인간답게 살고자 노력을 했으나 별 진전이 없는

것이 이상하지 않은가. 인간을 인간답게 해주는 것이 바로 '생각' 하는 것인데, 생각할 틈을 주지 않고 그저 몸만 바쁘게 놀린 것은 아닌가. 독서를 통해 생각의 힘을 키워주었어야 하는 것 아닐까. 물론 몸만 열심히 움직여도 성공할 수 있다. 그러나 노력대비 효율이 떨어진다. 누구나 생각할 수 있는 도구(뇌)를 가졌는데, 그걸 사용하지 않는 것은 얼마나 비효율적인가 말이다.

책보는 '책만 보는 바보'라는 뜻으로 내가 만든 말이다. 심술보, 바보, 먹보, 꾀보의 보는 한자어가 아닌 순우리말이다. 그러니 한자(冊)와 순우리말(보)로 만들어진 말인 셈이다. 비슷한 의미로 간서치 (看書癡)가 있다. 뜻은 '지나치게 책을 읽는 데만 열중하거나 책만 읽어서 세상 물정에 어두운 사람을 비유적으로 이르는 말'이다. 그런데 책 읽는 사람이 세상물정에 어둡다는 게 말이 될까? 맞는 말일 수도 틀릴 말일 수도 있다. 세상물정에 관련되지 않는 책만 보면 모를 것이고, 세상물정에 관련된 책을 보면 정통할 것이다. 그러나 간서치나 책보라는 말은 본인 스스로를 낮춰 말하는 것이지 정작 책 읽는 사람들은 그와는 반대되는 사람들이다. 보통 똑똑한 사람이 겸양의 의미로 자신을 낮춰 말하는 것과 같다고 보면 된다. 많이 아는 사람은 겸손해지기 마련이다. 아무리 책을 많이 읽었어도 자신이 아는 것이 전 우주에 걸쳐 1%도 안 된다는 점을 깨달았을 때 한없이 자신을 낮출 수 있는 자세를 보이게 된다. 아무것도 모르는 분들이 세상 무서운 줄 모르고 까분다는 걸 우리는 이미 알고 있다.

대학교에 처음 들어갔을 때 한 선배가 이런 말을 해주었다. "대학생활을 잘하는 방법은 딱 세 가지가 있다. (일) 열심히 공부한다. (이) 열심히 연애한다. (삼) 열심히 논다. 이 세 가지 중 한 가지만 잘해도 대학생활을 잘한 것이다." 그리하여 나는 (삼)을 죽도록 열심히 했다. 고로 나는 그 선배 말마따나 대학생활을 정말 잘한 것이 된다. 전 과목 A+같은 거 없고, 웬만하면 C나 D로 쭉 깐 평점 2.84의 성적이다. F는 하나도 없다는 자부심이 있다. 그런데 지금에 와서는 후회된다. 열심히 책을 읽었더라면 어땠을까 상상해본다.

드넓은 캠퍼스에서 공강시간이라는 황금시간에 책을 읽었더라면... 술 마실 시간에 책을 읽었더라면... 담배 피울 시간에... 잡담할 시간에... 수업이 듣기 싫으면 땡땡이치고 책 읽으러 갔더라면...

제일 멍청한 짓이 과거의 일에 대해 후회하고 새로운 가정(假定)을 세운다는 것인데 이쯤에서 이 짓은 그만두자. 10년 후 지천명이 되었을 때 '아, 40대에 내가 책에 미쳤더라면 지금쯤 어떻게 되었을까?'라는 똑같은 후회를 하지 않는 게 현명하겠다. 고로 나는 다시 책에 미쳐야 할 듯싶다. 지난 9년간의 독서는 본격적인 독서를 위한 준비작업이었다는 생각이 든다. 이제 본격적인 독서에 들어갈 때가 되었다. 앞으로 10년간 독서에 완전 미쳐서 살기로 결단을 내린다. 이제부터 과거의 쓸데없는 후회 말고 미래를 상상하자. 10년 후 50이 되면 나는 슈퍼울트라초사이어인이 되어있을 것을 확신한다.

내면의 목소리가 들린다

● 　　책을 꾸준히 읽으면 나의 소리를 들을 수 있게 된다. 책 읽는 행동은 곧 나 자신을 찾아가는 것과 같다. 내가 누구인지, 내가 왜 태어났는지, 나는 무엇을 하며 살아야 하는지에 대한 답을 찾게 된다. 이는 거의 자동적이다. 굳이 알려고 하지 않아도 책 속에서 답을 찾을 수 있게 된다.

남이 써 놓은 책을 읽으면서 독자는 반드시 자신과 비교하는 작업을 하게 된다. 소설을 읽어도 그렇고, 자기계발서를 읽어도 시를 읽어도 수필을 읽어도 역사서를 읽어도 철학을 읽어도 음악, 미술, 체육, 영어를 읽어도 그렇게 된다. 결국 책은 본인 스스로가 해석하는 작업이 반드시 있기에 그럴 수밖에 없다. 그런 작업 없이는 사실 책을 읽을 수도 없다. 이렇듯 꾸준히 책을 읽으면 자신도 모르는 사이에 확신이 생기게 된다. 아! 이게 나구나. 나는 이런 인간이구나! 나는 이렇게 살아야겠구나! 내가 좋아하는 것이 바로 이것이었구나!

나는 이런 인생을 살아야겠다는 느낌이 든다. 이것은 책이 주는 선물이다. 왜 그렇게들 옛 어른들이 '책을 읽어라, 책 좀 봐라'라고 했는지 대략 이해할 수 있게 된다.

나를 알기 위한 MBTI검사, 적성검사, 애니어그램 검사 등 많지만, 나는 독서를 추천하고 싶다. 한 번의 검사로 자신을 완벽하게 이해하기는 힘들다. 검사 받는 당일의 컨디션이 좌우할 수도 있겠고, 그걸 전적으로 믿고 따르기에도 부담이 간다. 그러나 독서는 다르다. 꾸준한 독서 속에서 예전에는 '이것이 나구나'라고 느꼈던 것이 어느 지점에 이르러서는 '아니다, 나는 이런 사람이다' 라는 궤도수정을 하게 된다. 이렇게 끊임없는 궤도수정을 통해 진정한 나를 알아가게 된다. 이보다 확실하고 정확한 방법이 어디 있겠는가.

그렇다면 책을 많이 본 사람들은 모두 자신의 모습을 찾은 걸까? 답은 그럴 수도 있고, 아닐 수도 있다. 왜냐면 현재진행형일 수도 있기 때문이다. 아직 종착역이 정해지지 않은 열차라고 보면 된다. 그러니까 절대적인 독서량은 사람마다 다르다. 예를 들어 A라는 사람이 친구네 집에 우연히 놀러갔다가 그 친구의 형이 읽다 놓은 컴퓨터관련 책을 읽고 그 길로 컴퓨터 쪽으로 방향을 잡았다면, A는 책을 잘 안 읽는데 우연히 한 권을 읽고서 자신을 알게 된 것이다. 이것은 운이 좋은 거다. 수백 권의 책을 읽고도 자신을 완벽히 알지 못할 수도 있다. 그렇지만 계속 자신을 알아가고 있는 과정이라고 보면 된다.

독서를 통해 재미를 얻을 수도 있고, 교훈을 얻을 수도 있고, 감동을 받을 수도 있지만, 가장 큰 매력은 자신을 자연스럽게 알아가게 된다는 점이다. 자신이 누구인지 알고 사는 사람과 그냥저냥 시간의 흐름 속에 사는 사람은 당연히 차이가 크다. 어느 누군가 나에게 당신은 독서를 왜 하느냐고 묻는다면, 나는 자연스럽게 이렇게 말할 것이다.

"책을 읽으면 나를 알 수 있습니다. 나를 알게 되면 세상 사는 것이 재미있게 됩니다. 내가 왜 사는지 알게 됩니다. 내가 어떤 일을 해야 하는지 알게 됩니다. 내가 왜 태어났는지 알게 됩니다. 내가 누군지를 알게 되면 인생이 행복해집니다. 내가 무엇을 좋아하는지 내가 어떤 일을 할 때 행복해하는지를 너무나도 자연스럽게 알게 됩니다. 그래서 저는 책을 읽습니다."

책을 읽다가 자신을 알게 되면, 책 읽기를 그만두어도 될까? 그때 가면 그만두라고 해도 아마 계속 책을 읽게 될 것이다. 자신을 계속 자극할 거리를 찾을 수밖에 없기 때문이다. 시시껄렁한 예능프로나 보면서 시간 때리는 짓은 거의 하지 않게 될 것이다. 시간이 아깝기 때문이다. 자신을 위해 시간을 써도 모자랄 판에 남(방송인)이 일하는 거 보면서 왜 내 시간을 축낸단 말인가. 나를 알게 되면 시간이 아까워지기 시작한다.

책을 읽기 전에는 내가 왜 태어났는지 몰랐다. 어떻게 살아야 되는지도 몰랐다. 그냥 숨 쉬니까 살았다. 태어났으니까 그냥 살았다. 꿈도 목표도 없었다. 그냥 되는 대로 살았다. 꿈이 없는 삶은 주도적으로 살 수 없다. 남이 하자는 대로 이끌려 살 뿐이다. 흐르는 냇

물에 둥둥 떠 있는 낙엽처럼 그렇게 휩쓸리는 것이다. 아침의 시작을 담배로 했다. 시간나면 농구장으로 달려갔다. 날이 어슴푸레해지면 술집으로 갔다. 살고 싶은 마음도 없었고, 그냥 인생이 심심했다. 절박한 것도 없었고, 하고 싶은 것도 없는 청춘이었다. 지금 와서 생각해보면 인생 참 헛살았구나, 싶다. 그 좋은 시절을 술과 담배로 보냈단 말인가.

20대를 그렇게 보내니까 30대가 너무 힘들었다. 너무 힘들었다. 남에게 치이는 삶이었다. 그래서 40대를 위해 30대를 철저하게 잘 살기로 맹세했다. 책을 들었다. TV를 버리고 책만 보았다. 이 더러운 30대를 40대에선 겪고 싶지 않았다. 20대의 정처 없는 방황이 몹쓸 30대를 만들었다는 사실을 절절하게 깨달았다. 40대는 이렇게 살고 싶지 않았다. 책을 잡았다. 읽었다. 책이 나에게 말을 걸었다.

"넌 꿈이 뭐니?"

"… 응? 나?"

"그래 너! 넌 꿈이 뭐냐고?"

"… 글세… 아직까지 생각해본 적 없는데?"

"그럼 지금부터라도 잘 생각해보렴."

"… 그래도 될까?"

"물론이지, 지금이라도 늦지 않았어. 시작해봐."

"그래, 알았어. 고마워."

나는 내면의 목소리를 들을 수 있었다. 신기한 경험이었다. 책을 통해 내 속의 목소리가 나에게 말을 걸어온 것이었다. 그동안 나에게 얼마나 말을 걸고 싶었을까? 내가 허송한 20대에 녀석은 얼마나 울화통이 치밀었을까? 정말 미안했다.

삶을 바꾸고 싶다면 책을 읽으면 된다. 아무 책이나 잡고 읽으면 된다. 꾸준히 읽으면 된다. 한 번 읽고 마는 게 아니라 계속적으로 해야 한다. 그러다 보면 나처럼 내면의 목소리를 들을 수 있다. 명상하는 것도 좋지만, 무턱대고 뜬구름 잡듯이 하는 것보다는 뭔가 '건수'를 던져주는 편이 훨씬 쉽다. 독서를 하다 보면 이런 '건수'를 자꾸 내면의 목소리에게 던져주게 된다. 그럼 자고 있던 내면의 목소리가 깨어나게 된다. 그리고 자신에게 말을 걸게 된다. 그러면 서서히 삶이 바뀐다. 책 읽는 사람들은 다 겪는 경험이다. 이런 경험을 한번 해보고 싶지 않은가.

내면의 목소리는 누구나 가지고 있다. 그것을 깨우느냐, 못 깨우고 죽느냐는 본인의 선택에 달렸다. 이왕 태어난 거 그 목소리 한번 들어보는 건 어떨까. 간단하게 책만 읽어주면 된다.

003. 지극히 개인적인 양계장 김씨의 독서에 대한 잡생각

시간이 없어서 독서를
못하는 것은 아니다

● 많은 사람들이 시간이 없어서 독서를 못한다고 말한다. 하지만 그건 핑계다. 독서하기로 마음먹었다면, 독서를 위한 시간을 우선순위로 두면 된다. 독서의 시간을 우선순위로 두지 않기 때문에 독서를 못하는 것일 뿐이다. 혹시 전철 안에서 책 대신 스마트폰을 들고 있는 건 아닌가. 집에 오자마자 책 대신 텔레비전부터 켜는 것은 아닌가. 저녁식사 후 책을 펼치는 대신 치맥을 시키는 것은 아닌지 생각해보자. 최우선 순위를 독서로 정해놓으면 독서는 자동적으로 이루어진다.

독서를 하기로 결심하면, 독서로 인해 포기해야 하는 것들이 반드시 생긴다. 그것들을 포기하지 못하고 다 하면서 독서까지 하려고 하면 원활한 독서활동이 되지 않는다. 할 거 다하면서 어찌 독서를 할 수 있겠는가. 버릴 건 버려야 한다. 비워야 채울 수 있다. 고3학생이 텔레비전, 게임 등을 다 하면서 어찌 수험공부를 할 수 있겠는

303

가. 포기해야 얻을 수 있는 것이다. 하고 싶은 거 다 하면서 잠을 줄이면 어떨까? 며칠은 된다. 하지만 '잠 질량 보전의 법칙(?)'에 의해서 모자란 잠은 나중에 다 보충해주어야 한다. 그러므로 잠을 줄이는 실수는 하지 말자.

나의 경우를 말해볼까 한다. 근무지를 옮기게 되었다. 그곳은 규모가 좀 큰 편이었다. 물론 직원수도 많았다. 그러다 보니 일거리가 배로 늘었다. 업무 중 잠시도 짬을 낼 수 없는 형편이었다. 하루 종일 발발거려야 했고, 업무에 치어 살았다. 정말 독서시간이 나지 않았다. 집에 돌아가면 이내 피곤하여 곯아떨어지곤 했다. 새벽 4시에 기상해서 출근하고, 저녁 7시 퇴근후 집에 돌아와 밥 먹고 나면 졸음이 몰려왔다. 정말 책 읽을 시간이 없었던 것이다! 한 달을 그렇게 보냈다. 삶이 황폐해지기 시작했다. 읽고 싶은 욕망이 강렬히 솟구쳐 올랐다. 어떻게 시간을 낼 수 있을까 고민하기 시작했다. 분명 틈새시간이 있으리라.

하루일과를 곰곰이 따져보니 틈새가 보였다. 회사에서는 절대로 내 시간을 가질 수 없었다. 출퇴근도 직접 차를 모니 책을 읽을 수 없었다. 그렇다면? 똥 싸는 시간을 이용할 수 있었다. 화장실에서 일 볼 때 10분 정도 읽을 수 있었다. 집에 돌아와서 밥 먹기 전에도 좀 읽을 수 있는 시간이 있었다. 그리고 마지막으로 찾은 황금시간! 그것은 새벽시간이었다. 4시에 기상해서 출근 전까지 잠시 10분간 책을 읽을 수 있었다. 그렇게 나는 책 읽는 시간을 찾아냈다.

독서를 하고자 마음을 먹었다면, 어떻게든 독서시간을 확보하기 위해 노력해야 한다. 하루에 단 10분도 좋고, 단 1쪽만 읽어도 좋다. 조금씩 쌓이다 보면 한 권을 읽을 수 있게 된다. 나는 아무리 바빠도 '시간이 없다'는 말을 하지 않기로 했다. 찾아보면 분명히 확보할 수 있기 때문이다. 다행스러운 것은 업무가 손에 익자 조금씩 독서할 시간을 확보할 수 있었고, 점심식사 후에도 짬짬이 책을 읽을 수 있는 여유가 생겼다.

계속 궁리하면 답을 찾을 수 있다. 시간이 없어서 독서를 못한다고 단정내리면 정말 독서를 못하게 된다. 안 되는 상황에서도 어떻게든 해보겠다는 의지를 가질 때에 우리는 독서시간을 얻을 수 있게 된다. 가만히 자신의 삶을 살펴보면, 허투루 보내는 시간이 엄청나게 많다는 사실에 놀랄 것이다. 한번 자신의 하루 일과를 곰곰이 따져보자. 얼마나 많은 시간을 그냥 쓰레기통에 버리고 있는지를 알게 될 것이다. 그런 시간만 주워 모아도 일주일에 책 한 권 정도 읽을 시간을 확보할 수 있다.

'하루에 10쪽은 반드시 읽겠다'고 결단을 내려보자. 그리고 그것을 어떻게든 지켜나가겠다고 다짐해보자. 하루 10쪽은 아무리 바빠도 읽을 수 있는 양이다. 매일 조금씩 읽다 보면 나중에는 습관으로 장착되어 꾸준히 많은 양의 독서를 할 수 있게 된다.

삶의 우선순위를 어디에 두느냐에 따라 10년 후 우리의 모습은 천차만별이 될 것이다. 책을 읽기로 결심하고서 그것을 최우선순위로 두고 10년 정도 살면 인생이 바람직하게 변할 것임은 두말할 나위 없다. 삶의 우선순위 없이 그냥저냥 살면 10년 후의 모습이 어떻게 될까? 지금과 별 차이 없을 것이다. 퇴근 후 집에 와서 소파에 누워 맥주를 홀짝이면서 예능프로그램을 보면서 웃는 사람의 10년 후 모습은 어떻게 될까? 10년 후에도 그러고 있을 게 뻔하다. 남(방송인) 일하는 거 보면서 자신의 아까운 시간을 낭비하는 삶을 계속 이어가게 될 것이다. 그들이 해외로 촬영을 떠나면 '저들은 돈도 벌면서 외국여행도 하는구나'라며 부러워만 할 것이다. 한번 생각해보자. 어느 누가 내가 일하는 거 보면서 자신의 시간을 낭비해주는가?

시간이 없다는 의미는 어쩌면 내 시간을 남을 위해 사용하고 있다고 볼 수 있다. 나를 위한 시간이 아니기에 시간이 없는 것이다. 꼭 해야 하는 의무들로 둘러싸여 있을 때 시간이 없다고 느낀다. 하루 종일 빈둥빈둥 노는 백수들은 시간이 없다고 말하지 않는다. 그들은 최소한 남을 위해 자신의 시간을 내지 않기 때문이다. 비록 놀 망정 자신을 위해 시간을 쓰고 있는 것이다. 나이가 들수록 내 시간은 점점 부족해진다. 해야 할 의무가 늘기 때문이다. 생계를 위해 돈 벌러 나가야 하고, 사랑하는 아이와 놀아줘야(?) 하고, 아내와 대화의 시간을 가져야 한다. 정말 혼자 있는 시간이 없다! 그렇다고 해서 마냥 손 놓고 있을 수만도 없다. 어떻게 해서든 나의 시간을 확보하기 위해 빈 시간을 노려야 한다. 그렇게 노려서 만든 시간이야 말로 나에게 보약이 되는 시간이다. 이런 시간을 값진 독서로 채운다면 10년 후 미래는 든든해질 것이다.

기왕지사 독서를 하기로 결심했다면 나쁜 버릇 하나도 버리자. 나쁜 버릇 할 시간을 독서로 채워보자. 우리의 인생을 바람직하게 해줄 삶의 속도가 배가 될 것이다. 매일 퇴근 후 맥주 한 캔을 마셨다면 그걸 버리고 대신 책을 읽어보자. 정말 힘든 주문이다. 그렇다면 맥주 마시면서 TV 보지 말고 책을 보면 어떨까? 맥주 마실 때에는 꼭 독서를 한다는 조건을 걸어보자. 책 읽는 것이 싫어 맥주를 덜마실 수도 있고, 맥주 마시고 싶어 책을 더 읽을 수도 있게 된다. 일종의 꼼수다. 어떻게 해서든 책을 읽을 수 있도록 여러 가지로 머리를 굴려보자는 거다. 그러다 보면 책과 점점 친해지고, 책을 최우선 순위로 두게 되는 날도 오지 않을까?

독서의 폐해

● 　　나는 독서예찬론자다. '독서를 통해 인생을 바꿔보자(册力更生)'는 좌우명이 생길 정도니 당연한 거다. 독서는 만능이라는 생각까지 할 정도로 편협하다. 인간이라면 독서를 해야 한다고 생각한다. 독서를 통해 온전한 인간으로 살 수 있다. 짐승과 인간의 차이점은 독서를 할 수 있으냐 없느냐가 기준이 된다. 독서를 하지 않는 인간은 짐승이라고 볼 정도로 독서를 예찬한다. 백익무해한 것이 바로 독서다.

하지만 이런 독서에도 단점이 있다. 독서 그 자체의 행위가 단점이 될 수 있다. 게임에 빠졌던 내가 독서의 맛을 알게 되고 책에 빠지게 되었다. 퇴근 후 집에 돌아오면 책만 봤다. 책 읽는 거야 칭찬받아 마땅하지만, 아내의 입장에서는 게임하는 거나 독서하는 거나 마찬가지 의미였다. 집에 와서 혼자 게임하는 거나 혼자 책 보는 거나 같은 의미였던 것이다. 이렇듯 독서도 상황에 따라, 정도에 따라

무조건 예찬만 할 수 없는 노릇이다.

　독서라는 좋은 행위도 지나치면 해가 될 수 있다. 책에 빠져 생계를 돌보지 않고 책만 보는 바보들, 책 읽는다고 가족과의 시간을 포기한 사람들은 차라리 독서를 하지 않는 게 좋겠다. 게임에 빠진 것과 뭐가 다르단 말인가. 독서도 살살 해줘야 한다. 급하게 빨리 먹으면 반드시 체하게 되어 있다. 박지원의 소설 《허생전》에서 글만 읽는 허생은 아내에게 불평을 듣는다. 어찌 돈은 안 벌어오고 책만 읽느냐는 거다. 할 일도 제대로 안 하는 사람이 책만 보자 속이 터졌던 것이다. 물론 허생은 그간 읽은 책의 힘으로 돈을 많이 벌어다 주지만 말이다.

　내가 책에 흠뻑 미쳤을 때는 운전중에도 책을 읽었다. 잠시 신호가 걸리면 책을 펴들고 읽었다. 그 모습을 본 아내는 기겁을 했고, 책을 던져버렸다. 정도가 너무 심했던 것이다. 하긴 잠 자고, 밥 먹고, 일하는 시간 빼고는 모조리 책에 투자했으니 아내 입장에서 내가 허생으로 보였을 것이다. 나의 이런 독서행위는 아내에게는 혐오의 대상이 될 뿐이었다.

　다들 일하고 바쁘게 돌아가는 사무실에서 자신의 시간이 남는다고 독서하는 사람 또한 주위를 불쾌하게 만든다. 독서행위야 참으로 멋지지만, 주변상황상 그 모습이 눈꼴셔 보인다. 그렇게 책을 읽고 싶으면 화장실에 짱 박혀 읽든지 하지, 다들 바빠서 종종거리는데 혼자 앉아 책 읽는 모습은 좀 역겨울 수도 있다. 그 용기가 가상하다. 책이 머릿속에 들어올까 하는 의구심도 든다.

가끔 회식을 하는 날이면 고민이 된다. '아, 집에 가서 책 보고 싶은데 어쩌지?' 회식하고 집에 오면 9시는 넘을 것이고, 술을 마시게 될 것이고, 그러면 책을 못 읽고 곯아떨어지게 되므로 오늘은 종치는 날이 된다. 그렇다면 술은 마시지 말자, 집에 와서 조금이라도 읽자. 그러나 상황은 나를 그렇게 쉽게 놔주지 않는다. 회식 후 늦게 집에 들어가면 아내가 기다리고 있다. 책을 보는데 아내가 옆에 찰싹 붙어 조잘조잘 거리면 정신이 산만해진다. 책에 집중하고 싶은데 아내가 떠드니까 신경이 날카로워지는 것이다. 빽 소리를 지르기도 하지만, 결국 내가 진다. 책을 더 이상 읽을 수 없다. 이럴 때면 총각때로 돌아가고 싶어진다.

아내가 옆에 붙어서 이야기를 할 때는 경청해주어야 한다. 그래야 집안이 화목해진다. 내가 책을 읽고 있는 거랑 게임기를 들고 있는 거랑 아내 입장에서는 차이가 없다. 자신의 말을 들어주느냐 안 들어주느냐가 중요한 것이다. 눈은 책 쪽을, 귀는 아내에게 쫑긋 해보지만 두 가지에 동시에 집중하기란 여간 어려운 일이 아니다. 왔다갔다 할 뿐 동시 집중은 하지 못한다. 아내의 말을 건성으로 듣고, '응, 응' 거리기만 할 뿐 내 온 정신은 책에 쏠릴 때가 많다. 그게 화근이 되어 싸움이 벌어진다. 화목을 위해서는 읽던 책을 덮어야 한다. 깔끔하게 덮고 아내의 말을 경청해주어야 한다. 눈을 맞추고 심도 있게 고개를 끄덕여야 한다. '10분 후면 대화를 마치고 책을 읽을 수 있겠지'란 믿음을 버리지 말아야 한다. 그게 비록 20분, 30분이 되어도 희망의 끈을 놓지 말아야 한다. 아내도 사람이니까 말하다가 쉬기도 하겠지. 조금만 더 버티면 아이가 엄마를 찾을 수도 있잖아. 화장실 가서 책 볼까? 이런저런 궁리를 해보기도 한다.

독서를 통해 많은 것을 배울 수 있고, 자신 본연의 모습도 찾을 수 있고, 꿈을 꿀 수도, 꿈을 이룰 수도 있다. 다양한 정보를 습득하고 그 정보를 공유할 수도 있다. 머리를 팽팽 돌려서 똑똑해질 수도 있다. 그럼에도 불구하고 독서가 과하거나 상황에 맞지 않을 때는 그것이 폐해가 될 수 있음을 알아야 한다.

요즘은 살살 읽는다. 업무량이 늘어 독서시간이 줄어들어든 이유도 있지만, 그리 마구 읽지는 않는다. 조금은 천천히, 일부러 차근차근 읽는다. 한 줄 읽고 음미하는 시간을 더욱 즐긴다. 책이 내 머릿속으로 들어가 소화될 시간을 충분히 주고자 함이다. 남들 TV보고 낄낄거릴 때 나는 책 읽으면 된다. 남들 술 마실 때 나는 책 보면 된다. 그것만으로도 충분한 독서를 할 수 있다. 버려지는 시간만 잡아도 괜찮은 독서시간을 확보할 수 있다. 그 정도만 하면 된다. 너무 과하게 독서에 몰입하는 것도 지양하고, 너무 등한시하는 것도 지양한다. 중도를 지키면 된다.

독서의 폐해2

  책을 읽기 위해서는 반드시 '눈'을 사용해야 한다. 시각, 청각, 미각, 촉각, 후각 중에 독서에 이용되는 것은 시각이다. 책을 읽는다는 것은 시각을 사용한다는 말이다. 책을 많이 읽는다는 것은 시각을 많이 사용한다는 뜻이므로 책을 많이 읽으면 시각을 혹사시킬 수 있다. 독서광의 허점이 보이기 시작한다. 자신의 감각기관 중 주로 시각만을 사용함으로써 다른 감각들을 사용할 기회를 잃어버리게 되는 것이다. 시각이 발달되는 대신 다른 감각이 퇴화되는 것이다.

  살아가는 데 시각만 필요한 게 아니다. 특별히 시각만 발달시킬 필요도 없고, 혹사시킬 필요도 없다. 고르게 사용하는 게 바람직하다. 음악도 좀 들어서 청각을 각성시킬 줄도 알아야 하며, 음식 맛을 느끼며 미각을 사용할 줄도 알아야 하고, 냄새도 맡으면서 살 수 있어야 하며, 스킨십을 통한 촉각도 깨어있게 해야 하는데 독서광들에게는 시각 말고는 다른 감각기관을 사용할 일이 없으니 어찌 보면 참 편협한 삶을 살고 있다고 볼 수 있겠다. 오로지 책, 책, 책밖에 없다고 주장하는 이는 이래서 옹졸해보이는 거다.

독서는 간접경험이다. 눈으로 보고 머리로 상상하는 것이다. 냄새도 상상으로 맡고, 통증도 상상으로 느끼며, 맛도, 음악도 다 상상으로 느낀다. 독서광은 간접경험이 느는 만큼 직접경험의 기회를 박탈당하게 된다. 머리로만 만들어내니 어찌 보면 '가짜 인생'을 살고 있다고 해도 과언은 아닐 터. 독서에만 치우치면 이 꼴 당한다.

또한 책 좀 읽어본 치들은 약간의 거만을 달고 산다. 마치 인생을 통달한 듯한, 자기 주관이 너무도 강하게 뿌리박혀 남의 말을 전혀 듣지 않는 완고한 사람이 되기 쉽다. 세상을 다 아는 것처럼 거들먹거리고 다른 이들을 우습게 보며 잘난 체한다. 사실 직접경험도 못해봤으면서 마치 자신이 다 겪어본 것처럼 허세를 떤다. 그래서 상대방을 불편하게 만든다. 책을 잘못 읽은 거다. 다시 자신을 정리할 필요가 있다. 올바른 독서라 함은 직접경험과 간접경험이 서로 섞여 녹아들면서 공익을 지향하며 겸손한 자세와 생각을 가지는 것이 아닐까. 지금 내 모습이 이런 거 같아 불안하다.

허구한 날 소파에 누워, 책상 앞에 앉아 몸은 움직이지 않은 채, 머릿속에 들입다 집어넣기만 하는 모습은 흡사 우리 안의 돼지가 자신이 죽을 줄도 모르고 음식물을 흡입하는 것과 다르지 않다. 독서는 이렇듯 우리를 시각만 사용하게 되고, 몸을 움직이지 못하게 만드는데 톡톡한 역할을 한다. 나 독서광이요, 하고 다니는 사람을 앞으로는 이렇게 보자. 제 몸 하나 놀리기 싫어서 남이 던져준 떡이나 보면서 마치 인생을 달관한 척 거들먹거리는 허세덩어리구나. 독서를 좋아하게 되면 몸을 놀릴 수가 없으니 점점 똥배가 나오게 될 것이요, 다리는 얇아지는데 비해 머리는 계속 굴려 머리만 커지게 되는, 머리와 몸이 따로 노는 이상한 지경에 빠지게 될 수도 있음을 경계해야 할 것이다. 결국 미치게 된다.

독서는
사람을 변화시킨다

● 　　중국의 시인 두보는 유명한 말을 남겼다. 남아수독오거서(男兒須讀五車書), 즉 남자로 태어났으면 적어도 다섯 수레 정도의 책은 읽어야 한다는 말이다. 다섯 수레라면 5천 권 정도 된다고 한다. 사람으로 태어났으면 적어도 5천 권은 읽어줘야 된다는 말이다. 5천 권! 말이 5천 권이지 그것을 읽으려면 얼마나 걸릴지 잠시 셈해 보자. 일주일에 책 두 권을 읽는 사람이 있다고 치자. 이는 사람들이 평균적으로 읽는 양보다 많은 양이다. 1년을 약 50주로 잡자. 고로 1년에 100권 읽는다. 5천 권을 읽으려면 아직도 많은 시간이 필요하다. 50년이 필요하다. 1살 때부터 읽어도 50살이 되어야 가능한 분량이다. 두보는 평생 동안 책을 보라는 의미에서 이 말을 남긴 것은 아닐까.

이것을 곡해해서 책을 무조건 많이 읽어야 한다고 생각하면 안 된다. 책만 많이 읽는다고 해서 모든 것이 해결되지는 않는다. 책은 수단일 뿐이다. 또한 양도 그리 중요하지 않다. 양질의 책 한 권만 평생 반복해서 읽으면서 체화하는 편이 더 나을 수도 있다. 아무리 좋은 책을 많이 읽더라도 그 뜻을 모르고 실제 생활에서 적용하지 않으면 쓸데없는 정력만 낭비하는 꼴이다. 정력만 낭비하는가? 시간도 버리는 셈이다. 다독의 함정에 빠지지 말아야 한다.

책을 읽는 것은 그리 중요한 게 아니다. 사실 중요한 것은 '실천(행동화)'에 있다. 책을 통해 배운 것을 실제의 삶 속에서 실행했을 때 책을 제대로 읽었다고 볼 수 있다. 혹은 삶 속에서 책의 내용을 비교해보거나 대조해보는 것도 책을 제대로 읽었다고 볼 수 있겠다. 책을 읽어도 우리의 삶에 반영하지 못한다면 큰 의미가 없다. 인간을 인간답게 만들 때에 책의 효용이 있다고 말할 수 있다.

양의 독서라는 함정에 빠져 질의 독서를 등한시하게 되면 책 읽는 바보가 된다. 책은 양이 중요한 게 아니다. 앞서 말했듯이 단 한 권을 읽어도 그것을 온전히 자신의 삶 속에 투영시킬 수 있다면 그것으로 족하다. 그러기 위해서는 좋은 책을 되풀이해서 읽는 방법을 추천한다. 가장 좋은 것은 달달 외우는 것이다. 책 한 권을 달달 외운다? 언제든 인용하고 싶을 때 툭 하고 터져 나올 정도가 되어야 온전히 책을 자신의 삶 속으로 끌어들일 수 있는 것이다. 책 한 권을 다 외우기 힘들다면, 밑줄 그은 부분을 외우면 된다.

고등학교 1학년 때 일화가 있다. 당시 담임선생님이셨던 강재형 선생님은 매일 교실에 들어오시면 출석부를 불렀다. 성을 빼고 이

름만 부르셨다. 경훈이, 재호, 성식이, 일형이... 이렇게 반 아이 50
명의 이름을 호명했다. 그러기를 두 달 정도 하셨을까. 나중에는 출
석부 없이 외워서 우리의 출석을 확인하셨다. 그게 빛을 본 것은 소
풍갔을 때였다. 선생님께서는 우리에게 출석을 확인하자고 했고,
출석부 없이 50명을 호명했다. 더 신기한 것은 당시 우리도 출석부
를 선생님 따라 외워 불렀다는 점이다. 선생님의 호명에 우리도 길
들여져 저절로 외우게 된 것이었다. 이렇듯 외울 때 억지로 머리 쥐
어뜯으면서 외울 필요가 없다. 그렇게 되면 그것은 나중에 사용할
때 툭 하고 터져 나오지 않는다. 책의 좋은 문구를 외우고 싶다면 매
일 일정한 시간을 정해서 약간의 리듬을 타서 그냥 읽어주기만 하
면 된다. 한 달 정도 하면 완전히 몸에 배인다.

　　그렇다면 어떻게 책을 읽고 그 좋은 내용을 체화시킬 수 있을까.
나는 다년간 이것에 대해 고민해왔다. '그래, 자기계발서 읽으면 좋
아. 누구나 다 아는 내용이야. 근데 그걸 어떻게 실천하느냐가 문제
아니겠어?' 고민에 고민을 거듭했다. 책을 읽고 실천하기 위해 무던
히 애를 썼다. 내 삶을 바꾸고 싶었던 욕망이 강했었다. 그러다 아
주 단순한 방법을 찾아냈다.

　　'매일 조금씩'

　　실천하기 위해서는 먼저 습관으로 만들어야 했다. 습관화시키려
면 어떻게 하지? 고민을 거듭했고, 계속 나 자신을 상대로 실험을
계속해나갔다. 그래서 찾은 방법이 매일 조금씩 하는 것이었다. 매

일 조금씩 하다 보면 습관이 되고, 나중에는 숨 쉬는 것처럼 의도하지 않고 자연스럽게 실천할 수 있게 된다는 것을 깨닫게 되었다. 사실 이것도 어느 누구나 다 아는 내용 아니던가.

이지성 작가는 다독에 관해 이런 말을 했다. 그의 책 《스물일곱 이건희처럼》에 이런 글이 나온다.

"내 경우에 비추어보면 약 100권 정도의 정보를 접했을 때부터 사고방식이 점차 긍정적으로 바뀌기 시작하더니 300권 정도를 넘어갈 즈음에 긍정적인 사고방식이 뿌리내리는 것 같았고, 500권, 700권을 넘어갈 때 정신적 변화가 있었고, 1천 권을 넘어갈 때 사고방식이 완전히 바뀌는 경험을 했다. 사고방식이 바뀌자 직장에 다니면서도 하루에 4시간씩 자면서 쓴 원고를 80곳의 출판사로부터 퇴짜 맞는 날에도 작가로서 성공한 미래를 믿으며 행복하게 글을 쓸 수 있는 에너지를 갖게 되었다."

자, 정리해보자.

100권 = 긍정적으로 변함

300권 = 긍정의 뿌리내림

500~700권 = 정신적 변화

1,000권 = 사고방식이 완전히 바뀜

책을 많이 읽으니까 사람이 긍정적으로 변하면서 나중에는 사고방식이 바뀌고 그로 인해 하루 4시간씩만 잠을 자며 용맹정진할 수 있는 에너지를 갖게 되었다고 말하고 있다. 간략하게 말해, 책을 1,000권 정도 읽으면 힘(에너지)이 생긴다는 것이다. 진짜일까?

내가 실험해봤다.

나는 지난 9년간 약 1,000권 정도의 책을 읽었다. 거의 정독한 책이 1,000권이고 대충 훑어본 책까지 포함하면 약 3,000권 이상 되지 않을까 싶다. 이지성의 말처럼 긍정적으로 변해서 뿌리내리고 정신적 변화를 거쳐 사고방식이 완전히 바뀌어 성공한 미래를 믿고 용맹정진할 수 있는 에너지를 갖게 되었을까?

대답은 Yes다.

변했다. 다독을 통해 변할 수밖에 없었다. 책에서 가르쳐주는 내용의 10%만 내 것으로 만들어도 1,000권이면 대단한 양이 된다. 나는 읽는 것에 그치지 않았다. 반드시 어떻게 해서든 실천하려고 노력했다. 물론 하다 마는 경우도 많았지만, 기억나는 한 몸으로 움직이려고 노력했다. 나는 이지성 작가처럼 하루 4시간씩 자면서 용맹정진할 정도의 에너지는 갖지 못했다. 그래도 '버티는 힘'이 생겼다고 할까? 인내심? 끈기? 이런 게 생겼다. 뭘 해도 작심삼일로 끝내기 일쑤였는데 그런 게 많이 없어졌다. 이렇듯 책을 읽어서 조금씩 체화시키다 보면 누구든 변할 수 있다고 확신한다.

… 맺음말 …

맺음말을 어떻게 쓸까 고민했다. 그러던 차에 2008년에 써 놓은 글을 발견했다. 내가 본격적으로 책을 읽기 시작한 게 2007년 10월이니까 한창 책 읽기 시작할 즈음에 쓴 글이다. 오늘을 대비해서 미리 써둔 글은 아니지만, 마무리글로 괜찮은 것 같다. 당시 상황을 보다 진솔하게 보여줄 수 있는 글이라는 생각에서다. 이 글로 책을 마무리지을까 싶다. 토씨 하나 고치지 않고 원문 그대로를 싣는다.

제목 : 책, 기다리던 멘토

나는 세른세 살, 평범한 직장인이다. 결혼도 했고 세 살배기 아이도 두었다. 그런 내가 1년 전부터 책과 지독한 사랑에 빠져버렸다. 그 기억을 더듬어본다.

어릴 때 나는 책과 전혀 친하지 않았다. 그저 뛰어노는 게 좋았다. 학창시절에도 교과서 외에는 책을 전혀 읽지 않는 학생이었다. 그리고 창피한 이야기지만, 대학시절 내가 읽은 책은 총 10권도 안 된다. 참으로 부끄러운 모습이다. 책 읽는 재미를 모르고 무심히 30여 년의 세월을 살았다. 그동안 책은 나와 전혀 상관없는 존재였다.

나는 게임을 좋아했다. 초등학생 때는 동네 오락실을 주름잡았다. 컴퓨터 게임이 유행하면서 집에서도 게임을 했다. 시험 때도 게임에 빠져 살았다. 그나마 농구도 좋아해서 건강하게 자랄 수 있었다. 대학에 들어가서는 술과 담배에 절어 살았다. 군대를 다녀와서도 정신 못 차리고 온라인게임에 빠지게 되었다. 나는 게임으로 또 한 번 인생의 소중한 시간을 허비하였다. 게임이나 농구는 '재미'는 있었지만, '뿌듯함'이 없었다. 하고 나면 왠지 허전했다. 그 허전한 마음을 채우려 다시금 게임과 농구에 몰두했다. 그렇게 의미 없이 허송세월로 살다 운 좋게 직장을 잡았고, 결혼도 하고 아이도 낳았다. 하지만, 가슴 한구석에는 여전히 허전함이 남아 있었다.

나는 인생의 멘토(조언자)에 대한 갈증으로 목이 말라 있었다. 학창 시절 방황의 허전함을 채우려고 게임, 농구, 술, 담배에 그렇게 매달렸는지도 모른다. 다른 학생들은 교수님과도 친하게 지냈고, 좋은 선배들과도 교류하면서 인생에 대한 확실한 목표를 세우고, 가르침도 받았다. 그들은 당연히 나보다 앞서나가기 시작했다. 부러웠다. 허전함과 방황의 해결을 위해 적극적으로 조언자를 찾았어야 했는데, 나는 그러지 못했다. 혼자서 끙끙 속앓이만 했다. 계속 그 자리였고, 퇴보했다. 적극적으로 밖으로 나서지 못하고 점점 더 게임과 술과 담배에 빠져들었다. 그러면서 '왜 나에게는 저렇게 좋은 멘토들이 없는 것일까? 내 인생에 대해서도 좋은 이야기 많이 해주고, 바람직한 방향으로 갈 수 있도록 어느 누가 지도 좀 해주었으면 좋겠는데, 왜 나는 이렇게 인복이 지지리도 없는가. 나에게도 멘토가 있다면, 나도 정말 큰 사람이 될 텐데...'라며 비관했다. 그렇다고 내가 조언자를 찾기 위해 적극적으로 노력한 것도 아니었다.

그런 내가 책과 연을 맺은 결정적인 계기는 결혼이다. 결혼 후에도 좋아하는 게임, 술, 담배는 계속 진행되었다. 어느 날 퇴근 후 술을 한잔 걸치고 집에 들어왔다. 아내를 본체 만체 만취상태에서 무의식적으로 컴퓨터 앞에 앉았다. 아내는 '저 사람이 술 마셨으면 잠이나 자지, 컴퓨터 앞에서 일을 하나?' 싶어 들어왔다. 하지만, 화면에는 게임이 켜져 있고, 컴퓨터 앞에서 마우스를 잡고 졸고 있는 나의 모습을 보게 되었다. 아내는 크게 실망했다. '내가 이런 사람을 믿고 평생을 살아가야 하나?' 그 후로 아내의 스파르타식 교육이 시작되었다. 토끼 같던 아내가 호랑이로 변했다. 아내의 목표는 게임 끊기였다. 처음의 약속은 '하루에 1시간 게임 보장!'이었다. 나의 최대의 취미인 게임을 끊는다는 것은 말도 안 되었다. 어머니도 나를 꺾지 못했던 게임이다. 절대 나는 물러설 수 없었다. 그래도 아이도 생겼고, 결혼도 했으니 전처럼 마냥 할 수 없는 노릇이고 하루에 1시간을 게임시간으로 정했다. 하지만 게임을 하다 보면 말처럼 1시간을 딱 지킬 수 있는가. "이번 판만 끝나고 컴퓨터 끌게"라며 변명을 하면서 1시간을 지나 1시간 30분... 2시간까지 하는 경우도 생겼다. 그런 일이 자주 반복되다 보니, 아내도 더 이상은 참지 못하고 다시 무서운 호랑이로 변해버렸다. 몇날 며칠 싸우고 다투고 투쟁하고... 싸우고 다투고를 반복하다 우리는 결국 하루에 30분만 게임을 하는 선에서 합의를 보았다. 하루 중 그 30분은 꿀같은 시간이었다. 아내에게 확실하게 보장받은 나만의 시간이었다. 그 당시 아내는 이제 갓 태어난 아이를 돌보느라 지쳐 있었다. 하지만 나는 아내와의 투쟁에서 찾은 나의 '소중한 30분'을 위해 하루를 살았다. 이 30분은 아이가 보채고 울어도 내가 달려가지 않아도 되는 약속된 시간이었다. 하늘이 무너지지만 않으면 나는 온전히 게임을 할 수 있었다. 어느 날 퇴근 후 약속된 30분 동안 아주 재미있게 게임에 몰두했다. 30분이 지나고, 아쉬움을 달래며 거실로 나갔더니 아내와 아이가 서로 울고 있었다. 아이는 아이대로 울고 있었고 아내는 아이 보느라 지쳐서 울고 있었다. 집안은 어지러웠고, 빨래며 설거지며 온통 지저분했다. 그 모습을 보자 아내와 아이에게 미안한 마음이 들었다. 나는 그동안 내 생각만 했다. 아내도 잊고, 아이도 잊은 채 오로지 내 30분만을 위해 하루를 살았다. 하지만 이제 한 집안의 가장이고 더 이상 아무 득이 되지 않는 일에 시간을 허비할 수는 없었다. 그래서 나는 과감히 아내에게 게임을 끊는다고 선언했다. 그렇게 사랑하는 가족을 위해 내가 가장 좋아하던 게임을 끊게 되었다. 물론 몇 번 아내 얼굴이 호랑이로 변해서 가능했던 일이지만 말이다.

게임을 끊자 다른 재미를 찾아야 했다. 물론 아이를 돌보기도 하고 집안일을 거들기도 했지만, 뭔가 허전했다. 심심해하던 나에게 아내는 미소를 지으며 책을 권해주었다. 심심하던 차에 책이나 읽어볼까 싶었다. 그게 책에 대한 사랑의 시작이었다.
먼저 회사에서 나누어준 책을 읽기 시작했다. 글이 머릿속에 잘 들어오지 않았다. 같은 문장을 몇 번 읽어도 내용이 통 이해되지 않았다. 머리가 굳어 있었던 것이다. 읽는 속도는 굉장히 느렸고, 이해 능력도 현저히 떨어졌다. 그래도 계속 읽기 시작했다. 이 책에서 무엇을 말하는가에 대해 한 가지만이라도 이해하려는 목적으로 읽었다. 한 권의 책을 읽다보니 좋은 말들이 많이 나왔다. 그동안 내가 알고 싶었던 인생의 지혜, 조언들이 있었다. 이거다 싶었다.

그동안 나는 책에 '자기계발' 분야가 있다는 것을 전혀 모르고 있었다. 토드 홉킨스의《청소부 밥》, 호아킴 데 포사다의《마시멜로 이야기》, 스펜서 존슨의《선물》, 한상복의《배려》같은 책이 '자기계발' 분야의 책이란 것을 몰랐다. '좀 구체적인 실천사항 같은 인생에 도움을 주는 책이 있었으면 좋겠다'는 생각을 해왔었다. 그런데 그런 책들이 있었다. 실천적이고 구체적인 방법을 적어놓은 실천서적들이 있었던 것이다. 참 무식했다. 그걸 알고부터 나는 무서울 정도로 '자기계발' 서적을 벌컥벌컥 마시기 시작했다. 그간의 갈증이 너무 심한 탓이었다. 내가 찾던 멘토는 바로 내 옆에 있었다. 그것도 한 명의 멘토가 아닌 수천 수만의 멘토가 나를 위해 기다리고 있었다. 그 사실을 이제야 알게 되었다. 이 얼마나 좁은 시야였던가...

그때가 2007년 9월 말이었다. 12월까지 34권의 책을 읽었다. 아직 목이 말랐다. 읽으면 읽을수록 더욱 더 갈증이 심해졌다. 2008년 1월부터 11월 29일 현재까지 192권의 책을 읽었다. 게임에 미쳐 살던 내가 이젠 책에 미쳐버린 것이다.

책을 읽는 동안 너무 행복했다. 게임과는 차원이 달랐다. 내가 갈구하던 것을 얻을 수 있었다. 인생의 멘토를 얻고 싶었는데 하나도 아닌 수천 수만이나 얻을 수 있었다. 책들은 나에게 인생을 살아가는 비법을 전수해 주었다. 그것도 온전히 1대1 과외로 전수해 주었다. 책을 대하고 있으면, 마치 살아 숨 쉬듯이 마주보고 대화하는 것만 같았다. 온갖 실천지침이 실려 있었다. 너무나 행복했다. 이것이 바로 책 읽는 재미구나 싶었다.

그런데 문제가 생겼다. 책값이 만만치 않게 들었다. 2~3일에 한 권씩 책을 읽다보니, 책값대기가 힘들어졌다. 보통 한 달에 15권 정도 읽었다. 어떤 때는 20권도 넘었다. 그래서 택한 것이 담배를 끊는 것이었다. 그동안 자기계발 서적을 읽었으니 실천해야 될 때도 됐다. 늦깎이 책사랑으로 '나의' 담배와도 이별을 고하고 만다. 담배 값으로 책을 사기 시작했다. 이럴 즈음 호랑이였던 아내는 점점 결혼 전의 어여쁜 토끼로 돌아왔다. 1석 3조였다. 담배도 끊고, 아내도 이뻐지고, 지혜도 얻고...

담배 살 돈으로 책을 사는 것도 한계에 이르렀다. 그래서 찾은 곳이 도서관이었다. 도서관에 들어가자마자 야호! 쾌재를 불렀다. 나를 기다리고 있는 저 수많은 '멘토님'들이 나를 보자 환히 웃어주었다. 더군다나 전부 공짜였다. 자기계발, 인생교훈 코너로 달려갔다. 잔뜩 있었다. 마치 오래도록 나를 기다린 듯이. 회원으로 등록하면 한 번에 최대 3권까지 빌려갈 수 있었다. 도서관에 왔다갔다 하는 시간이 아까웠다. 그래서 아내 이름으로도 회원증을 만들어 나는 한 번에 6권씩 책을 빌려보게 되었다. 책을 읽으면서 시간을 아껴 쓰게 되었다. 회사원이다 보니 책 읽는 시간을 내기 힘들었다. 틈새 시간을 이용해서 책을 읽어야만 했다. 시간이 남아돌았던 대학시절이 그리웠다. '아, 다시 대학생으로 돌아간다면, 책만 읽었을 텐데...' 아쉬움이 남았다.

하지만 도서관에서 빌린 공짜책이 좋은 것만은 아니다. 가슴에 팍팍 와 닿는 구절을 만나면 빨간펜으로 밑줄을 좍좍 그어줘야 하는데 빌린 책이라서 함부로 그럴 수 없다. 또한 다시 책을 찾아보려면 도서관으로 가야 하는 번거로움이 있다. 그래서 생각한 것이 접착메모지와 독후감이다. 도서관에서 빌린 책을 읽을 때는 접착메모지로 감명 깊게 읽은 부분을 붙여두었다. 책을 다 읽은 후에 접착메모지를 붙여놓았던 부분을 다시 살펴보면서 독후감을 썼다. 반복하다 보니 독후감을 쓰는 것이 습관이 되었다. 어떤 때에는 오히려 독후감을 쓰고 싶어서 책을 읽는 경우도 발생했다. 독후감의 매력은 한 권의 책을 온전히 내 것으로 만들 수 있는 기회를 준다는 점이다.

책이 좋은 건 내가 읽는 속도보다 출판되는 속도가 빨라 '읽을 거리가 없어지지는 않을까' 하는 걱정은 하지 않아도 된다는 점이다. 게임은 누워서 하기 어렵고 나이 들면 마우스 조작 속도가 느려져서 힘들다. 반면 책읽기는 누워서도 가능하고 늙어 죽을 때까지 할 수 있는 유일한 취미다. 그리고 하고 나면 기쁘고 뿌듯하다.

책읽기 시작한 지 1년이 지난 요즘은 그동안 편중되게 읽었던 '자기계발' 서적에서 인문 서적으로 관심이 이동하고 있다. 어제 인터넷으로 《소크라테스의 변명》을 주문해놨다. 어서 오길 기대하고 있다.

이제 우리집 거실에서 텔레비전은 내년 부로 없어지게 된다. 내가 거실을 서재로 만들자는 건의에 아내가 동의해 주었기 때문이다. 아내는 게임을 끊고 책을 읽는 자랑스러운 남편의 손을 들어주었다. 어느새 나는 믿음이 부족한 남편에서 자랑스러운 남편으로 변해버렸다. 이제 아내도 나를 따라 책을 읽기 시작했다. 3살 된 아이도 내가 책을 읽고 있으면, 어느샌가 자신의 그림책을 가지고 와 내 옆에 앉는다. 이게 요즘 우리집 풍경이다.

2008.12.